sociología
y
política

EL ESTADO EN LA PERIFERIA CAPITALISTA

CAPITALISTA

(versión española del autor corregida y aumentada)

por

TILMAN EVERS

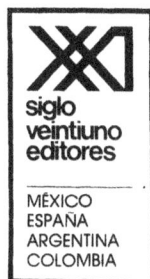

siglo
veintiuno
editores

MÉXICO
ESPAÑA
ARGENTINA
COLOMBIA

XXI

siglo veintiuno editores, sa de cv
CERRO DEL AGUA 248, DELEGACIÓN COYOACÁN, 04310 MÉXICO, D F

siglo veintiuno de españa editores, sa
CALLE PLAZA 5, 28043 MADRID, ESPAÑA

siglo veintiuno argentina editores

siglo veintiuno editores de colombia, ltda
CARRERA 14 NÚM 80-44, BOGOTÁ, D E , COLOMBIA

portada de anhelo hernández

primera edición en español, 1979
quinta edición en español, 1989
© siglo xxi editores, s.a. de c.v.
ISBN 968-23-0534-9

primera edición en alemán, 1977
© europäische verlagsanstalt, köln/frankfurt am main
título original: bürgerliche herrschaft in der dritten welt

ÍNDICE

1. INTRODUCCIÓN

Para las masas de los pueblos africanos, asiáticos y latinoamericanos los procesos políticos en sus respectivos países no tienen nada de aquella insignificancia exótica con que los medios informativos de los países industrializados suelen presentarlos a su público. Para ellos, las instancias estatales que condensan estos procesos constituyen aparatos poderosos que a diario influyen en su vida y determinan su futuro. Cualquier cambio —y de la necesidad de cambios tienen conciencia hasta los que se resisten a ellos— recae en el estado como eje de decisiones sociales.

Pero los países industrializados tampoco pueden ya considerar que las pugnas políticas en el "tercer mundo" son de poca magnitud. Vietnam y Angola; la crisis estructural de algunas ramas de la industria a causa del traslado de instalaciones a países de mano de obra barata; el acuerdo nuclear entre Brasil y Alemania Federal con sus consecuencias para las relaciones entre Alemania y los Estados Unidos, son algunos ejemplos de cómo los procesos sociales del "tercer mundo" influyen en los del "primero".

Ya sea para determinar los marcos de referencia para políticas en los países industrializados, o para investigar el desarrollo social en el mundo económicamente subdesarrollado, ningún análisis ni ninguna estrategia política —ni hablar de una estrategia emancipadora— puede prescindir hoy en día de un conocimiento* del "estado del subdesarrollo". De hecho, este conocimiento existe —si no, cualquier práctica política sería imposible—, pero en forma intuitiva, desorganizada, fragmentaria y también equivocada. No existe todavía una *teoría*, y parecería que la disparidad enorme de estos países hace imposible tal teoría. Pero el hecho de que continuamente se esté hablando de un "tercer mundo", de países "subdesarrollados" o "en vías de desarrollo" —por deficientes que sean estos rótulos— indica que hay rasgos comunes y, en consecuencia, conexiones que desentrañar. Lo siguiente tiene como finalidad contribuir a ello.

* El conocimiento es un proceso colectivo: también en este trabajo han colaborado muchísimas personas además del "productor directo". Haber aprendido de ellos me resulta de especial evidencia con respecto a Wolfgang Hein, Franz Hinkelammert y su círculo de discusión, durante su estadía en Berlín, Thomas Hurtienne, Luiz Ramalho y los demás participantes del seminario sobre teoría del estado en el Instituto Latinoamericano de la Freie Universität Berlin, y Wolfgang Schoeller. Si aprendí lo suficiente de ellos, es otra cuestión.

Cualquier intento de pasar de una intuición a una comprensión de estas conexiones se enfrenta con una maraña de fenómenos y formas de lo más variados y contradictorios. La primera reacción es de confusión y de pánico ante la magnitud del problema. Pero no ha de ser impedimento: la práctica política de estos países es la que día a día plantea estas cuestiones teóricas.

El primer paso —explícito o no— siempre lo constituyen una indicación y una tipología provisionales de los fenómenos por explicar, como primera ojeada al problema y como delimitación de su ámbito. Si fuéramos apuntando al azar aspectos notorios, fenómenos llamativos de las estructuras políticas del "tercer mundo" para después darles un primer ordenamiento, el resultado sería un catálogo más o menos como éste:

—Variedad de formas autocráticas de gobierno: gobiernos militares, oligarquías, "democracias autoritarias", imperios, monarquías, principados...

—Variedad de formas de dominación dentro de estos estados: paternalismo y personalismo, caudillismo y caciquismo, líderes étnicos, religiosos o carismáticos, segmentación por tribus, castas, etnias, regionalismos...

—Inestabilidad institucional, cambios frecuentes de formas de dominación.

A estos fenómenos los une la *falta* de algo, un negativo que les puede servir de resumen: *la no constitución plena de formas democrático-burguesas.*

Siguiendo:

—Alto grado de represividad: en la mayoría de estos países los "derechos humanos" se violan en forma más o menos sistemática; persecución política, tortura y asesinato están a la orden del día.

—En general alto grado de violencia como medio de lucha política: golpes de estado como método corriente de transferencia del poder, movimientos de liberación, organizaciones guerrilleras, terrorismo parapolicial, guerras de religión, de etnias o de tribus...

También de la suma de estos fenómenos se desprende un denominador negativo común: *no constitución plena del estado de derecho.*

—Hipertrofia del aparato burocrático.

—Contradicción, discontinuidad, falta de coordinación y de sentido práctico de la acción estatal.

—Incompetencia, corrupción, nepotismo, demagogia como rasgo recurrente de los funcionarios públicos.

Esto se resume en: *funcionamiento deficiente del aparato estatal.*

—Hipercentralización jerárquica de todas las decisiones políticas en el estado, y dentro del estado en la cumbre.

—Hipercentralización regional de las autoridades políticas y administrativas en la capital respectiva.

—Numerosas funciones económicas directas del estado, fuerte incidencia en procesos y decisiones económicos ("estatización de lo privado").

—Como contrapartida, apoyo estatal a los fines económicos de grupos reducidos, llegando hasta la instrumentalización del estado para intereses particulares ("privatización del estado").

A pesar del funcionamiento deficiente que acabamos de comprobar, encontramos una *concentración de funciones económicas y políticas* en el estado.

—Fuerte injerencia de potencias extranjeras a través de intervenciones abiertas o solapadas de organismos económicos, militares, diplomáticos, de servicio secreto, sindicales, religiosos, etcétera.

—Los grandes intereses económicos extranjeros logran zafarse del control estatal, si no es que ellos mismos controlan el estado.

—Parte del territorio nacional está sustraído al control del gobierno central: zonas controladas por caciques, jefes de tribu, latifundistas, empresas agrícolas o mineras extranjeras, por fuerzas armadas irregulares de insurgentes o de traficantes ilegales.

Así que la soberanía que ostenta el estado hacia fuera y hacia dentro es sólo una *soberanía restringida*.

Revisando los resultados de nuestra lista salta a la vista que partimos de una norma no expresada al principio, y que los fenómenos que apuntamos nos llamaron la atención justamente porque se apartan de esa norma. Se trata de la norma del estado capitalista desarrollado o, más precisamente, de su imagen ideal.

Esto nos obliga a revisar críticamente nuestro modo de proceder. No es posible que teoricemos sobre posibles divergencias de un ideal imaginario. ¿Es lícito comparar la realidad de un estado "subdesarrollado" con el ideal de un estado industrializado? La noción misma de "sub"-desarrollo ¿no constituye ya la aplicación de la norma del "desarrollo" a realidades distintas?

Una primera respuesta se impone: no se trata de proyectar la imagen del estado de derecho democrático-burgués o de la sociedad industrializada occidental como meta histórica. Los rasgos salientes de las formas políticas del "tercer mundo" no interesan por aquello en que difieren de fenómenos análogos del "primer mundo", sino por su realidad propia. El que discrepen de modos habituales de pensar debe instigarnos a abandonar justamente estos conceptos prefabricados y a analizar las funciones y formas de acción estatal peculiares del "tercer mundo" con base en las condiciones sociales específicas del subdesarrollo económico. La represión generalizada, por ejemplo, constituye un problema analítico no por la violación escandalosa de las reglas de convivencia civilizada sino por ser factor condicionante de la acción política y del desarrollo social de esas sociedades. Creemos que el único instrumental teórico válido para ese análisis es el que proporciona la economía política en su vertiente marxista. Y ahí no escapamos al problema del eurocentrismo: siendo que este instrumental analítico se elaboró con base en el desarrollo social de los países centrales, su aplicación a otras realidades efectivamente constituye una transferencia de medidas europeas. Pero a la transferencia de las medidas se antepuso una transferencia de lo que importa medir. A partir de su incorporación más o menos violenta al mercado mundial al compás de la expansión del capitalismo inglés y posteriormente del norteamericano, el modo de producción dominante en los países del "tercer mundo" es el capitalista. Por consiguiente, cualquier marco teórico distinto del de la economía política sería un retroceso ante una realidad consumada históricamente. Es cierto que esa realidad asume formas específicas; lo que importa entonces es evitar que por falta de rigor analítico la transferencia del aparato teórico conlleve la transferencia de *resultados* acostumbrados.

La discrepancia entre los fenómenos reales y una supuesta "normalidad" no puede ser más que un impulso para el análisis, pero no su materia ni su medida.

Ahora bien, que el marco teórico tenga que ser el de la economía política no quiere decir que en los arsenales de la literatura teórica ya se encuentra todo lo necesario para desentrañar la complejidad de los fenómenos políticos del hemisferio sur. No existe hasta la fecha un intento sistemático de formular una teoría del estado de la periferia capitalista. En los pocos trabajos que lo proponen como temática para consideraciones teóricas,[1] éstas todavía se limitan "a relacionar de modo casual lo que debería ser un todo orgánico, a ponerlo en un mero contexto de reflexión".[2] Se confunde el discurso histórico con

[1] Véase Alavi [169]; Cardoso [187, 188]; Hein/Stenzel [240]; Hein/Simonis [241]; Mandel [295]; Pompermayer/Smith [337]; Saul [357]; Sonntag [371, 372]; Torres Rivas [388]. Las cifras en corchetes se refieren a la numeración en la bibliografía al final del libro.
[2] Karl Marx, *Grundrisse der Kritik der politischen Ökonomie*, Frankfurt, Europäische Verlagsanstalt, s.f., pp. 9s. En todas las citas de autores alemanes se mantendrán las referencias a las respectivas ediciones alemanas; se indicarán ediciones en castellano con sus respectivas páginas, cuando las haya, para permitir el cotejo y la profundización al lector español o latinoamericano; en este caso: Karl Marx, *Elementos fundamentales para la crítica de la economía política (Grundrisse) 1857-1858*, México, Siglo XXI, p. 10. Asimismo, todas las traducciones del alemán y del inglés serán del autor, aun cuando haya edición española, pues no todas las traducciones son satisfactorias, y aun cuando lo son

el lógico; se pone de relieve la importancia de ciertos aspectos económicos, políticos e ideológicos, pero éstos quedan incompletos y desor-
denados y no se conectan entre sí a no ser "por la fuerza", saltando
por encima de mediaciones necesarias.[3] Caracteriza el estado precario
de las formulaciones existentes el que algunos autores puedan llegar a la
conclusión de que el estado periférico es un estado "fuerte",[4] mientras otros no menos apodícticamente terminen tildándolo de "débil".[5]

Estas deficiencias son en parte inevitables: mientras no exista una
teoría acabada del subdesarrollo por un lado y del estado por el otro,
cualquier propuesta de una teoría del "estado del subdesarrollo" tiene
que seguir siendo provisional.

En el momento actual de la teorización tienen importancia aquellos trabajos que desde un comienzo se proponen metas limitadas, pero
que muestran claridad y consecuencia en los métodos para alcanzarlas.
Así, existen para el caso de América Latina en su conjunto o para
países individuales propuestas convincentes de correlación entre cam-

a veces no dan prioridad a algunas connotaciones del original importantes para
nuestro argumento.

[3] Limitándonos al análisis de la situación latinoamericana, creemos poder
encontrar sobrados fundamentos para esta afirmación hasta en los trabajos de
aquellos autores que más han contribuido para su avance. Quizá los trabajos
de Marcos Kaplan sean el ejemplo más elocuente; véase por ejemplo su trabajo
más reciente, "El Leviatán criollo" [415]. Heinz Rudolf Sonntag, en su trabajo
pionero en lengua alemana [372], perfeccionado después para la publicación
en español [372, y en 417], establece una relación a nuestro modo de ver básicamente correcta pero demasiado directa y mecánica entre las deficiencias de una
economía subdesarrollada y la necesidad de su compensación por la acción
estatal. En los trabajos de F. H. Cardoso, el estado no pasa de una organización
ad hoc en la que se dan pactos de dominación cambiantes según las situaciones
históricas; no aparece como estructuración orgánica específica de una sociedad
capitalista que justificaría la pretensión teórica que nosotros asignamos a la
noción de "autonomía relativa". En los trabajos de Guillermo O'Donnell, anteriores a sus valiosos "Apuntes para una teoría del estado" [416], hay una
tendencia opuesta de presumir la existencia del estado como ente preexistente
y separado de la sociedad; desde entonces, no ha realizado un intento de llevar
sus nuevos conceptos teóricos al caso del estado en la periferia capitalista sino
en forma tangente dentro de otras temáticas, que no dejan de ser muy suges-
tivas; véase por ejemplo sus "Notas para el estudio de la burguesía local, en sus
vinculaciones con el capital internacional y el aparato estatal" (borrador),
Buenos Aires, cedes, febrero de 1978.
Reconocemos un alto grado de parentesco con los supuestos teóricos básicos
en los trabajos de Norbert Lechner, especialmente aquellos incluidos en su libro
La crisis del estado en América Latina [414]; es patente, sin embargo, que
Lechner no se propone una sistematización más global.

[4] Sonntag [371], p. 170.

[5] Myrdal [46], p. 125. Otros autores sabiamente se abstienen de indagar en
"la cuestión difícil del carácter estatal de los países pertenecientes a la periferia"
(v. Braunmühl [8], p. 51).

bios en las condiciones del mercado mundial y modificaciones en la composición de las clases en el interior de esos países[6] o también en las formas institucionales de sus aparatos estatales.[7] Por lo demás, existe una gran cantidad de estudios sobre países individuales, sobre fenómenos políticos específicos, sobre determinadas etapas históricas,[8] útiles para el conocimiento de lo concreto pero no para su explicación en un plano de abstracción superior.

¿Cómo ha de construirse una teoría sistemática del estado en la periferia capitalista? Se precisan dos "materias primas": una teoría del capitalismo aplicada a las economías de la *periferia* histórica del capitalismo, o sea una teoría del subdesarrollo, y una teoría del estado capitalista. El resultado buscado se obtiene a través de la combinación de estos dos materiales básicos bajo la pregunta: ¿cómo se modifican las funciones y las formas del estado burgués en presencia de las condiciones económicas específicas del capitalismo subdesarrollado?

Ambas teorías de base no existen todavía; hay, sin embargo, elementos importantes para su formulación, resultado de las amplias discusiones habidas, que sin duda formarán parte de una futura elaboración más acabada. Estos elementos son, por un lado, la generalización en las sociedades capitalistas de las relaciones comerciales en forma de *intercambio de equivalentes,* con inclusión de la fuerza de trabajo, como base material para el estado burgués; por otro lado, la *reproducción dependiente del mercado mundial* y la *heterogeneidad estructural* que caracterizan a las sociedades de la periferia capitalista. Los dos capítulos siguientes se dedicarán a aclarar estos elementos básicos.

En el capítulo cuarto —la parte central del trabajo— se tratará de relacionar estos elementos entre sí para llegar a algunas hipótesis explicativas sobre fenómenos políticos del "tercer mundo". En el capítulo final se tratará de valorizar los resultados obtenidos desde el punto de vista de su utilidad para análisis concretos y para futuros trabajos teóricos.

En vista de lo provisional e inacabado de sus elementos básicos, no puede pretenderse que con el presente trabajo se llegue a la "teoría del estado capitalista periférico" buscada o que pueda servir en sí y en forma directa como explicación de una realidad concreta: sólo puede ser un paso preliminar y un instrumento auxiliar para ello. La

---

[6] Alavi [169]; Cardoso/Faletto [12]; O'Donnell [323]; Hamilton [236]; Hein/Stenzel [240]; Hein/Simonis [241]; Murmis/Portantiero [311]; Torres Rivas [388]; Peralta Ramos [330]; y otros más.

[7] Cardoso [186, 188]; *Chile-Nachrichten* [195]; O'Donnell [319]; Lechner [282]; Meireles [304]; y otros más.

[8] Véanse los ejemplos en la parte III de la bibliografía.

reducción de todo nuestro argumento a pocos elementos básicos significa que, en última instancia, se trata de la construcción de un *modelo* capaz de transmitir una primera idea de una realidad compleja, pero a precio de simplificarla. Ni en los mejores modelos se puede evitar que quede una brecha entre su lógica inmanente y la realidad que tratan de retratar.

Podemos anticipar en qué consistirá esta brecha: de los puntos de partida escogidos para el presente trabajo sólo se puede llegar al análisis de las relaciones estructurales entre economía y política en la periferia capitalista, pero no a la formación histórica de los estados respectivos, no a sus exponentes sociales correspondientes, ni tampoco a las leyes específicas de la esfera política, consecuencia de su autonomía relativa. Para ser purista: la temática del presente trabajo no la constituye el estado propiamente dicho sino las determinaciones que le surgen de una infraestructura económica subdesarrollada. No más, pero tampoco menos.

Otra limitación se desprende del carácter *general* de una teoría del estado periférico: sólo puede explicar lo que haya de común entre todos los estados de la periferia capitalista. En vista de la variedad casi infinita de formas en los procesos políticos del "tercer mundo", parece que esto ha de ser poco o nada, y efectivamente la imposibilidad de considerar toda la gama de variaciones históricas concretas es la brecha más importante que separa una tal teoría de la realidad. Sin embargo, se verá que a través de toda esa multiplicidad de expresiones concretas existen rasgos comunes que se amplían además a medida que nos apartamos de la "superficie" de esas sociedades para profundizar en sus estructuras básicas. Más todavía: trataremos de demostrar que lo que hay de común entre esas sociedades son precisamente aquellos elementos que fundamentan la posibilidad de una multiplicación de formas en la superficie.

Todas estas delimitaciones del poder explicativo de nuestro esfuerzo teórico, así como la dirección de las especificaciones que quedan por hacer, se perfilarán más claramente en el curso de la investigación, en la medida en que resulten importantes desde el punto de vista teórico. Lo mismo vale para los dos conceptos centrales: "periferia capitalista" y "estado"; aquí nos basta dar indicaciones someras destinadas más que nada a delimitarlos de otras nociones similares.

La *periferia capitalista* abarca aquellas formaciones sociales capitalistas en las que el capitalismo no se desarrolló a raíz de su surgimiento históricamente primario en Europa occidental, sino que se impone en forma históricamente secundaria a partir de la existencia del capitalismo como modo de producción dominante en los centros hegemónicos mundiales. No es que las leyes del capitalismo sean diferentes en un caso y en otro; pero las condiciones y formas históricas a través de las cuales se realizan sí son diferentes en las regiones periféricas y en los países del centro. Evitamos la expresión "capitalismo periférico" porque sugiere que no son sólo las formas de penetración capitalista sino las mismas leyes las que cambian. Donde la utilizamos, o donde hablamos de "capitalista periférico", queremos decir: "capitalismo en la periferia del capital".[9]

La noción de "periferia capitalista" es más amplia que el término "tercer mundo" (hasta donde sea posible definirlo);[10] incluye también a algunos países de la periferia sudeuropea, entre ellos a las dos metrópolis de la época mercantil: Portugal y (en menor grado) España. Hasta en las metrópolis actuales se encuentran zonas (por ejemplo el sur italiano) o sectores (por ejemplo la agricultura francesa) cuyas estructuras pueden considerarse capitalistas periféricas, aunque muchas veces en grados inferiores. Siendo que fueron las mismas leyes del desarrollo capitalista las que produjeron las formaciones sociales de los países centrales así como de las zonas marginales, no es de sorprender que haya estas similitudes de sus conformaciones estructurales. Una teoría de las expresiones económicas y políticas del subdesarrollo también puede servir como lente de aumento para estudiar las analogías embrionarias e imperfectas del subdesarrollo en los países industrializados. Y viceversa, tales fenómenos conocidos facilitan al observador de uno de los países "ricos" la comprensión de sus equivalentes potenciales en el mundo "pobre". También esta relación se clarificará en el curso de nuestro trabajo teórico.

Por "*estado*" se entiende "todo el complejo de funciones e instituciones del ejercicio general, abstracto y público de dominación"[11] en una sociedad. El concepto trasciende por consiguiente las funciones e instancias del gobierno central y de sus subdivisiones regionales, incluyendo también aquellas instituciones "extraestatales" que, como asociaciones o gremios, partidos políticos, medios de comunicación de masas,

---

[9] Véase Ramalho [345], pp. 6-18.
[10] Se entiende que utilizamos la expresión "tercer mundo" meramente como denominación precientífica de uso corriente. Frente a los dos "grandes" sistemas económicos mundiales, el del capitalismo y el de las sociedades de transición, las estructuras sociales de los países de África, Asia y América Latina no representan ninguna "tercera" alternativa, sino pertenecen claramente a la órbita del "primer" mundo, con la excepción de unos pocos, que con igual claridad han ingresado en el campo del "segundo" (y en este sentido el término "periferia capitalista" es más estrecho, puesto que se refiere exclusivamente a los primeros). Criterios como la "no alineación" en bloques internacionales son teóricamente tan inservibles como una "teoría de los tres mundos" basada únicamente en una clasificación discrecional de su respectivo poderío político-militar.
[11] Blanke [86], p. 369.

etc., participan de hecho en ese ejercicio de dominación general, abstracto y público.

En comparación con una noción tan amplia de "estado", el único concepto más amplio todavía es el de "esfera política", que abarca todo tipo de relaciones de dominación, incluyendo la individual, concreta y privada. Trataremos de distinguir estos dos conceptos; pero se verá que justamente una de las características del estado capitalista periférico es la de hacer incierta esta distinción.

Si en cambio hablamos de "estado nacional", sólo estaremos refiriéndonos al marco exterior de ese ejercicio de dominación, a la unidad convencional de territorio y población nacional, haciendo abstracción de que muchos de los estados "nuevos" no constituyen una "nación" en el sentido de una sociedad formada e integrada a través de un largo proceso histórico. Finalmente quedan otros conceptos afines como *funciones, aparato* o *forma institucional* del estado, que se entienden de por sí como aspectos parciales del estado.

Las experiencias e impresiones de las que surge nuestro intento de teorización tienen como origen casi exclusivo a América Latina; también los ejemplos que ilustrarán nuestro argumento provienen de ella. Por consiguiente, habría que hacer una lectura especialmente crítica del texto que a continuación presentamos para determinar hasta qué punto tiene validez para sociedades capitalistas de otras regiones periféricas del mundo.

Finalmente, una advertencia para la lectura: como cualquier exploración en un terreno poco conocido, ésta tampoco puede prescindir de ciertos preparativos. Así, buena parte del esfuerzo total tiene que dedicarse a reconocer el terreno teórico de partida, a equiparnos con el instrumental conceptual necesario y a planificar el curso de la argumentación. Es ésta la función de los dos capítulos siguientes. Habrá quienes conozcan sobradamente las discusiones que ahí tratamos de resumir, o quienes se interesen más por la orientación general de nuestro argumento que por su fundamentación detallada. Para ellos, puede bastar una hojeada rápida de las primeras páginas y comenzar una lectura más detenida a partir del parágrafo 4.2, que es donde llegamos al meollo de nuestro argumento.

2. ELEMENTOS DE LA TEORÍA DEL SUBDESARROLLO

2.1 PUNTOS DE PARTIDA

Una teoría materialista del estado en la periferia capitalista tiene que partir de las estructuras socioeconómicas básicas cuya expresión política se trata de analizar. No cabe, en el contexto de este trabajo, dar una reseña completa de la discusión sobre capitalismo "dependiente" o "subdesarrollado", ni mucho menos podemos pretender llenar las lagunas que esa discusión ha dejado. Sólo recalcaremos algunos puntos que, con base en esa discusión, pueden considerarse como aspectos centrales de este tipo de capitalismo y que por consiguiente tienen que reflejarse en la esfera política. Para una fundamentación más completa de estos puntos y para una exposición detallada de los diferentes intentos de explicación, remitimos al lector a la literatura existente.

Durante los últimos años la discusión marxista sobre el subdesarrollo ha progresado principalmente por dos caminos: por un lado, por el debate sobre el "intercambio desigual", por otro lado, por la discusión sobre la "dependencia".[12] Ambas corrientes se refieren a la teoría "clásica" del imperialismo y, a través de ella, a las leyes de producción y acumulación capitalistas analizadas por Marx, pero de las cuales asumen y desarrollan aspectos diferentes: mientras el primer grupo de autores trata de determinar el movimiento de valores en el mercado mundial (primero en la relación de los países centrales entre sí, pero a continuación también en su relación con las regiones periféricas), la otra "escuela" se concentra en las estructuras internas de las forma-

---

[12] Acerca del tema del "intercambio desigual" véase especialmente Emmanuel [14]; Amin [3]; Palloix [52, 53]; Busch [10] y el mismo, "Ungleicher Tausch. Zur Diskussion über internationale Durchschnittsprofitrate, ungleichen Tausch und komparative Kostentheorie anhand der Thesen von Arghiri Emmanuel", *Probleme des Klassenkampfs*, 8/9, 3/1973, pp. 17-46; Busch/Schoeller/Selow [11]; Neusüss [47]; Schoeller [55] y del mismo, "Unterentwicklung und ungleicher Tausch auf dem Weltmarkt", en Brandes/Tibi [7], pp. 140-175. La cuestión de la "dependencia" ha sido reseñada y analizada para el lector alemán especialmente en los trabajos de Evers/Wogau [15] y Hurtienne [28]; véase la literatura ahí indicada. Una bibliografía prácticamente completa de todos los trabajos recientes en los idiomas más usuales acerca de la temática del imperialismo y del subdesarrollo, incluyendo la bibliografía más completa de la "teoría de la dependencia" que se conozca, se encuentra en las dos antologías de Senghaas [57], pp. 379-403, y [58], pp. 374-390.

[16]

ciones sociales que un desarrollo capitalista dependiente procrea en los países periféricos.

Estas dos líneas de investigación aparecen cada vez más como *complementarias* —no en el sentido de que bastaría con sumar sus respectivos resultados para dar con la teoría buscada, sino más bien porque sus temáticas se acercan al mismo problema desde dos ángulos diferentes. Tampoco son casuales estos dos ángulos; corresponden a los dos aspectos del subdesarrollo lógicamente posibles: por un lado el subdesarrollo como *proceso* inducido esencialmente por la dinámica del mercado mundial, cuyas leyes se trata de establecer, y por otro lado el subdesarrollo como *situación* social en cada momento de ese proceso, cuya conformación se trata de describir y de analizar.[13]

Ambos aspectos tendrían que convergir en una "teoría de la reproducción capitalista periférica", que no sería otra cosa que una aplicación de la teoría general del capitalismo a las condiciones históricas específicas de las respectivas zonas periféricas del capitalismo mundial, y que tendría por objeto explicar las formas a través de las cuales se impone la ley de valor en esas sociedades con la progresiva internacionalización de las relaciones de producción capitalistas. Sólo sobre tal base teórica sería posible un análisis de los fenómenos superestructurales del "tercer mundo" sin saltos ni fisuras teóricas.

Pero de estas cuestiones se desprenden algunas consecuencias para la esfera política de esas sociedades. De los dos aspectos posibles del subdesarrollo que acabamos de mencionar —subdesarrollo como proceso y como situación— ya hay conocimiento suficiente para una formulación provisional de dos elementos centrales del subdesarrollo. A estos dos elementos centrales los llamaremos la *reproducción dependiente del mercado mundial* de las economías periféricas y la *hetero-*

---

[13] No es de extrañar, pues, si encontramos en los trabajos más recientes sobre las dos corrientes una aproximación de sus respectivas problemáticas y métodos; véase, por ejemplo, el libro de Schoeller [55], que define el "intercambio desigual" como aquel en que intervienen *cuantos de trabajo* dispares (y no de valores), con lo cual retrotrae la cuestión desde la esfera de la circulación a aquella de las fuerzas productivas y de la organización social del trabajo. Por su parte, los autores latinoamericanos se esfuerzan por verter la mera descripción de la dinámica económica de sus países en los términos de la economía política para fundamentar el análisis de situaciones sociales concretas; un intento importante, aunque con fallas, es el de Ruy Mauro Marini, "Dialéctica de la dependencia", en *Sociedad y Desarrollo*, Santiago, 1, enero-marzo de 1972, pp. 35-52; avances significativos son los de Peralta Ramos [330] y los trabajos del CEBRAP, especialmente Oliveira [50]. Cualquier autor que se propone informar sobre los principales elementos determinantes del subdesarrollo termina por referirse de una forma u otra a estos dos aspectos, transfiriéndoles no pocas veces la función de elementos básicos en la organización de su trabajo; así por ejemplo Schuhler [56] y Szentes [63].

geneidad estructural de su formación social. El primer elemento se refiere a la orientación económica de estas sociedades hacia los centros del capitalismo mundial y a su subordinación a una dinámica histórica global; el otro a las formas concretas en las que se materializa dicha dinámica en las estructuras económicas, sociales, políticas e ideológicas de los respectivos países. Ambos elementos se condicionan mutuamente en una relación de movimiento y forma; en última instancia se refieren a una misma cosa bajo dos perspectivas distintas, que sólo con fines expositivos pueden ser separadas la una de la otra.

2.2 LAS ESTRUCTURAS DEL SUBDESARROLLO

2.2.1 La fundamentación histórica del subdesarrollo

El elemento constitutivo que da origen y que define al capitalismo de la periferia al mismo tiempo que lo diferencia del capitalismo de las metrópolis es su génesis histórica derivada: mientras en los países centroeuropeos la historia del desarrollo del capitalismo es idéntica a su primer surgimiento a escala mundial, en los países periféricos aparece como reflejo de ese desarrollo y *partiendo de la existencia y el predominio del capital en el mercado mundial.*

En Europa el capitalismo se impuso a las relaciones de producción precapitalistas a través de un largo proceso histórico y a medida que el mismo desarrollo económico y social de esas sociedades lo hizo posible y necesario; aparece como solución transitoria de contradicciones sociales y pone en marcha un desenvolvimiento enorme de fuerzas productivas. Por el contrario, en aquellas regiones del globo en que ese capitalismo se incorpora al proceso de la expansión progresiva de sus contextos reproductivos, viene a *interrumpir* la dinámica histórica propia de aquellas sociedades; no supera progresivamente las relaciones de producción precapitalistas, sino las transforma de acuerdo con sus exigencias y las confunde en forma contradictoria con otras relaciones sociales nuevas.

En el contexto de una división internacional del trabajo organizada por los centros capitalistas, a estas zonas marginales se les asignan funciones económicas cuya finalidad casi exclusiva es la de afianzar y acelerar la acumulación en los centros. Así, la prosperidad económica de las metrópolis impide el desarrollo amplio de las fuerzas productivas en sus áreas de influencia, poniendo en marcha lo que se ha denominado "el desarrollo del subdesarrollo".[14] El distanciamiento entre las condiciones de producción y reproducción social entre centro y periferia a partir del siglo XIX asume formas cada vez más extremas: mientras en los países centrales la "revolución industrial" conduce a una rápida expansión económica que —aunque con retraso— llega a mejorar sensiblemente el nivel general de vida, los obstáculos y las deformaciones del desarrollo social se exacerban a medida que se profundiza y generaliza la funcionalización de sus recursos para la acumulación industrial de las economías centrales.[15]

En el plano de las clases sociales la diferencia entre el capitalismo "endógeno" y el "exógeno" radica en que el surgimiento del modo de producción capitalista en los lugares de nacimiento del capitalismo condujo a la superación de las clases dominantes históricamente caducas por parte de clases y capas progresistas, mientras en las colonias la imposición del capitalismo va acompañada de la subyugación —económica y muchas veces también política— de la totalidad de la sociedad autóctona a las clases dominantes de una sociedad extranjera. Con eso, ·las clases dominantes locales se convierten en meros intermediarios de una hegemonía extranjera (con mayor o menor margen de autonomía), se crea una mezcla sumamente contradictoria de clases y capas sociales y se obstaculiza la posibilidad histórica de que surjan clases sociales nuevas que logren convertirse en protagonistas de un nuevo ciclo de desarrollo económico.

El criterio de la hegemonía del desarrollo económico puede servir de explicación para aquellos contados ejemplos históricos en los que algunas economías (Prusia, Japón) realizaron un desarrollo capitalista subsecuente y hoy en día forman parte de las metrópolis a pesar de estar confrontados en sus orígenes con la existencia y el predominio del capitalismo a escala mundial. La capacidad de sus clases dominantes de mantener la hegemonía del proceso económico —dadas una cantidad de condiciones económicas, sociales y políticas favorables— les permitió un desenvolvimiento amplio de fuerzas productivas en el marco nacional, aunque siempre en formas muy peculiares.

La problemática de los modos de producción no originarios forma parte de aquellos temas que Marx tuvo en vista para su posterior elaboración, pero que ya no logró terminar. Sólo dejó un título: "Relaciones de producción *secundarias*". Su plan de trabajo en los *Grundrisse* prevé como punto 3:

[14] Frank [18], en el subtítulo. Véase al respecto Mandel [42] y otros.
[15] Se entiende que al designar ciertas sociedades como "periféricas" nos referimos únicamente a su función económica dentro del sistema capitalista mundial, no a su ubicación geográfica (aunque puede coincidir) ni mucho menos a un criterio de "importancia" en términos absolutos o extraeconómicos.

Lo *secundario* y *terciario*, en general relaciones de producción *derivadas,
transferidas*, no originarias. Ahí: injerencia de relaciones internacionales.[16]

Siguen en los *Grundrisse* algunos ejemplos esporádicos:

La producción comunal y la propiedad común, que existe p. ej. en el Perú,
aparentemente es una forma secundaria; introducida y transferida por parte
de tribus conquistadoras, que por sí solas conocían la propiedad y la producción comunal en su forma simple y antigua tal como existían en la India
y entre los eslavos. Asimismo la forma que encontramos entre los celtas de
Gales, p. ej., parece ser una forma trasmitida, *secundaria*, introducida
por conquistadores entre tribus conquistadas de nivel inferior.[17]

Marx también comprobó que estas relaciones de producción secundarias —justamente por la "injerencia de relaciones internacionales"—
podían asumir apariencias muy distintas de las primarias de. las que
se derivaban:

Que a los dueños de las plantaciones [esclavistas] en América no sólo los
llamemos capitalistas sino que lo *sean* se explica porque existen como
anomalías dentro de un mercado mundial fundado en el trabajo libre.[18]

Si no nos contentamos con tener estas "anomalías" por meras casua-
lidades, se nos plantean los siguientes interrogantes: ¿Cuáles son las
condiciones económicas que logran engendrar un *capitalismo* que se
basa no en el trabajo libre asalariado sino en el *trabajo de esclavos*? ¿No
hay que poner un signo de interrogación detrás de la teoría clásica del
capitalismo ante semejantes formas históricas que aparecen como dia-

---

[16] *Grundrisse*, p. 29 [t. 1, p. 30]; las cursivas son del original. La temática
de las "formaciones sociales secundarias" lleva necesariamente a plantear el
problema de un posible *socialismo* secundario o "periférico". No faltan los ejemplos de países, en la vecindad de la Unión Soviética, en que la abolición de la
propiedad privada de los medios de producción no fue el resultado de una
revolución proletaria victoriosa, sino que se consumó como consecuencia de
una ocupación militar en el curso de la segunda guerra mundial o cuando
menos bajo el amparo del poderío político-militar de la Unión Soviética. La
consecuencia lógica sería que tampoco ahí fueron superadas ciertas contradicciones sociales sino que apenas se les superpusieron las nuevas condiciones históricas, con la consecuencia inevitable de insuficiencias y deformaciones en su
constitución como formaciones sociales socialistas. La discusión acerca de las
"sociedades de transición" —en la que no podemos entrar aquí— en parte
podría bien llevarse bajo el denominador de "periferia socialista".
[17] *Grundrisse*, p. 390 [t. 1, p. 451]. La corrección histórica del ejemplo no
hace a nuestro argumento.
[18] *Grundrisse*, p. 412 [t. 1, p. 476]. Marx se adelantó pues por 110 años a
la tesis central de Andre Gunder Frank sobre la funcionalidad capitalista de las
relaciones de producción en el Nuevo Mundo.

metralmente opuestas a su lógica? Para dar respuesta a estos interrogantes, tenemos que concretar primero los dos aspectos básicos del subdesarrollo mencionados —el proceso económico subyacente y las estructuras que produce— para después buscar el nivel de mediación entre las formas históricas y el análisis teórico.

2.2.2 Reproducción dependiente del mercado mundial

Con "reproducción dependiente del mercado mundial" designaremos el hecho de que elementos esenciales de la producción y reproducción de las economías periféricas, en su aspecto económico como en el social, pasan por los mecanismos del mercado mundial, quedando sometidos a los intereses económicos de aprovechamiento y al control político de las clases dominantes en los países centrales.[19]

· Este interés económico de aprovechamiento de las metrópolis fue lo que impulsó originalmente la incorporación de los países "retrasados" al sistema capitalista mundial por medio de la violencia o de la competencia desigual. La misma función ha determinado todo el desarrollo económico y social posterior de estos países hasta hoy día, y las tendencias más recientes hacia una industrialización acelerada de algunos países periféricos y hacia el lanzamiento al mercado mundial de algunas de sus materias primas más "estratégicas" han modificado y diferenciado ("cuarto mundo") esa relación básica, pero no la han suprimido.

En la base de la reproducción dependiente están las indispensables relaciones de intercambio de materias primas que encadenan la producción de los países periféricos con la de los centrales. Las estructuras de producción creadas en el curso de la división internacional del trabajo —eufemismo que esconde una asignación o imposición de trabajo— implican que el excedente realizable de estos países la mayoría de las veces consista en pocas materias primas de origen mineral o agrario para las cuales hay poca o ninguna demanda local. El grueso de estos productos "tiene que realizarse en el mercado mundial o en los países industrializados, posibilitando en contrapartida la importación de aquellos bienes (de consumo, de equipo, etc.) que no se producen en el propio país dada la estructura unilineal de la producción. A través de la forma material del excedente de los países económicamente subdesarrollados se impone así un contexto determinado

---

[19] Esto designa una relación cualitativa, no necesariamente cuantitativa. Aun cuando el comercio exterior representa apenas un tanto por ciento muy bajo del producto social bruto, este tanto por ciento puede constituir el elemento estructurador para el conjunto de la economía.

de intercambio y de reproducción con los países industrializados, pasando por el mercado mundial".[20]

Así como en su aspecto material, también en sus proporciones de valor, sus relaciones de distribución y de consumo y finalmente en sus expresiones y articulaciones sociales, el contexto reproductivo de los países económicamente subdesarrollados sólo se complementa a través de su vinculación con el circuito económico de las metrópolis. La estructura de las clases dominantes de estos países sólo se explica si la vemos como formando parte de una dominación social internacional. Las clases dominantes de un determinado país periférico sólo se complementan con una fracción "externa" de la burguesía compuesta por aquellas partes de las burguesías de las metrópolis que ahí detentan el control sobre los elementos exteriores del contexto reproductivo de la economía periférica, ejerciendo así funciones económicas, sociales, políticas e ideológicas esenciales de una clase dominante.[21]

La expresión "reproducción dependiente del mercado mundial" sólo pretende designar esta parcialidad de los órganos necesarios para un sistema socioeconómico, obligando a una integración a través de sus nexos con las metrópolis bajo condiciones que benefician el proceso de acumulación en los países centrales y obstaculizan el de los periféricos. "Mercado mundial" equivale aquí a la totalidad de las estructuras económicas metropolitanas, a los centros del capitalismo mundial en su conjunto; no hace referencia a las formas pormenorizadas en las cuales se articulan estas vinculaciones internacionales, no excluyendo por lo tanto aquellas relaciones que no asumen la forma de relaciones de mercado.[22]

---

[20] Olle/Schoeller [325], citado del manuscrito, Berlín, 1975, p. 15.

[21] La distinción entre burguesías "externas" e "internas", a pesar de ser analíticamente necesaria, muchas veces presenta extremas dificultades cuando se trata de efectuarla empíricamente. Precisamente en los sectores económicos hegemónicos es donde ambos componentes de la burguesía se entrelazan y se funden en empresas, consorcios o clanes. Así, capitales originalmente nacionales se asocian con capitales extranjeros; empresas originalmente extranjeras se convierten a lo largo de generaciones en componentes plenamente integrados de los intereses económicos locales y de sus expresiones sociales. Piénsese por ejemplo en los imperios Bunge y Born en Argentina, Gildemeister en Perú, Volmer en Venezuela, para citar tan sólo los casos de capitales originalmente alemanes. Sería simplista considerar a los representantes locales de intereses extranjeros como meros encargados o testaferros de estos intereses; en sociedades apenas diferenciadas, se insertan en la estructura local de clases, sin por eso dejar de ser los portadores de una dominación imperialista.

[22] En especial, no utilizamos aquí "mercado mundial" en el sentido de "competencia internacional de capitales nacionales", como puede definirse con respecto a la relación de los países industrializados entre sí. Transferir esta

Con esto no queremos negar las diferencias enormes que existen entre las diferentes fases y formas de subordinación a los designios del mercado mundial. El "mercado mundial" no es uniforme sino que se presenta en una variedad infinita de expresiones que cambian radicalmente con el tiempo y el lugar. Tomar la abstracción teórica por la realidad concreta sería vaciar el término "mercado mundial" de todo contenido histórico.

En una primera fase, que dura hasta el siglo XVII y que se define por el predominio del capital comercial, todavía no se puede hablar de un mercado mundial *strictu senso*: las regiones del mundo conquistadas por los imperios españoles y portugueses en su proceso de expansión eran objeto del pillaje directo y del despojo de aquellos bienes que prácticamente sin transformación productiva podían servir para el atesoramiento, como metales preciosos y bienes de consumo de máximo lujo (seda, especies). En una segunda fase, que se extiende a los siglos XVII y XVIII, se inicia la exportación de materias primas y de alimentos coloniales de alto valor (por ejemplo, colorantes orgánicos, azúcar) para las zonas manufactureras de los Países Bajos y Francia, apareciendo así formas primarias de una división internacional de trabajo articulada a través del mercado mundial.

Se puede hablar de un mercado mundial plenamente constituido en una tercera fase determinada por el capital industrial a partir de mediados del siglo XIX, cuando la exportación de productos primarios para Inglaterra, la nueva metrópoli mundial —más tarde también para sus competidores Alemania, Francia y Estados Unidos—, comienza a estructurar todo el potencial productivo de los países periféricos, que a su vez se convierten en compradores de los productos terminados en los centros industriales. Hasta esta fase no se termina de estructurar una "reproducción dependiente del mercado mundial" con todas sus consecuencias sociales, quedando restringida la validez plena de este término a esa época, que es también la que en definitiva da origen a lo que hoy llamamos el "subdesarrollo".

Sería demasiado simple si redujéramos la relación de dependencia económica a la fórmula

| Metrópoli: | Departamento I | (bienes de producción) |
| Periferia: | Departamento II | (bienes de consumo).[23] |

definición a la relación entre países industrializados y economías subdesarrolladas —como lo hace Schoeller [55]— será muy problemático mientras en estas últimas el proceso de formación del valor se siga rigiendo predominantemente por el intercambio internacional, porque no existen todavía condiciones de producción "medias" en el ámbito nacional.

[23] Según Juan Carlos Esteban, *Imperialismo y desarrollo económico*, Buenos

Los dos departamentos tienen que subdividirse por lo menos una vez para llegar a una primera aproximación esquemática de la trabazón económica internacional:

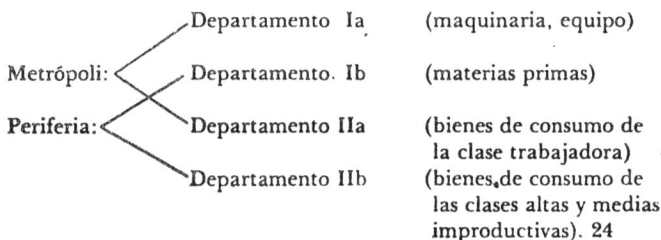

	Departamento Ia	(maquinaria, equipo)
Metrópoli:	Departamento. Ib	(materias primas)
Periferia:	Departamento IIa	(bienes de consumo de la clase trabajadora)
	Departamento IIb	(bienes de consumo de las clases altas y medias improductivas). 24

Este esquema puede servir como el modelo más simple del contenido económico de la "reproducción dependiente del mercado mundial", tal como se formó en la fase del "imperialismo clásico" hasta la crisis económica mundial y sigue subyaciendo a los fenómenos actuales de subdesarrollo.

Sin embargo, ni ese ni ningún otro esquema simple puede satisfacer en última instancia: hay demasiadas excepciones, expresiones demasiado multiformes, tendencias nuevas demasiado importantes como para poder detenerse en tal modelo de relaciones internacionales. Así, en algunos países de la periferia la producción de comestibles destinados al consumo de las clases trabajadoras en los centros (trigo, por ejemplo) desempeñó un papel importante desde su incorporación al sistema internacional de trabajo. Mucho depende de qué productos se producen en concreto para la exportación, qué fases de elaboración recorren en el país de origen antes de ser embarcados, si los medios de producción de estos sectores exportadores se encuentran en manos de una burguesía local o extranjera, qué cantidad y calidad de mano de obra requiere y cómo se reparte el excedente entre las diferentes fracciones de las clases dominantes.

Una muestra de este tipo no debe considerarse como algo estático. En una fase transitoria que va aproximadamente desde la crisis económica mundial hasta la guerra de Corea, en algunos de los países más grandes de América Latina se implantó una industria sustitutiva de importaciones de bienes de consumo masivo. Desde los años 50 obser-

Aires, Palestra, 1961, pp. 30-31 (por lo demás precursor sagaz en el análisis de la "dependencia", en vista del año en que escribe).

24 Según la fórmula de Schoeller [55], p. 213, y la muy similar de Samir Amin [2] y "Zur Theorie von Akkumulation und Entwicklung in der gegenwärtigen Weltgesellschaft", en Senghaas [58], pp. 71-97 (versión original francesa en *Tiers Monde*, 52, 1972).

vamos una internacionalización creciente de la producción industrial, orientada de nuevo hacia el consumo de las capas de altos ingresos y hegemonizada por consorcios transnacionales, pero que tienen por efecto que en los países periféricos más adelantados el proceso de industrialización se efectúe "hacia atrás", alcanzando hasta el sector de bienes de capital.

El nexo reproductivo con el mercado mundial se reproduce en este modelo nuevo a través de la dependencia en lo tocante a tecnología, modelos de consumo y sistemas de producción extranjeros; con ello, el interés y el control de las burguesías metropolitanas se desplaza de los reflujos materiales destinados a la comercialización en los países centrales hacia la realización local y a los reflujos meramente financieros en forma de transferencia de ganancias y el pago de licencias y patentes.[25] Un síntoma de esta forma nueva de dependencia tecnológica y financiera es el crecimiento vertiginoso de las deudas externas de los países periféricos. Quizás a través de estas tendencias anuncie el comienzo de una cuarta fase del mercado mundial, hegemonizada por el capital financiero y dentro de la cual la actual función de los Estados Unidos como rector del sistema se desplaza hacia varios centros financieros y conglomerados industriales enclavados en diferentes puntos del orbe (incluyendo por ejemplo São Paulo, Teherán, Hong Kong...), superándose así la circunscripción del papel de metrópoli al marco geográfico y social de un estado-nación definido.

A estas variaciones históricas en la forma de vinculación con el mercado mundial se agregan por supuesto otras de tipo geográfico, climático, ecológico, étnico y demográfico. Así, por ejemplo, las relaciones entre un estado minúsculo y un consorcio bananero internacional tienen que ser radicalmente distintas a las que hay entre un número mayor de empresas extranjeras y un estado ampliamente dotado de territorio, población y recursos naturales. Pero sigue invariada —y eso es lo que importa aquí— la subordinación funcional a las exigencias del proceso de acumulación en los países centrales.

Esta dependencia del mercado mundial de ninguna manera representa un aspecto meramente externo de la sociedad en cuestión; por el contrario, prácticamente no se encuentran estructuras sociales que no hayan sido o creadas o impregnadas de modo decisivo por esa lógica económica internacional. Y viceversa, son estas estructuras internas con sus exponentes sociales las que transforman este nexo determinante en práctica social, lo concretan y lo diferencian, y las que a través de

---

[25] "En el horizonte del año 2000 vislumbramos el advenimiento de una era en la cual las economías, como la alemana, en lo fundamental exportan patentes, técnicas y calcos" (Canciller Helmut Schmidt, *Frankfurter Allgemeine Zeitung*, 23 de agosto de 1975).

conflictos sociales deciden sobre posibles alternativas de articulación o de ruptura.

2.2.3 Heterogeneidad estructural de la formación social

El resultado de esta articulación interna de una dinámica económica global es una formación social caracterizada por su heterogeneidad: en las sociedades periféricas el modo de producción capitalista ha llegado indudablemente a ser el dominante, pero no es el único. Existen, por el contrario, en amplios sectores formas no capitalistas de producción y de distribución, pero que deben su existencia y su funcionalidad a esa forma histórica específica de penetración capitalista en las regiones auxiliares de la economía internacional.[26]

La característica más definitoria de aquellas estructuras sociales que hoy llamamos "subdesarrolladas" no es sólo un retraso económico —cabría llamar a esto "no desarrollo" o "infradesarrollo"— sino la coexistencia de técnicas productivas modernísimas al lado de anticuadas. A esta disparidad extrema de niveles de productividad se agrega una estructura sectorial sumamente desequilibrada y un mercado quebrantado por múltiples barreras económicas y sociales.

En el plano social esto se expresa en un fraccionamiento múltiple acompañado por una compleja estratificación de las clases dominantes que aglomeran a representantes del capital financiero internacional con pequeños empresarios manufactureros, capitalistas agrarios modernos con latifundistas tradicionales, etcétera.

No menos dispares se presentan las relaciones de trabajo de las clases dominadas: al lado del trabajo asalariado libre siguen existiendo formas abiertas o solapadas de dependencia personal, restos de una producción comunal precolonial y, finalmente, un amplio sector de sobrepoblación relativa —los llamados "marginales"— que se mantienen penosamente gracias a trabajos ocasionales, seudoautónomos, o como sirvientes o minifundistas.

El bajo grado de integración económica se refleja en lo espacial como desequilibrio e insularidad de las diferentes regiones que componen el territorio económico nacional. Todas las funciones urbanas —industria, comercio, administración, cultura— se concentran en una o muy pocas "cabezas de Goliat" con infraestructura moderna, mien-

---

[26] Tal como "reproducción dependiente del mercado mundial", también la expresión "heterogeneidad estructural" es apenas un término provisional y auxiliar de tipo estructuralista —más cuestionable todavía que el primero, porque no da prácticamente ninguna indicación acerca de su contenido (¿qué hay en este mundo que no sea estructuralmente heterogéneo?). En lo posible, utilizamos el término sólo en la composición "heterogeneidad estructural de la formación social" —pero en última instancia la expresión sólo puede llenarse de un contenido específico a través de su definición.

tras que extensas regiones del interior siguen casi desiertas o abandonadas a un letargo económico; estas "periferias de las periferias" a veces se conectan menos entre sí que cada una radialmente con el respectivo polo urbano.[27] La coexistencia de componentes sociales capitalistas con otros no capitalistas, que a primera vista parece anárquica, no está, sin embargo, falta de sistema; la generalización incompleta de las relaciones de producción capitalistas no rige para todos los sectores de la economía y para todas las regiones del mismo modo.

Así, la esfera de *circulación* ya prácticamente no conoce otro modo de organización que el *capitalista*: rige en forma exclusiva para el intercambio a través del mercado mundial, y en forma predominante también para la distribución interna; aunque en lo que respecta a esta última, en algunos sectores los órganos de la circulación capitalista como el sistema bancario y crediticio tienen un desarrollo todavía precario, sustituido muchas veces por relaciones de clientela o de usura, al lado de relaciones de mercado sobreviven tributaciones extracomerciales y en algunos sitios aislados todavía se usan pagos en especies y trueque directo de valores de uso. Pero donde más típicamente se encuentran las formas *no capitalistas* es en la esfera de la *producción*, en las relaciones entre los propietarios de los medios de producción con los productores directos, que muchas veces siguen teniendo un ingrediente de dependencia personal, y en las técnicas de producción preindustriales. Estos elementos no capitalistas de producción se encuentran en sectores *agrarios*[28] y en formas de trabajo *simples*. En sociedades donde existen castas, tribus o etnias discriminadas (en América Latina: negros e indios)[29] son ellos los que en proporción alta se encuentran en ese tipo de relaciones no plenamente capitalistas.

[27] Véase la red ferrocarrilera y carretera de Argentina, que se concentra a manera de telaraña en el puerto de Buenos Aires.

[28] Jean Piel [334], p. 349, da el ejemplo del Perú, donde subsisten formas de servidumbre por deudas ("enganche"), así como el pago en coca o en alcohol. Los ejemplos podrían ampliarse infinitamente; en Papúa, Nueva Guinea, por ejemplo, a los trabajadores de las minas de cobre se les paga ¡en cocos!

[29] Con ello se plantea como problema teórico la relación entre raza y clase. Aunque ambas se correlacionan estrechamente, no son idénticas, como lo postulan polémicamente Carlos Guzmán Böckler y Jean-Loup Herbert, *Guatemala. Una interpretación histórico-social*, México, Siglo XXI, 1972, para los cuales la división de clases en Guatemala asume la forma de una división entre indígenas y ladinos (mestizos y blancos). No obstante su valor provocativo, esta concepción resulta teóricamente deficiente y políticamente peligrosa por la línea divisoria que traza entre los indígenas y el proletariado ladino. Una concepción correcta tendría que partir del concepto de superposición de contradicciones de clases a diferencias étnicas, de una manera que permita mantener, legitimar y mistificar las relaciones de dominación existentes.

Queda por último todo el sector *re*productivo de la economía casera, típico del trabajo femenino, donde las relaciones de tipo capitalista casi no han penetrado todavía (es en el trabajo femenino donde las estructuras sociales de los países industriales tienen más parecido con los países "retrasados").

Vemos, pues, que el grado de penetración de las relaciones capitalistas no es parejo en todos los sectores, sino que demuestra un declive sectorial, social y espacial. Siguiendo este declive hacia "arriba", llegamos al elemento clave que produce históricamente tales formaciones sociales heterogéneas. Este elemento dinámico son los sectores económicos hegemónicos, los que realizan la vinculación con el mercado mundial y representan la forma concreta que asume la subordinación del país respectivo a la estrategia económica global. Los intereses económicos metropolitanos se materializan en filiales comerciales, plantaciones, minas, ferrocarriles, industrias, bancos, etc. Constituyen el eje a partir del cual se estructuran en forma concéntrica las demás estructuras económicas y sociales del país.

Desde el punto de vista estructural e histórico los sectores hegemónicos representan el eslabón principal a través del cual la reproducción dependiente del mercado mundial se transforma en una formación social heterogénea. Cambios en las condiciones de acumulación en los países industrializados se traducen en cambios en la oferta y la demanda del mercado mundial y llevan a la creación de nuevos sectores hegemónicos, mientras los antiguos pasan a una etapa vegetativa, si no es que desaparecen, arrastrando en su ruina ciudades y regiones enteras.

El auge y el ocaso de fracciones de la clase dominante, por consiguiente, tampoco se debe a adelantos de las fuerzas productivas operados dentro del propio país, sino que son consecuencia de nuevas formas de penetración extranjera y reflejo de avances técnicos en las metrópolis que redefinen las funciones económicas asignadas a las periferias.

De ahí que sectores caducos o no capitalistas de las clases dominantes raras veces se eliminen por completo, porque no es condición para que una nueva fracción asuma el papel hegemónico. El relevo se opera desde fuera, no tiene su origen en pugnas interfraccionales. Desalojada la antigua fracción hegemónica de su función rectora, puede seguir participando en el sistema al cumplir con funciones secundarias o mediadoras al margen del acontecer económico moderno, estancándose técnica y financieramente. Así se crea un sistema estratificado de burguesías fuertes, intermedias y débiles, según su "cercanía" histórica y funcional al sector hegemónico del momento.[30]

---

[30] "Lo nuevo se ha sobrepuesto a lo viejo sin eliminarlo. La estructura de la sociedad peruana se ha desarrollado por medio del desdoblamiento, de la

Como consecuencia de los intereses extremadamente unilaterales de estos sectores hegemónicos, el adelanto técnico se limita a áreas económicas muy parciales que se convierten en islas de alta tecnología y de poder financiero. Todos los recursos naturales y humanos aprovechables para estas actividades se explotan en forma sistemática, mientras que los demás recursos y las demás zonas del país que no brindan perspectivas de lucro a corto plazo quedan abandonados o cumplen una función subordinada como proveedores de bienes o de mano de obra baratos.[31] ·

En este proceso las *formas no capitalistas de producción* y de distribución no sólo no se eliminan, sino que se *reproducen* permanentemente hasta el día de hoy. Los componentes no capitalistas que se encuentran hoy en los países del "tercer mundo" sólo muy excepcionalmente pueden llamarse *pre*capitalistas en el sentido de ser residuos de modos de producción que históricamente precedieron al capitalista en estos países. Las estructuras actuales del subdesarrollo en su gran mayoría constituyen productos directos de la historia de la penetración capitalista en estos países. No corresponden al caso de una sociedad precapitalista relativamente intacta que apenas comienza a sufrir los impactos de un comercio exterior incipiente, a que se refiere la siguiente observación de Marx:

La organización de la producción interna ya está modificada por la circulación y el valor de cambio; pero todavía no está compenetrada por ella ni en toda su superficie ni en toda su profundidad. Eso es lo que se llama el *efecto civilizador* del comercio exterior. Depende entonces en parte de la intensidad de esta influencia externa, en parte del grado de desarrollo de los elementos de la producción·interna —división de trabajo, etc.—, hasta qué punto

ampliación, del desplazamiento y de la agregación, y casi nunca por medio de la ruptura definitiva y la revolución." (Jean Piel [334], p. 336.) Véase también Oliveira [50], pp. 30-32. Una percepción aguda desde una perspectiva no marxista de esta agregación de elementos de apariencia "museal" se encuentra en Anderson [173].

[31] El papel de los sectores hegemónicos en muchos aspectos es comparable al de los monopolios en los países capitalistas altamente desarrollados; de hecho, en la mayoría de los casos se trata precisamente de monopolios de los centros industrializados. Los estudios existentes sobre la función de los monopolios en el desarrollo capitalista de los centros industrializados contienen indicaciones teóricas importantes para el análisis de los sectores hegemónicos de las periferias. Sin embargo, sus efectos sobre el resto de la estructura social de un país van mucho más allá de meros obstáculos a la libre competencia o en general de fenómenos que se limitan a la esfera del mercado: todo el desarrollo de las fuerzas productivas y el correspondiente despliegue de la formación social se ven condicionados por ellos; ante esto, ya es secundario el que dominen el mercado, si no es que lo crean de acuerdo con sus necesidades.

el movimiento hacia la imposición del valor de cambio se apodera de la totalidad de la producción.[32]

Sigue siendo válido para el caso de las economías subdesarrolladas (desconocidas por Marx) que el capitalismo no ha generado las formas que lo tipifican "ni en toda su superficie ni en toda su profundidad". No obstante, hoy en día las estructuras sociales todavía no "apoderadas" por el modo de producción capitalista representan rarezas etnológicas. Los remanentes de sistemas sociales autóctonos que excepcionalmente se han podido encontrar, han tenido que cambiar su contenido social en un proceso de adaptación al sistema capitalista dominante.[33]

Desde este punto de vista resulta insostenible considerar estas estructuras no capitalistas como restos de sociedades "tradicionales" que existen en forma inconexa al lado de sectores económicos modernos, obstaculizando su difusión. Al contrario, en la mayoría de los casos puede demostrarse que estos sectores "retrasados" tienen una utilidad económica directa para el proceso de acumulación en los sectores capitalistas, constituyendo muchas veces una condición *sine qua non* en las circunstancias históricas prevalecientes, y que de esta función económica se deriva su existencia o por lo menos su contenido social actual. Si por ejemplo la imposición de la producción capitalista en las colonias llegó a resucitar el esclavismo y si sigue inventando formas de dependencia personal, no se trata entonces de remanentes afuncionales de producción esclavista o feudal, sino, por su función económica, de trabajo asalariado que, con el fin de abaratarlo y de asegurar su

---

[32] *Grundrisse*, p. 168 [t. 1, pp. 195-196].
[33] Amin, en Senghaas [58], pp. 95s. La mayoría de las formas no (plenamente) capitalistas que se encuentran hoy día en América Latina tienen su origen no en la época precolonial, sino en la colonia; no representan por ende remanentes de formaciones sociales precapitalistas, sino de una fase temprana de la imposición del capitalismo.
A manera de ejemplo de cómo relaciones de producción no capitalistas siguen procreándose precisamente como consecuencia de una forma específica de la penetración de una producción capitalista moderna puede servir el caso de la apertura de la Amazonia: el estado brasileño ofrece a las empresas industriales concentradas en el sudeste del país la posibilidad de amortizar buena parte de sus deudas impositivas en inversiones en el norte. Prácticamente todos, incluida la Volkswagen, hacen uso de esta posibilidad, que es un regalo por parte del estado. La forma más simple y especulativa de inversión es el latifundio, aprovechada superficialmente para la cría de ganado. Para el desmonte no se emplean trabajadores asalariados, sino se deja que trabajadores agrícolas emigrantes del noreste se asienten en estas propiedades y comiencen a talar un pedazo de tierra para su propia subsistencia ("*posseiros*"). Después de aproximadamente tres años, cuando estas tierras llegan a ser plenamente aptas para el uso agrícola, se aprovecha la situación ilegal de estos asentamientos para expulsar a los habitantes, obligándolos a repetir el proceso más adentro en la selva. El costo del desmonte para la **Volkswagen: ninguno.**

disponibilidad, está *pervertido en su forma* cuando no hay fuerza de trabajo libre o cuando resulta demasiado cara. Asimismo las formas de agricultura de subsistencia en minifundios se distinguen sustancialmente de una producción de valores de uso precapitalistas: sirven para asegurar una reproducción gratuita de una fuerza de trabajo temporaria fuera del tiempo de la cosecha o para producir a bajo costo víveres o bienes de consumo simples para las capas trabajadoras urbanas. Así que lo que llamamos sectores "no capitalistas" (utilizando una expresión corta y conocida) en realidad casi siempre constituyen componentes sociales imperfectos o deformados en su forma, pero capitalistas en su función.

Por consiguiente, tampoco los sectores plenamente capitalistas pue- . den verse aislados de las condiciones no capitalistas de trabajo en otros sectores y regiones. La rebaja de los costos reproductivos originada ahí se transmite a toda la escala de trabajo sucesivamente más ` com- plejo, abaratando los costos de reproducción de la fuerza de trabajo en todos los niveles y ampliando así la tasa de ganancia en su promedio nacional.

Pero también allí donde resulta imposible encontrar una función económica directa de ciertos elementos no capitalistas para la producción capitalista de valores, su existencia en su forma actual muchas veces se debe a una racionalidad económica que justamente exige su marginación como solución más económica para el proceso de acumulación en curso. Si por ejemplo el capital disponible se concentra plenamente en los polos dinámicos de la economía, sustituyéndose en otros sectores por trabajo simple ilimitado,[34] o si el mercado interno se retrae a los detentores de altos ingresos obligando a todas las demás capas sociales a revivir formas de subsistencia,[35] esto, lejos de constituir un impedimento de la acumulación, puede significar su aceleración, a manera de incubadora.

Puede haber ejemplos de lo contrario, donde no existe en la actualidad una racionalidad económica para ciertas estructuras, o donde los polos industriales ya no se benefician de su existencia. Así, por ejemplo, no se vislumbra ninguna manera en que la sobrepoblación rural paupérrima del noreste brasileño hoy día pueda seguir siendo económicamente útil para el crecimiento industrial en el sur del país. Pero estas estructuras no surgieron como afuncionales, sino que se

---

[34] Oliveira [50].

[35] Wolfgang Schoeller, "Unterentwicklung und ungleicher Tausch auf dem Weltmarkt", en Brandes/Tibi [7], pp. 140-175. Es éste el principal mecanismo de la pauperización y no un supuesto drenaje continuo de partes del valor producido en estas "colonias internas", tal como lo postula el modelo de "metrópolis" y "satélites" de Andre Gunder Frank.

crearon en el pasado siguiendo las racionalidades económicas del momento histórico, y no se convirtieron en inoperantes hasta que cambiaron las condiciones económicas.

Vemos así que a la cuestión del nexo funcional entre sectores no capitalistas y modernos en el nivel *económico* no se le puede dar una respuesta general, sino sólo diferenciada por épocas, regiones y sectores. En un plano *histórico* más general hay que invertir los términos de la pregunta: si es la forma específica de la penetración capitalista la que, en el proceso de su expansión por el mercado mundial, produce y perpetúa estructuras no capitalistas, entonces estas estructuras —en *promedio*, como *tendencia* y tomadas en su *conjunto*— tienen que tener una *funcionalidad histórica* para esta forma de penetración capitalista. No se excluye que en este proceso puedan surgir también elementos parciales contraproducentes, que excepcionalmente incluso lleguen a poner en peligro al sistema —lo contradictorio de cualquier tendencia es algo inherente al carácter del modo de producción capitalista.[36]

La expresión "heterogeneidad *estructural*" justamente quiere poner de relieve que las formas de organización no capitalista por su cantidad y calidad no constituyen cuantos meramente residuales, sino que la expansión del modo de producción capitalista precisa históricamente de estas "muletas" no capitalistas. La heterogeneidad "normal" de cualquier sociedad concreta, y el hecho de que hasta en las sociedades capitalistas más avanzadas se encuentran remanentes de organización social capitalista, todo esto ya queda expresado por el término de "formación social" como concreción histórica de un "modo de producción" abstracto. Y sólo a eso se refiere Marx en el conocido párrafo:

En todas las formaciones sociales es una producción determinada —y por consiguiente también las relaciones de producción que le son propias— la que asigna a todas las demás su rango y su influencia. Es una iluminación general que inunda a todos los demás colores y los modifica en su peculiaridad.[37]

Por cierto que también en la periferia capitalista todas las relaciones sociales reciben su "rango y su influencia" del modo de producción capitalista; pero no obstante son elementos *constitutivos* de su existencia

---

[36] "La tendencia principal a la subordinación bajo el capital implica una limitación del desarrollo para adecuarlo a la división de trabajo impuesta por el mercado mundial [. . .] Estas condiciones desfavorables para el desarrollo nacional son, sin embargo, en un primer plano condiciones favorables para el capital como relación universal. Así, el dominio del capital en su forma internacional está en cierto grado opuesto a su dominio en forma nacional" (Ramalho [345], p. 60).

[37] *Grundrisse*, p. 27 [t. 1, pp. 25-26].

histórica lo que impregna profundamente su conformación y funcionamiento concretos. El hecho de que deban su existencia al accionar de las leyes del capitalismo no significa que estén suficientemente descritos por los términos "puros" de la teoría capitalista. Así, por ejemplo, relaciones de dependencia personal pueden constituir, por su función económica, trabajo asalariado pervertido; no por eso la relación es menos real y ello impide que a los trabajadores que se encuentran en esta situación se les incluya sin más en la noción del proletariado.

Numerosos contexos económicos de los que depende el juego libre de la dinámica propiamente capitalista aparecen aquí desvinculados. Falta un espacio económico nacional integrado y un mercado único. La movilidad de capital y de trabajo sólo es posible dentro del marco limitado de "compartimientos", de sucursales, niveles de productividad y de regiones con condiciones de producción comparables. El tiempo de trabajo se valora de forma completamente distinta según el sector o la región, por lo que no hay un proceso constitutivo del valor nacional. En consecuencia, no se establecen todos aquellos promedios nacionales (condiciones medias de trabajo; trabajo necesario; tasa de ganancia media; precio de producción, etc.) que serían la base de una competencia libre y de los movimientos compensatorios inherentes a la ley de valor.[38]

Algunas de las relaciones lógicamente consustanciales con el modo de producción y reproducción capitalista aparecen desmembradas, como la necesaria correspondencia entre capital y trabajo asalariado, entre competencia y desarrollo de las fuerzas productivas, entre bienes de capital y bienes de consumo, etc. Esta disociación de órganos sociales puede darse en sociedades estructuralmente heterogéneas, porque a través de su reproducción dependiente estas relaciones necesarias siguen estableciéndose, pero en el contexto *mundial*. Los supuestos lógicos rigen para el modo de producción como un todo histórico, pero no se verifican en cada una de sus partes.[39]

---

[38] Véase Karl Marx, *Das Kapital*, t. 3, MEW 25, pp. 206ss. [*El capital* (en 8 vols.), México, Siglo XXI, t. III/6, pp. 228ss.] En lo subsiguiente, se citarán las obras de Marx y de Engels de la principal edición alemana, la *Marx-Engels-Werke*, 39 tomos, Berlín-RDA, Dietz-Verlag, varios años, con la abreviatura de MEW. No están incluidos en esta edición los *Grundrisse* ni los *Resultate*. que se citan con una referencia aparte.

[39] Unos apuntes de Marx acerca de la función del comercio exterior contienen la observación de que hasta la relación necesaria entre acumulación capitalista y trabajo asalariado "libre" puede presentarse disociada, "porque toda la forma social de las naciones retrasadas [. . .], que se encuentran relacionadas con un mercado mundial basado en la producción capitalista, se ve determinada por él. Por grande que sea el excedente que extraen en forma simple como al-

Claro está que un tal desmembramiento de contextos sociales en el plano local y su reconstitución en el marco internacional tienen que modificar enormemente el modo concreto de acción de la ley de valor. Explicar este modo de acción modificado sería justamente la tarea de una "teoría de la reproducción capitalista periférica", en la cual tendrían que fundirse también los aspectos de la "reproducción dependiente del mercado mundial" y la "heterogeneidad estructural de la formación social". Estos dos conceptos no pasan de ser una generalización de elementos histórico-decriptivos y una aproximación "estructuralista" provisional que se justifica mientras los complejos históricos a que se refiere no encuentran aún una conceptuación teórica válida.

2.3 ALGUNAS DETERMINACIONES TEÓRICAS PROVISIONALES

2.3.1 El plano de una teoría de la reproducción capitalista periférica

No podemos desarrollar aquí esta teoría buscada, pero sí podemos dar algunas indicaciones preliminares al respecto —necesarias, por lo demás, porque de ellas depende *el que realmente pueda haber una tal teoría del subdesarrollo y por ende una teoría "del" estado de la priferia capitalista.*

Se plantea la siguiente pregunta: ¿Existen características específicas de todas las economías de la periferia capitalista que puedan ser conceptualizadas en un nivel lógico-abstracto? ¿Sólo se puede analizar la expansión capitalista en forma separada para cada sociedad y en un nivel histórico concreto? En otras palabras: ¿puede haber una teoría del capital periférico diferenciada de la teoría del capital en general?

Éste es el postulado de buena parte de la literatura "dependentista",[40] mientras que los autores que parten del análisis del mercado mundial tienden a negar esta posibilidad.[41]

El dilema metodológico salta a la vista si recordamos las premisas con las que comienza Marx su análisis de la sociedad capitalista:

godón o como trigo del trabajo excedente de sus esclavos, pueden quedarse en este nivel de un trabajo simple, no diversificado, porque están facultados por el comercio exterior [a dar] cualquier forma de valor de uso a este producto simple" (Karl Marx, *Theorien über den Mehrwert*, MEW 26.3, p. 239).

[40] Ruy Mauro Marini, *op. cit.*; Córdova [13]; y tendencialmente también en los trabajos de Theotonio dos Santos, por ejemplo los contenidos en su libro *Lucha de clases y dependencia en América Latina*, Bogotá, Oveja Negra, 1970, y en buena parte del estudio sobre "marginalidad".

[41] Así, con bastante anticipación, Wolfgang Schoeller, en un *Comentario* a un artículo de Cardoso, en *Probleme des Klassenkampfs*, 6, marzo de 1973, pp. 71-74, y el mismo Cardoso en *Las contradicciones del desarrollo asociado.*

Para captar el objeto de la investigación en su pureza, libre de circunstancias accesorias perturbadoras, tenemos que considerar todo el universo comercial como una nación y presuponer que el modo de producción capitalista se ha instalado por todas partes y se ha apoderado de todas las ramas industriales.[42]

El *concepto* del modo de producción capitalista, de acuerdo con Marx, sólo puede elaborarse partiendo de dos supuestos:

1] El proceso global de la producción y reproducción sociales se realiza exclusivamente dentro del marco de un estado-nación aislado de influencias externas.[43]

2] El modo de producción capitalista ha eliminado todos los vestigios de sistemas económicos precapitalistas.

La situación real de los países de la periferia capitalista dista de adecuarse a estas premisas teóricas. Al contrario: si el subdesarrollo puede ser definido como "reproducción dependiente del mercado mundial" y "heterogeneidad estructural de la formación social", entonces esto equivale a que *la realidad social de las regiones periféricas del capitalismo justamente en sus dos aspectos principales contraria diametralmente las dos premisas teóricas centrales de un modo de producción capitalista "puro"*:

1] El proceso de reproducción de estas sociedades *no* puede ser analizado haciendo abstracción de su contexto internacional, que al contrario constituye el marco históricamente determinante de la reproducción.

2] La producción capitalista "*no* se ha instalado por todas partes"; su conformación concreta sólo se explica a través de su relación funcional con componentes sociales no capitalistas.

No es extraño, pues, que el análisis del subdesarrollo se caracterice por titubeos teóricos: ¿puede una teoría general del capital "cuajar" con una realidad que pone sus premisas teóricas centrales patas para arriba? ¿No hay que elaborar una nueva teoría del capitalismo periférico partiendo de premisas inversas, o por lo menos modificar la teoría general introduciéndole estas circunstancias distintas?

Proceder así sería mal entender la relación entre teoría e historia en el sistema de Marx: su exposición de la "anatomía de la sociedad burguesa" no es una descripción de una realidad histórica concreta; en consecuencia, sus premisas tampoco son la definición de un "tipo

---

[42] *Das Kapital*, t. 1, MEW 23, p. 607 [t. 1/2, p. 715n]. Hay varias citas similares en las cuales Marx recuerda al lector que desarrolla sus categorías "haciendo abstracción provisional de todos los fenómenos que ocultan el juego inmanente de su mecanismo" (*ibid.*, p. 590 [t. 1/2, p. 693]).

[43] La cita también puede interpretarse en el sentido de que supone un mercado mundial plenamente integrado, ya no obstaculizado por fronteras nacionales —con el mismo resultado en un modelo cerrado.

ideal" que reduce una cantidad de casos concretos a un denominador común para de ahí llegar a clasificar los fenómenos individuales por la vía de la ampliación y la modificación. Esto corresponde al método "comprensivo" de la teorización burguesa; el método "explicativo" de Marx, por el contrario, logra *analizar* los fenómenos de la sociedad burguesa justamente porque no se detiene en la superficie de la sociedad: descubre los mecanismos que están en su base, retrotrayendo el sistema burgués a sus determinantes más abstractos y mostrando las relaciones lógicas que existen entre ellos.

"Para examinar los fenómenos en su forma intrínseca, correspondiente a su concepto",[44] hay que hacer abstracción de peculiaridades históricas del caso individual y suponer un conjunto plenamente desenvuelto en el cual todas sus partes se comporten de acuerdo con el sistema en su totalidad.

Para relacionar una tal teoría con la realidad histórica no corresponde "modificar" o "ampliar" estas leyes abstractas del sistema, sino *aplicarlas* en el análisis de fenómenos concretos estudiando su modo de operar en condiciones específicas. Hay que preguntarse: ¿Hasta qué punto el modo de producción capitalista ya se ha constituido como totalidad? Y ¿qué circunstancias empíricas específicas modifican el *modo* en que operan sus mecanismos básicos?[45]

Este modo de proceder es indispensable en el análisis de cualquier realidad histórico-concreta, incluso en el de una sociedad capitalista altamente desarrollada: jamás ha existido el capitalismo en forma pura y abstracta. En todos los países y desde el comienzo su desarrollo ha estado vinculado al mercado mundial e influido por él,[46] y en cualquier sociedad capitalista concreta ha habido y sigue habiendo componentes no capitalistas.

Así, pues, capitalismo "desarrollado" quiere decir sólo que las leyes inherentes a este modo de producción ya han logrado una vigencia más global, que los órganos y la dinámica que les corresponden

---

[44] Karl Marx, *Das Kapital*, t. 3, MEW 25, p. 199 [t. III/6, p. 240].

[45] "Lo que puede variar en situaciones históricas distintas es sólo la forma en que se imponen aquellas leyes [...] La ciencia consiste precisamente en saber *cómo* se impone la ley de valor" (Karl Marx, Carta a Kugelmann del 11 de julio de 1868, en Karl Marx/Friedrich Engels, *Briefe über "Das Kapital"*, Erlangen, Politladen, 1972, p. 185.

[46] "Las condiciones nacionales de la acumulación del capital son acuñadas desde el comienzo por el mercado mundial" (Gerstenberger [105], p. 213), de donde se deduce, para la cuestión del estado, "que la influencia determinante de sus estructuras ya operaba en la fase constitutiva del estado burgués" (*ibid.*, p. 220). Inglaterra no es el caso "normal", sino el caso excepcional de un desarrollo capitalista originario, *con* dominio del mercado mundial. Véase también Olle/Schoeller [325].

están más evolucionados y que circunstancias modificadoras tienen una influencia menor, de modo que la dinámica social real se acerca más a las leyes lógicas.

El capitalismo "subdesarrollado", por consiguiente, se caracteriza porque el capital en cuanto relación social se encuentra todavía menos adelantado en su conquista de la sociedad, obstaculizado en su avance por múltiples estructuras específicas no plenamente capitalistas que lo obligan a una cantidad de compromisos que no concuerdan con su verdadera naturaleza. No obstante, desde el momento en que damos por supuesto que la existencia del capitalismo al nivel del mercado mundial ya no resulta algo externo a una sociedad, sino que domina la "organización de la producción interna", *sólo podemos comprender las expresiones imperfectas del capitalismo partiendo del capitalismo acabado*.

Llegamos a la conclusión de que en el plano lógico-abstracto no puede haber una teoría del subdesarrollo al lado de la teoría general del capitalismo o como su ampliación; el subdesarrollo sólo puede analizarse en un nivel histórico-concreto *aplicando* las definiciones lógicas generales.

Esta distinción entre lo lógico y lo empírico nos permite comprender cómo puede ser válida una teoría para un tipo de sociedad cuyas particularidades históricas se conforman precisamente en el opuesto directo de las premisas que fundamentan la construcción teórica. La reprodución dependiente y la heterogeneidad estructural de las formaciones sociales periféricas no hacen la lógica sino la historia del capital. Si los supuestos *teóricos* para un modelo *puro* y *cerrado*, necesario para la explicación de la dinámica inherente al sistema, no se dan en la realidad histórica, esto no es óbice para que la dinámica siga funcionando: operará de un modo *im*puro y trastornado por influencias externas. Lo esencial del capitalismo no es el marco nacional ni su grado de desenvolvimiento, sino la conversión de las relaciones sociales en relaciones de mercancía y un sistema de reproducción ampliada basado en la extracción de plusvalor. Si no son éstas las reglas que dominan el proceso social, no podemos hablar de una sociedad capitalista —pero si lo son, el método para su análisis es la teoría general que explica estas reglas, por más impuramente que se realicen en la práctica.

Si los dos aspectos centrales del capitalismo periférico no concuerdan con las premisas de la teoría pura, esto "sólo" implica que la aplicación de sus conceptos se vuelve extremadamente complicada. Los obstáculos que encuentra la dinámica del capital la fragmentan de tal forma que sus resultados pueden *aparecer* como su negación. Por ejemplo, las relaciones necesarias entre distintos elementos de la producción pueden parecer disociadas de tal manera que cabe pensar que su lógica no puede ser la capitalista, porque el contexto en que estas apariencias invertidas vuelven a ponerse sobre sus pies no es el local, sino el internacional.

En retrospectiva, comprendemos que la existencia de dos corrientes en el estudio teórico del subdesarrollo (análisis del mercado mundial y discusión sobre "dependencia") no es nada casual sino que corresponde a los dos aspectos principales del subdesarrollo (reproducción dependiente y heterogeneidad estructural), constituyendo por consiguiente dos intentos de aproximación que enfocan cada cual uno de los dos interrogantes principales que plantea el análisis de estas sociedades. Dijimos al principio que sus respectivas temáticas se consideran como complementarias, ahora vemos por qué y en qué sentido.

Todo esto parece llevar a la conclusión de que cualquier teorización sobre la problemática del subdesarrollo en su conjunto es un desatino metodológico y que sólo puede haber un análisis caso por caso de las formas concretas de penetración capitalista en cada país.

Sin embargo, nuestra tesis es que hay rasgos históricos comunes a todos los países de la periferia capitalista que pueden ser analizados en un "nivel intermedio" de lo *específico*, entre lo *general* de las leyes abstractas del capital y lo *particular* de su funcionamiento concreto en cada país. En su expansión por el mercado mundial el capitalismo encuentra en las sociedades que penetra determinadas condiciones históricas que modifican el modo como se realiza su dinámica. *En la medida* en que estas condiciones específicas le resultan *comunes* a *todos* los países de la periferia capitalista, también tienen que originar en todos estos países *modificaciones comunes* del modo de operar de la ley de valor. Nosotros creemos que efectivamente existen tales especificaciones históricas comunes a todos los países del capitalismo de la periferia, y que son aquellas que provisionalmente hemos denominado "reproducción dependiente del mercado mundial" y "heterogeneidad estructural de la formación social".

Estas modificaciones no son "comunes" en el sentido de que se deducen en forma lógica de la teoría del capital, sino en el sentido de que se encuentran *en forma empírica en todos los países de una génesis histórica similar del capitalismo*. Podemos conceptualizar estos rasgos comunes de todos los países periféricos como *especificidad histórica generalizable*. Y sobre esta base también puede haber una "teoría del subdesarrollo": sigue siendo un análisis histórico-genético, pero en el nivel más alto de abstracción posible.[47] Es algo así como un primer

---

[47] También el capitalismo altamente industrializado —"desarrollado", "sobredesarrollado", "tardío" (expresión que en su origen alemán, *Spätkapitalismus*,

capítulo, "aspectos generales", de un análisis histórico que resume todo lo que hay de común en todas estas sociedades antes de que el examen prosiga en pasos subsecuentes de concreción y de diferenciación, pasando por grupos de países más específicos, fases históricas, etc., hasta llegar al caso individual.

Pensamos que sólo a través del análisis de estructuras históricas específicas pero *comunes* (como condiciones promedio) a todas las sociedades capitalistas de un grado de desarrollo determinado puede cerrarse aquella brecha que media entre el análisis de las "estructuras básicas" y el de las "circunstancias empíricas".[48]

El hecho de que se puedan generalizar algunos rasgos históricos específicos de estos países no significa que haya ninguna similitud entre lo demás. Si, por ejemplo, tanto en Brasil como en Guatemala el capitalismo surgió en dependencia de la exportación del café y esta génesis sigue marcando las estructuras de ambos países hasta hoy, ello no borra el hecho de que en otros aspectos hay diferencias abismales entre los dos países. Por el mismo juego de las peculiaridades históricas puede haber semejanzas estrechas entre un país de la periferia y otro del centro (por ejemplo Argentina e Italia) o también contrastes extremos (Haití y Estados Unidos). Por otro lado el grado de abstracción de una teoría en este nivel más general también marca los límites de su poder explicativo: sólo puede delinear un enmarcamiento común. Esto es necesario, pero no suficiente; una aplicación inmediata al caso concreto o a la práctica política sería equivocada y peligrosa.

2.3.2 *Las tendencias al desarrollo del capitalismo en la periferia*

No podemos resolver aquí el problema de cuáles son en definitiva estas modificaciones comunes al modo de operar de la ley de valor —esto supondría tener resuelto el problema del análisis del mercado mundial. Tenemos que limitarnos a indicar en forma provisional los factores históricos comunes que las originan. Por consiguiente, todas las cuestiones subsecuentes cuya resolución presupondría poder contar con el fundamento de una teoría acabada de la reproducción dependiente tendrán que seguir siendo interrogantes no resueltos.

se refiere claramente al capitalismo maduro y en declive, y no a un capitalismo retrasado, como lo connota ambiguamente la traducción castellana), "monopolista de estado", o como quiera llamarse— es por consiguiente una especificidad histórica generalizable del capitalismo mundial.
[48] Blanke/Jürgens/Kastendiek [87], p. 56.

Pero a una de estas preguntas todavía tenemos que referirnos en el contexto de estas consideraciones teóricas preliminares, aunque sea en forma hipotética, porque incide en toda formulación teórica posterior: ¿va la tendencia al desarrollo del capitalismo en sus regiones periféricas hacia la imposición plena de las relaciones que lo caracterizan, o consiste la modificación justamente en hacer estructuralmente imposible el desenvolvimiento pleno de las formas capitalistas?

También aquí se encuentran respuestas divergentes que reflejan los diferentes puntos de partida: de la ley general de la economía política los unos, de los fenómenos empíricos los otros; mientras que los primeros pronostican la plena realización histórica de la dinámica intrínseca del capitalismo, los demás, por el contrario, presumen una agudización de sus actuales trastornos, un "desarrollo del subdesarrollo".[49]

Con base en nuestras observaciones acerca de la relación entre teoría e historia, sugerimos la hipótesis de que las leyes inmanentes a *largo plazo* y como *tendencia histórica* lograrán hacer evolucionar las formas que le son propias. De hecho, los cambios sociales que se pueden observar en el "tercer mundo" a lo largo de las últimas décadas (el lapso mínimo indispensable para evaluar tales tendencias) claramente indican un *avance* notable del capitalismo. Sin embargo, ni en los países más adelantados en su desarrollo capitalista (Irán, Brasil) los componentes no capitalistas han perdido su significación social. Al contrario, es justamente en estos países "subimperialistas" pioneros del desarrollo capitalista periférico donde mejor podemos observar cómo una industrialización en el marco de una reproducción dependiente del mercado mundial genera nuevas formas no capitalistas de relaciones de trabajo. Se explica por la manera en que avanzan las fuerzas productivas en estos países: no depende de equilibrios internos entre los diferentes sectores y ramas, sino que se realiza en forma

---

[49] En el primer sentido véase por ejemplo Schoeller [364]; véase también Thomas Hurtienne, "Zur Entstehungsgeschichte, Struktur und Krise des brasilianischen Akkumulationsmodells", en *Lateinamerika-Berichte und Analysen*, t. 1, 1977, Berlín, Olle y Wolter, 1977, pp. 70-96. Los participantes en los análisis sobre el mercado mundial arriban a conclusiones distintas, según partan de un intercambio desigual de cuantos de trabajo (como lo hace Schoeller) o de valores, como por ejemplo Emmanuel [14] y Jalée [32]; estos llamados "tercermundistas" comparten con los "dependentistas" de la primera fase la visión de una continua profundización de las contradicciones entre países industrializados y subdesarrollados, tomando ambos grupos como conjuntos relativamente homogéneos; véase por ejemplo Theotonio dos Santos, "La crisis de la teoría del desarrollo y las relaciones de dependencia en América Latina", en Jaguaribe y otros [31], pp. 147-187; Frank [18], de cuyo subtítulo fue tomada la cita; Ruy Mauro Marini, *op. cit.*, y del mismo, *Subdesarrollo y revolución*, México, Siglo XXI, varias ediciones.

desequilibrada y a saltos como respuesta a crisis y estrangulamientos en el comercio *exterior*, así como por medio de la incorporación de tecnología desarrollada importada desde los países centrales.

Para un futuro *previsible* se impone entonces el pronóstico de que las relaciones de producción capitalistas van a seguir avanzando por la "extensión" y la "profundidad" de estas sociedades, sin que por ello se supere la heterogeneidad de estas formaciones sociales, en el sentido de que las estructuras no capitalistas queden relegadas a un papel meramente residual. Más bien, el desarrollo se dará de una forma de heterogeneidad a una otra.

No sabemos si este proceso lleve algún día a la superación de la dependencia reproductiva del mercado mundial o inclusive al traspaso de la función metropolitana a uno de los países hoy periféricos.[50] No es impensable que el proceso histórico de un traslado paulatino de hasta las periferias (extracción de materias primas→propiedad de los sucesivos órganos de la producción y la circulación desde los centros medios de producción primaria→comercialización de las materias primas→establecimiento de industrias para el procesamiento de las materias primas y de industrias ligeras→propiedad de los medios de producción secundaria→establecimiento de industrias pesadas y de equipamiento→propiedad de estas industrias→transferencia de tecnología→generación de tecnología propia) termine con el salto cualitativo hacia el control propio de estas sociedades de su proceso de reproducción y su evolución productiva, por lo menos en una medida comparable a los países centrales de hoy. O quizá con la progresiva desnacionalización de la función metropolitana también se dé un proceso de internacionalización de la heterogeneidad estructural que corte las actuales fronteras de los estados-nación o de las regiones hemisféricas. De todos modos, como especulación acerca de un futuro no previsible podemos descartar todo este proceso ulterior. Lo más probable es que la liquidación revolucionaria de las relaciones de producción capitalistas se adelante a su plena expansión.

Los países de la periferia capitalista son, pues, *sociedades en transición*, pero de una transición *duraderamente obstaculizada*[51] en la

---

[50] La rápida industrialización que observamos en algunos países del "tercer mundo" tampoco tiene visos de producir ahí estructuras sociales semejantes a las que encontramos hoy día en los Estados Unidos, Europa occidental o el Japón. Parece más probable que el resultado sean estructuras extremadamente desiguales que integren una parte de los recursos productivos locales al aparato productivo de las metrópolis sin haber completado todavía la constitución de un mercado interno integrado —el contraste entre São Paulo y el resto del Brasil es un ejemplo. O sea que las metrópolis se internacionalizan por metástasis, pero siguen en su posición de metrópolis para el futuro previsible.

[51] Véase, en la polémica acerca del "capitalismo monopolista de estado",

cual la compenetración mutua de elementos "modernos" con "antiguos" se mantiene por toda una época histórica, dando origen a formaciones sociales heterogéneas que —a pesar y en contrapartida de su carácter transitorio— ostentan una dinámica económica específica de cierta autonomía, estabilidad y capacidad de reproducirse a sí misma.

Esto permite un desvío hacia los "clásicos": ¿en qué manera pueden aprovecharse sus análisis ya no de las leyes abstractas del capitalismo, sino de situaciones históricas similares a la del subdesarrollo? Según el carácter contradictorio de estas sociedades sirven de referencia sus escritos sobre las sociedades en transición lo mismo que acerca de los modos de producción precapitalistas; pero no pueden ser aplicados en forma directa (como muchas veces ocurre en la literatura). El capitalismo de la periferia no es ni lo uno ni lo otro de las problemáticas visualizadas por los clásicos, pero existe una *analogía* doble:

En cuanto se trata de la tendencia histórica de la transición al capitalismo, hay una analogía con la temática de la transición del feudalismo al capitalismo. Pero: los procesos de transición que observamos hoy en los países del "tercer mundo" se distinguen de la fase histórica estudiada por Marx y Engels en que no se trata de una transición de un modo de producción a otro que le sucede históricamente, surgiendo el posterior de las contradicciones inmanentes del anterior. A causa de su función rectora ya establecida en el plano del mercado mundial, el capitalismo ya es claramente el modo de producción determinante en los países periféricos, y los elementos no capitalistas existentes se deben en su gran mayoría precisamente a¹ proceso específico de su penetración. La tendencia del desarrollo para el futuro previsible no es entonces la eliminación de estos componentes no capitalistas por el avance de formas más puramente capitalistas, sino que *este tipo de capitalismo, incluyendo las formas no capitalistas que le son propias,* evolucione históricamente para producir en un nivel más alto de desarrollo formas más avanzadas de un modo de operar fragmentado de la ley de valor.

En cuanto el examen se centra en estas transformaciones específicas de la lógica capitalista con sus típicas estructuras no capitalistas y su capacidad de autopreservación, la analogía se da con los escritos sobre los modos de producción precapitalistas (sirviendo de parangón no sólo la organización social feudal, sino también la "asiática" y la esclavista). Pero otra vez: estos elementos no capitalistas raras veces constituyen remanentes de sistemas sociales existentes en el pasado.

la cuestión en torno a qué puede significar una obstaculización "duradera" de las tendencias de la ley de valor a eliminar los monopolios.

Los modos de producción precapitalistas tienen su propia lógica inmanente; el capitalismo periférico, por el contrario, es sólo una expresión de la lógica general del capital. Vemos que todas las citas de los clásicos pueden referirse sólo a una de las dos caras de esta contradicción entre transición y permanencia; son necesariamente incompletas y precisan de la complementación interpretativa.[52] La reproducción dependiente del mercado mundial, por un lado, es la puerta de entrada de todos los estímulos que operan en dirección de una expansión del capitalismo; pero el contenido de estos estímulos y su modo de articularse con las estructuras internas preexistentes hacen que también produzcan elementos no capitalistas. La heterogeneidad estructural de estas formaciones sociales es un obstáculo para la expansión de las relaciones de producción capitalistas, pero, por otro lado, en las circunstancias históricas prevalecientes, son su corolario indispensable. *La transición al capitalismo produce la tendencia a su obstaculización, la obstaculización es condición necesaria de la transición.*

Los dos aspectos principales del subdesarrollo mantienen, pues, una relación de complemento pero también de contradicción —de ahí todas las dificultades para la teoría materialista del subdesarrollo.

2.3.3 Las diferencias entre el capitalismo desarrollado y el subdesarrollado

Nos queda por plantear una última cuestión ineludible en el marco de nuestras consideraciones preliminares acerca de una futura teoría de la reproducción dependiente: si distinguimos entre el capitalismo

[52] Esto puede demostrarse, por ejemplo, con la cita siguiente: "El comercio opera [...] en todas partes de una manera más o menos disolvente sobre las organizaciones de producción que encuentra, que en todas sus variadas formas se orientan primordialmente hacia el valor de uso. Pero el grado en que disuelve el modo de producción antiguo depende primeramente de su solidez y su estructuración interna. Y por dónde transcurre este proceso de disolución, o sea qué nuevo modo de producción suplanta al antiguo, no depende del comercio, sino del carácter mismo del modo de producción antiguo" (Karl Marx, *Das Kapital*, t. 3, MEW 25, p. 344 [t. 3/6, p. 424]). Son observaciones valederas para la disolución de una sociedad precapitalista en su primer contacto con el capitalismo comercial —pero ¿qué pasa cuando el "nuevo modo de producción" surgido en esta primera fase, que necesariamente tiene que presentarse como una formación social híbrida a manera de las colonias europeas de los siglos XVI a XIX, se disuelve a su vez bajo la influencia de nuevas formas de comercio internacional? ¿Qué pasa cuando ya no es el comercio exterior sino la producción interna en los respectivos sectores hegemónicos la que opera como factor disolvente?

desarrollado y el subdesarrollado, ¿cómo definimos esta diferencia? Los estudiosos del tema dan también respuestas distintas: aquí unos minimizan esta diferencia, allá otros la hacen casi absoluta.[53] De hecho, para casi todas las características del capitalismo periférico se encuentran paralelos también en los países centrales y en su historia: en ningún país, ni siquiera en Inglaterra, surgió el capitalismo exclusivamente de las contradicciones internas de la propia sociedad, sino que siempre fue, desde el comienzo, una respuesta a las condiciones económicas y políticas externas.[54] En perspectiva histórica, el caso de la dominación del mercado mundial por parte de Inglaterra constituye una rarísima excepción: ya para los países europeos continentales el desarrollo del capitalismo se efectuó más en dependencia del mercado mundial que con el control del mismo (Alemania es el mejor ejemplo). No obstante, queda la diferencia de que en los países hoy metropolitanos el capitalismo surgió sin rompimiento de la continuidad histórica y sin dominación externa bajo la hegemonía de algunos sectores de las clases dominantes locales, posibilitando un desarrollo amplio de las fuerzas productivas y una acumulación en el marco nacional.

También hoy en los países centrales algunos aspectos de la reproducción social dependen del mercado mundial: ninguno de ellos podría mantener su actual nivel económico sin el concurso de productos y tecnologías extranjeras o sin la exportación de productos propios.[55] Pero aunque los elementos ligados al mercado mundial sean muy *importantes*, no son los *esenciales* que determinan toda la dinámica socioeconómica de estos países; no existe, por ejemplo, la dependencia absoluta de uno o dos productos de exportación, los desequilibrios entre las diferentes ramas de la producción y entre los niveles de productividad no asumen formas tan extremas, no hay una dominación comparable de los sectores dinámicos por parte del capital extranjero, etcétera.

53 Así, Amin trata de "demostrar que existe una *diferencia fundamental* entre un modelo de acumulación y el correspondiente desarrollo económico y social que caracteriza a un sistema *autocentrado*, por un lado, y un modelo *periférico*, por el otro" (Samir Amin, "Zur Theorie von Akkumulation und Entwicklung in der gegenwärtigen Weltgesellschaft", en Senghaas [58], pp. 71-97; versión original francesa en *Tiers Monde*, 52, 1972; la primera cursiva es mía; T. E.). Frank llega al extremo de asumir una segunda contradicción fundamental al lado de aquella entre trabajo y capital, que define como aquella entre metrópolis y satélites; véase Frank [18], pp. 26*ss*.

54 Véase la nota 46.

55 Acerca de la "dependencia" de las metrópolis secundarias europeas respecto al capital norteamericano véase Poulantzas [152], pp. 39*ss*, en especial las pp. 59*ss*. Podemos concluir de la lectura de este texto que sin duda existe una tal dependencia, pero que por su contenido y su intensidad difiere en mucho de aquella de las periferias con respecto a las metrópolis en su conjunto.

También en las metrópolis hay elementos sociales no capitalistas cuya absorción acompaña al proceso de acumulación hasta nuestros días. Pero estos componentes no capitalistas distan de ocupar la función organizativa que tienen en los países periféricos, y tampoco constituyen ya un factor condicionante del futuro desarrollo socioeconómico. Encontramos, pues, en todos los aspectos una diferencia notable, pero una diferencia que sólo se expresa en términos de *grado*. ¿Quiere esto decir que las teorías caducas del "cambio social" con sus escaleras monolineales de desarrollo desde Etiopía hasta Estados Unidos vuelven a su anterior sitial de honor? Éste no puede ser el resultado.

Para precisar la diferencia tenemos que recapitular la relación entre teoría e historia: la diferencia entre centro y periferias es *de grado* sólo por lo que toca a las leyes lógicas generales del capitalismo; en este nivel más abstracto en que convergen los dos tipos de capitalismo se trata de dos modos distintos de realización de estas leyes, de los cuales uno se acerca más, el otro menos, a los conceptos puros. Pero en el nivel del análisis histórico esta diferencia se convierte en una diferencia de *sustancia* —porque precisamente en este nivel es donde esta diferencia deja su impronta.

Siempre que en el curso de este trabajo vuelva a surgir una comparación entre fenómenos del subdesarrollo con los del mundo capitalista industrializado —cosa que sucederá con frecuencia cuando pasemos al análisis del estado— nuestra respuesta será (provisionalmente) la misma: *referida a las leyes generales del capital, la diferencia entre capitalismo desarrollado y periférico es cuantitativa, referida a la realidad empírica de ambas expresiones del capitalismo, es cualitativa.*[56]

Recordemos que en el plano de los fenómenos empíricos operamos con generalizaciones de algunos rasgos comunes; en el plano del análisis más pormenorizado los casos límites y atípicos no son sólo posibles sino probables. Pero entonces su tipificación no es un problema teórico sino empírico: si por ejemplo hoy en día el Brasil llama mucho la atención como "modelo" de desarrollo, entonces no es un caso más representativo para un número mayor de países del "tercer mundo", sino, por el contrario, un caso límite extremo que plantea la posibilidad —impensable para la gran mayoría de los demás países— de una superación del subdesarrollo, por lo menos en algunos aspectos.

Las divergencias de opinión entre los analíticos del mercado mundial, por un lado, y los "dependentistas" por el otro se revela así como

---

[56] Nunca se puede insistir suficientemente en que con eso el problema no está resuelto, sino apenas reordenado por medio de un esquema estructuralista; porque no se resuelve sin la formulación de una teoría más acabada de la reproducción del capital que integre también sus ramificaciones periféricas.

disenso inconsciente acerca del nivel de abstracción: mientras los unos insisten en la identidad de lo general, los otros hacen hincapié en las diferencias de lo específico. No es por azar que el primer grupo de autores resida predominantemente en países metropolitanos, mientras que el segundo haya surgido en una región periférica: una argumentación que parte de la *dinámica de la expansión* del capital a escala mundial es la adecuada para analizar los *efectos retroactivos* que tiene para el desarrollo socioeconómico *en las metrópolis*; pero para todos los *fines prácticos en las periferias* hay que partir de la *situación de penetración incompleta* que constituye su realidad actual.

Todos estos esfuerzos de precisar y relativizar los elementos existentes de una teoría del subdesarrollo se imponen como condición previa para el análisis de la esfera política de estas sociedades y deben tenerse en mente como advertencia para no sobrestimar el alcance de una tal teoría llegando a "aplicaciones" miopes. Tendremos que volver a este punto después de la exposición de nuestros puntos de partida en la teoría del estado.

3. ELEMENTOS DE LA TEORÍA DEL ESTADO

3.1 PUNTOS DE PARTIDA

Consideremos ahora el segundo elemento básico para la materia de este trabajo: la teoría del estado. Tal como en el estudio sobre el capitalismo de la periferia, también aquí existen diferentes corrientes cuyos métodos y resultado en parte todavía divergen considerablemente, pero cuya temática se insinúa como complementaria: en última instancia, se trata de reconstruir la teoría del estado burgués tal como la proyectó el mismo Marx en correspondencia con su sistematización de la economía capitalista, sin que llegara a realizar este proyecto.

Estas corrientes de estudio son:[57]

1] La crítica ideológica de la teoría burguesa del estado.

2] Las teorías sobre la superación revolucionaria del estado burgués.

3] Estudios sobre la génesis histórica del estado burgués, sus transformaciones funcionales e institucionales a lo largo de la historia de la sociedad burguesa y su papel en momentos históricos específicos.

4] La definición de las relaciones estructurales entre economía y política, características de la sociedad burguesa.

Estos puntos siguen aproximadamente el orden cronológico en que surgieron tales corrientes de investigación; su contexto metódico, sin embargo, sigue más bien un orden inverso: el estudio sobre la "definición" de la lógica del estado es la más reciente de las corrientes teóricas, quizá porque los escritos de los clásicos se muestran más parcos a este respecto;[58] no obstante, se refiere al armazón lógico de cualquier teoría del estado burgués y por lo tanto está en la base de cualquier otra dirección de análisis, a la que tendría que incorporarse como elemento indispensable.

La relación entre una definición general del estado y el análisis de la impronta históricamente real del estado es la misma que comprobamos más arriba en la relación entre las leyes generales del capital y sus improntas históricas. Si por el supuesto básico del materialismo histórico de una unidad dialéctica entre la base y la superestructura entendemos algo más que un simple "contexto de reflexión" capaz de digerir cualquier contenido, tiene que haber entre estos dos niveles sociales relaciones lógicas que se "deducen" de la estructura y la diná-

---

[57] Véase Gerstenberger [103] y Gold/Lo/Wright [107].
[58] Véase la antología de Marx y Engels, *Staatstheorie* [130].

mica básica del modo de producción en cuestión. La vinculación entre
economía y política, propia del modo de producción capitalista, el
concepto "puro" de *la* superestructura burguesa, forma parte de
la "anatomía" de la sociedad burguesa elaborada en sus fundamentos
económicos por Marx, quien no alcanzó ya a dar el paso siguiente
en el estudio sistemático de la superestructura correspondiente, a pesar
de haberse propuesto expresa y personalmente la elaboración de esta
temática como complemento importante pero difícil de su obra anterior.[59] El objetivo de los estudios que se vienen realizando desde comienzos de los años 70 acerca de la "deducción" del estado es precisamente el intento de reconstruir esta parte de la teoría marxista.[60]
   Por supuesto, estas determinaciones lógicas del estado burgués por
sí solas no dicen nada acerca de un estado histórico concreto —lo
mismo que los conceptos de "plusvalor" o de "competencia" no bastan
para explicar por ejemplo las crisis recurrentes de la economía inglesa. Pero un análisis concreto tampoco se puede hacer *sin* estos
conceptos básicos que forman su esqueleto categorial y que indican los
límites entre lo estructuralmente posible y lo imposible. Sin este armazón lógico, todas las demás corrientes de estudio seguirán siendo tanteos
empiristas que o renuncian a una estructura lógica o la sustituyen por
aproximaciones intuitivas. Un análisis válido de fenómenos superestructurales presupone un instrumentario conceptual materialista no
sólo para el nivel económico, sino para todo el conjunto dialéctico
de base y superestructura.

   [59] En una carta a Kugelmann, Marx observa que en su análisis del "capital
en general" está la quintaesencia de la economía política; "el desarrollo de lo
subsiguiente (*con excepción* por ejemplo de la relación entre las diversas formas
estatales con las diferentes estructuras económicas de la sociedad) podrían reali-
zarlo otros sin dificultad basándose en lo entregado" (Karl Marx, Carta a
Kugelmann del 28 de diciembre de 1862, en *Briefe über "Das Kapital"*, Berlín,
1954, p. 113. Tomamos esta nota de Läpple [125], p. 30, quien agregó también
la cursiva).
   [60] No nos ocuparemos sino muy tangencialmente de otras dos corrientes de
estudio que también se esfuerzan por aclarar la relación entre economía y
política. Se trata por un lado del "estructuralismo francés" vinculado al nombre de Poulantzas, y por el otro de aquella corriente que se conoce por su
concepto central de "capitalismo monopolista de estado". En el marco de una
nota al pie es imposible fundamentar esta omisión sin cometer un reduccionismo inadmisible en contra de estas dos "escuelas". Sólo presentaremos el
resultado a manera de tesis: a pesar de todas sus diferencias, las dos corrientes
tienen esto en común: que despliegan su argumento a partir de una separación ya prestablecida entre lo económico y lo político, sin haber fundamentado
categorialmente la posibilidad y la necesidad de este "desdoblamiento" con
base en las condiciones del modo de producción capitalista. Sus resultados se
refieren, en el primer caso, más al mecanismo de las relaciones dialécticas entre
ambos "niveles", en el segundo caso a tendencias y fenómenos históricos cuya
fundamentación lógica no se busca de forma sistemática.

Los resultados hasta ahora obtenidos de la polémica sobre la lógica del estado burgués todavía distan de haber descubierto las relaciones estructurales buscadas; aún no pueden arrogarse el derecho de invalidar cualquier análisis que no los asuma como armazón categorial. Sin embargo, los primeros intentos de llevar resultados provisionales a una aplicación práctica[61] han demostrado que ya en su estado incipiente pueden servir en el análisis de casos concretos, sacando a luz relaciones desconocidas o precisando relaciones conocidas.

En el presente trabajo investigaremos, pues, hasta qué punto los resultados provisionales de estos intentos de "deducir" la lógica intrínseca del estado burgués pueden ser fructíferos para la explicación de fenómenos políticos en los países de la periferia capitalista. Intentaremos un primer paso hacia el análisis de estos fenómenos no sólo en un nivel histórico descriptivo, sino aplicándoles categorías estructurales.

Estamos en el mismo aprieto en que nos dejó el estado actual de la polémica sobre el subdesarrollo: no hay una teoría acabada de la reproducción periférica, y tampoco existe ya "el" concepto de estado burgués. De existir estos dos elementos básicos, la metodología que estamos tratando de aplicar al análisis de fenómenos políticos de los países del "tercer mundo" no sólo sería posible sino *obligatoria* dentro de una concepción marxista: se trataría de un ejemplo de la dialéctica entre el análisis histórico y el lógico que caracteriza esta concepción. El problema está en que todavía no podemos llegar a buen término con esta metodología, por lo incompleto de los elementos teóricos que presupone.

¿Qué alternativas metodológicas aceptables hay en vista de esta situación? Esto lo tendremos que establecer al comienzo de la parte principal de nuestro trabajo (4.1), después de haber pasado revista, en lo que sigue del presente capítulo, de los elementos de una teoría del estado con que contamos como resultado de las polémicas habidas hasta ahora. Y, tal como en nuestra recapitulación de la teoría del subdesarrollo, también aquí tenemos que limitarnos a resumir las líneas generales de tales polémicas hasta donde adquieren relevancia para nuestro argumento, y para más detalles remitir el lector a la literatura existente sobre el tema.

3.2 LA FUNDAMENTACIÓN LÓGICA DEL ESTADO BURGUÉS

El objetivo central de los intentos de encontrar los fundamentos del estado burgués consiste en *deducir* las relaciones estructurales que

[61] Véase, por ejemplo, Gerstenberger [104 y 105] y Müller [135].

existen entre la economía y la política en la sociedad burguesa, *a partir de las determinaciones básicas del modo de producción capitalista.*

El estado burgués se distingue de los estados de otras sociedades de clases por su "existencia propia, al lado y por fuera de la sociedad civil",[62] en que aparece como neutro con respecto a las clases sociales y como encarnación del interés general. El "desdoblamiento de todos los elementos en civiles y estatales"[63] y el apartamiento de lo "ilusoriamente común"[64] en la *forma* del estado tienen que tener su razón de ser en las leyes de la economía capitalista.[65] Hasta que no conozcamos esta razón de ser del estado burgués, estas raíces estructurales de las cuales surge como posible y necesario, no podremos determinar el alcance preciso de las funciones que cumple, del montaje organizativo e institucional de que se vale y las apariencias que asume en el proceso histórico.

El supuesto básico de esta línea de estudio —que ha sido denominada "escuela alemana" por la procedencia de la mayoría de sus participantes—[66] es entonces que el estado no es tan sólo un hecho superestructural, sino que forma parte de la base reproductiva misma de la economía capitalista; y que por consiguiente su análisis no se sitúa solamente en el plano de lo político, sino también en lo socioeconómico. El estado burgués no es, según esta línea teórica, tan sólo un fenómeno histórico, sino *una categoría lógica de la economía política.* Al mismo tiempo, se distingue de todas las demás categorías de la economía política en que no se queda en el nivel de la reproducción económica y de sus personificaciones sociales, sino que *condensa las determinaciones estructurales que parten desde la infraestructura hacia la superestructura.*

[62] Marx/Engels, *Deutsche Ideologie,* MEW 3, p. 62.
[63] Karl Marx, *Die bürgerliche Gesellschaft und die kommunistische Revolution,* MEW 3, p. 537.
[64] Marx/Engels, *Deutsche Ideologie,* MEW 3, p. 33.
[65] Véase, por ejemplo, Läpple [125], p. 10.
[66] No son muchos los trabajos de esta "escuela alemana" que sean accesibles al lector que no domina el alemán. Un trabajo bastante temprano, el de .Altvater [75], apareció en *Cuadernos Políticos,* núm. 9, y posteriormente en Sonntag/Valecillos [417]. Éste, así como trabajos de Wirth [165] y de Hirsch [113], fueron publicados en francés por J. M. Vincent, *L'état dans le capitalisme contemporain,* París, Maspero, 1975. Además, de los artículos de Claus Offe publicados en su colección [143], uno está traducido al castellano en Sonntag/Valecillos [417] y otro al inglés en Klaus von Beyme (comp.), *German Political Studies,* vol. I, Sage Publications, Londres, 1974. (Offe, sin embargo, no participa sino tangencialmente en la corriente de elaboración teórica apuntada, ya que su inquietud no se dirige tanto al "por qué" categorial del estado, sino hacia su "cómo" estructural.) A pesar de que falta una recepción sistemática, es clara la presencia de esta línea alemana de pensamiento en los trabajos de Lechner [414] y de O'Donnell [416].

Es, entonces, la categoría "puente" entre lo económico y lo político, el "y" en "sociedad y estado", o por lo menos lo que este "y" contiene de teórico.[67] De poder reconstruirse esta categoría a partir del sistema de Marx, la fórmula grandiosa pero imprecisa de la dialéctica entre base y superestructura habría encontrado su sustrato teórico. Se acabaría la necesidad (y la posibilidad) de recurrir a metáforas de goma como la de la "determinación en última instancia".

La hipótesis central es entonces que el estado constituye una de las *formas* determinantes del modo de producción capitalista. Esta *forma* llamada "estado" no es idéntica a una determinada forma institucional del estado, sino su supuesto y contenido básico en un plano mucho más alto de abstracción. Siguiendo la terminología de Marx, el concepto de "forma" se refiere aquí a la figura necesaria que asumen las contradicciones entre los diferentes elementos de la reproducción económica y social, el sitial estructural en que se mueven y desarrollan —como por ejemplo la contradicción entre valor de uso y valor de cambio en la *forma* de la mercancía. La *forma* buscada sería entonces el sitio estructural de la dialéctica entre lo económico y lo político en el modo de producción capitalista. No conocemos todavía su exacto "lugar" en el sistema de la economía política, ni sus determinantes conceptuales; de ello trataremos a continuación. Es muy precipitado, y de criterio peligrosamente teleológico, el dar ya el nombre de "estado" a esta forma buscada; el hecho de que el estado burgués, en toda su vigorosa realidad concreta, sea el fenómeno social del cual parte nuestra problemática teórica no significa que su sustrato categorial tenga que llamarse también así.

Más precisa y modestamente, la problemática parte de la observación de un *rasgo recurrente* de los estados capitalistas del que suponemos tiene en la base un sustrato categorial que se trata de descubrir. Este rasgo común es su *existencia propia, apartada de la "sociedad civil"*, como encarnación ilusoria de un supuesto interés común. A diferencia de estructuras estatales de otras sociedades no capitalistas, el estado burgués se caracteriza por lo *impersonal, abstracto* y *general* de su dominación, que mistifica su esencia como dominio de clase. Llamaremos a este rasgo común el *principio formal* del estado burgués. No es la *forma* categorial buscada, sino —de acuerdo con nuestra hipótesis— su expresión en la "superficie" de la sociedad. Tampoco se confunde con las diferentes *formas institucionales*, que serían los ropajes organizativos cambiantes en que se presenta este rasgo común. El concepto de "principio formal" del estado burgués a que nos referiremos repetidamente en el transcurso de este trabajo se sitúa, pues, en

[67] Parafraseando a Guillermo O'Donnell [416], p. 1.

un nivel intermedio entre los otros dos conceptos que acabamos de mencionar, como una generalización más de rasgos comunes históricos al nivel más alto posible de abstracción, y como un concepto estructural más que anuncia una categoría teórica.

¿Cómo llegar entonces a esta categoría buscada? El punto de partida de todos los intentos de "deducción"[68] es la manera específica de producción, apropiación y distribución del modo de producción capitalista. A diferencia de todos los demás modos de producción, el capitalista se caracteriza porque en él llega a su apogeo la conversión de todos los valores en *mercancías*, alcanzando por primera vez la misma fuente del valor, la *fuerza de trabajo*. Con eso, la forma de la mercancía se generaliza por todos los ámbitos sociales, impregnando a todas las demás formas de su racionalidad de mercado.

En el capitalismo la producción de los valores necesarios para la supervivencia y la ampliación de la sociedad se basa en la división del trabajo entre productores particulares. La interrelación social necesaria entre estas unidades de producción aisladas, la complementación mutua de los infinitos trabajos individuales no se realiza en forma planificada y organizada, sino a través de no menos infinitos actos de intercambio.

Para el productor individual no cuenta entonces la utilidad concreta de su producto (valor de uso), sino su capacidad de intercambiarse por otros productos en el mercado (valor de cambio). Así, la necesidad social de producir bienes socialmente útiles por algún sistema de división de trabajo asume la apariencia de la necesidad *privada* de producir bienes capaces de encontrar una demanda en el mercado. El contexto social se constituye "a espaldas" de los productores, sin su conciencia y control. Para ellos, la fase del intercambio se independiza hasta aparecer como lo socialmente dominante, externo y

---

[68] Hablar —en una expresión que se ha puesto de moda en la terminología alemana— de una "deducción del estado" (*Staatsableitung*) no pasa de ser un reduccionismo terminológico que suscita concepciones falsas o cuando menos simplistas. El estado burgués en sí no puede ser objeto de una "deducción"; su riqueza histórica y su dinámica política propia escapan a cualquier abstracción lógica. Sólo se pueden deducir aquellos aspectos "anatómicos" del estado burgués que precisamente no varían según los casos históricos y las coyunturas políticas, o sea sus raíces lógicas en la economía burguesa y las funciones, limitaciones y exigencias formales más generales que de ahí derivan y que hacen a su esencia como estado capitalista. La denominación más corta para formar con la palabra "deducción" sería: "deducción de las determinaciones lógicas del estado burgués a partir de la economía capitalista". Más breve, pero ya no inteligible sino para los expertos, sería "determinación de la forma del estado burgués", utilizando el concepto de "forma" en el sentido que acabamos de explicar en el texto. Utilizamos el término "deducción", pero entre comillas, a manera de advertencia (aunque la palabra "deducción" en sí sea inocente).

superior a la producción, que se les antepone con una racionalidad y un rigor incuestionables, como si fuera una "ley natural".[69] Esta reificación y deificación del intercambio llega a su expresión máxima con la abstracción del valor de cambio y su encarnación en la mercancía *dinero* como mediador general del intercambio económico. A este lado material de las interrelaciones económicas tiene que corresponder un lado social: "La mercancía no puede ella misma ir al mercado e intercambiarse [...] Para que los objetos puedan relacionarse como mercancías, sus dueños deben tenerse mutuamente por personas cuya voluntad vive en estos objetos, de manera que uno sólo se apropia de la mercancía con la voluntad del otro, cada cual pues sólo por medio de un acto de voluntad común a ambos, y enajenando la mercancía propia. Deben pues reconocerse mutuamente como propietarios privados."[70]

Esta facultad de todos los dueños de mercancías de disponer libremente de ellas —indispensable para un sistema social basado en la producción de mercancías— obliga a tenerles por libres e iguales. Se impone, pues, en el nivel social formal un principio de "libertad" y de "igualdad".

Así, los fenómenos en la "superficie" de la sociedad capitalista asumen apariencias que corresponden a este sistema de intercambio de bienes equivalentes. En él, parece que la propiedad de una mercancía y su producción han de ser idénticas, pues cada dueño de mercancías sólo puede apropiarse de mercancías ajenas a medida que dispone de propias que necesariamente son el producto de un trabajo anterior. En realidad, las relaciones de cambio sólo pueden generalizarse si en la esfera de la producción rigen relaciones de trabajo que se constituyen en el opuesto directo de esta apariencia.

Se da por sentada la concentración de todo el patrimonio social productivo en un número reducido de grandes unidades. El dinero entonces ya no es más que la fase inicial de un circuito que abarca la producción y la circulación, se transforma en un valor por valorizar, en *capital*. La existencia de muchos capitales crea una situación de competencia entre las necesidades de valorización en juego y los obliga a seguir recorriendo el circuito a un nivel cada vez más alto e incorporando medios de producción cada vez más amplios.

---

[69] "Tanto el carácter social del trabajo, como la forma social del producto, como también la participación del individuo en la producción aparecen aquí como algo ajeno y reificado frente al individuo, no como su [ref. a los individuos] manera de relacionarse entre sí, sino como su subordinación bajo condiciones que existen independientemente de ellos" (Karl Marx, *Grundrisse,* pp. 74*ss*) [t. 1, pp. 84*ss*].

[70] Karl Marx, *Das Kapital,* t. 1, MEW 23, p. 99 [t. 1/1, p. 103].

Estos medios de producción ya no pueden ser operados por sus mismos propietarios. Necesitan de una masa de trabajadores no propietarios, a la cual se antepone una minoría de propietarios no trabajadores. El otro supuesto lógico de la producción de mercancía generalizada es la transformación de trabajo en *trabajo libre asalariado* —"libre" en el sentido doble de ser los propietarios de su capacidad de trabajo, de la que pueden disponer sin restricciones sociales, pero también de estar desprovisto de cualquier propiedad de medios de producción. En vez de poder intercambiar su trabajo en la forma sustanciada del producto, el trabajador asalariado se encuentra en la necesidad de vender su capacidad de trabajo vivo, aceptando con eso que el comprador se apropie del producto del trabajo comprado. "La separación entre propiedad y trabajo se convierte en la consecuencia inexorable de una ley que parecía partir de su identidad."[71]

Ahora bien, la peculiaridad de la mercancía trabajo es que su valor de cambio —o sea el precio llamado "sueldo" o "salario", con el cual se comercializa en el mercado, idéntico al costo de su reproducción— es inferior a su valor de uso, o sea su valor en trabajo socialmente útil que es capaz de realizar y de transferir a sus productos durante el tiempo de trabajo comprado. En el "consumo" de la fuerza de trabajo comprada el propietario de los medios de producción se apropia así, con cada producto, una parte de trabajo excedente, que se manifiesta en la mercancía como plusvalor, base de su ganancia en la posterior realización comercial de la mercancía. A escala social, esta masa de plusvalor creada por los trabajadores y que se apropian gratuitamente los propietarios de los medios de producción es lo que permite un proceso de acumulación del capital, su reproducción cada vez más amplia.

No podemos entrar aquí a considerar todo el proceso histórico de la "acumulación originaria"[72] a través del cual se hizo esta transformación del dinero en capital y de trabajo en trabajo asalariado. Lo que nos importa aquí es que el concepto de una sociedad productora de mercancías presupone lógicamente relaciones capitalistas de producción y de reproducción, o sea producción de plusvalor y su apropiación capitalista, por ende la contraposición entre trabajo asalariado y

---

[71] *Ibid.*, p. 610 [t. 1/2, pp. 721-722].

[72] Consideramos poco feliz la traducción "acumulación primitiva" que se ha impuesto en el lenguaje marxista español. Aunque la expresión original alemana *"ursprüngliche* Akkumulation" contenga esta connotación, del contexto de la obra parece surgir claramente que queda mejor traducida por su otra connotación de "originaria". Se trata de explicar cómo se echó a andar la reproducción ampliada del capital, a partir de una reproducción simple en la economía feudal. No se trata pues de una acumulación en una supuesta etapa o forma primitiva, sino del *origen* de la acumulación.

capital con su concomitante social: la escisión de la sociedad en las dos clases principales, burguesía y proletariado.

Este resultado se vuelve inevitable en cuanto la fuerza de trabajo se vende libremente como mercancía por parte del trabajador mismo. Pero también sólo a partir de ahí se generaliza la producción de mercancías y se convierte en la forma de producción típica; sólo a partir de ahí todo producto se produce desde el comienzo para el mercado, y toda riqueza producida pasa por la circulación. Sólo ahí donde el trabajo asalariado constituye su base la producción de mercancías se impone a toda la sociedad; pero también sólo ahí despliega todas sus potencias ocultas.[73]

Al comprarse y venderse la fuerza de trabajo como cualquier otra mercancía, esta transacción se somete a los mismos principios formales de "libertad" e "igualdad" que rigen en la esfera de circulación como correspondencia social necesaria del cambio de equivalentes. El *consumo* de esta mercancía —su posterior desgaste en el proceso productivo— queda fuera de consideración: se lo sitúa en la esfera privada del comprador como el consumo de un objeto comprado cualquiera. Así, en apariencia, toda la transacción entre capitalista y trabajador parece terminar con "la disposición libre por parte del trabajador de sus capacidades propias, por parte del propietario del dinero o de mercancías, de los valores que le pertenecen".[74] En realidad, con esto sólo termina el "primer acto"[75] de esta transacción, cuyo *contenido* social estriba en el uso posterior de la fuerza de trabajo comprada en el proceso productivo. Allí los principios que rigen este segundo acto son bien distintos: nada de igualdad y libertad, sino subordinación estricta del trabajador a los mandamientos del capitalista.

Mientras cada transacción siga correspondiendo a la ley del intercambio de mercancías, el capitalista siempre comprando la fuerza de trabajo, el trabajador siempre vendiéndola [...] es evidente que la ley de apropiación o ley de propiedad privada, basada en la producción y circulación de mercancías, por su propia dialéctica inmanente, inevitable, se convierte en su opuesto directo. El intercambio de equivalentes, que apareció como operación originaria, ha dado un vuelco: ahora sólo se intercambia en apariencia, puesto que primeramente la porción del capital dada a cambio de fuerza de trabajo no es otra cosa que una parte del producto del trabajo ajeno apropiado sin equivalente, y segundo no sólo tiene que ser restituido por su productor, el trabajador, sino restituido además con un nuevo excedente. La relación de intercambio entre capitalista y trabajador se revela así como

[73] Karl Marx, *op. cit.*, p. 613 [t. 1/2, p. 725].
[74] *Ibid.*, p. 609 [t. 1/2, p. 719].
[75] Karl Marx, *Grundrisse*, p. 186 [t. 1, p. 216].

mera apariencia propia del proceso de circulación, mera forma que resulta ajena al contenido y lo mistifica.[76]

La explotación y la servidumbre aparecen así como emanadas de la libertad y la igualdad. En la subordinación de las relaciones de trabajo a las reglas del cambio de equivalentes, sus principios *formales* se convierten en su opuesto *material*. He aquí la clave para cualquier teorización sobre la relación entre economía y política en la sociedad burguesa.

Una vez generalizada esta relación capitalista, sus bases económicas y sociales se reproducen permanentemente por sí solas, otra vez "a espaldas" de los agentes sociales y sin necesidad de una intervención extraeconómica.

No sólo las condiciones materiales del proceso productivo surgen como su resultado, sino asimismo su carácter social específico, las relaciones sociales y por ende las posiciones sociales respectivas de los agentes productivos —las mismas relaciones de producción [...] salen como resultado siempre renovado del proceso.[77]

Todos los vínculos y relaciones de dominio personal que restringen la vigencia del principio formal de libertad e igualdad sólo pueden trastornar este autorregulamiento económico y por eso deben ser eliminados del proceso de producción y reproducción. Basta la "fuerza muda de las realidades económicas"[78] para garantizar, por un lado, la "libre voluntad" de los trabajadores de vender su capacidad de trabajo y, por otro, la "libre voluntad" del propietario de los medios de producción de valorizar su capital. Aquí es donde el modo de producción capitalista se distingue de todas las épocas socioeconómicas anteriores, en que el productor directo todavía no estaba separado de sus medios de producción, con lo cual sólo una franca relación de dominio podía obligarlo a entregar el producto excedente a su amo (tributarios, esclavos, siervos). En estas épocas, la fuerza extraeconómica era un supuesto indispensable del proceso productivo; en consecuencia, quedaban al descubierto las relaciones de clase a través de la sanción jurídica de la desigualdad y la servidumbre, cuya aceptación por parte de las clases dominadas se imponía por medio de la ideología (religión) o de la fuerza.[79]

[76] Karl Marx, *Das Kapital*, t. 1. MEW 23, p. 609 [t. 1/2, pp. 720-721].
[77] Karl Marx, *Resultate des unmittelbaren Produktionsprozesses*, Frankfurt, Verlag Neue Kritik, 1969, p. 89.
[78] Karl Marx, *Das Kapital*, t. 1, MEW 23, p. 765 [t. 1/3, p. 922].
[79] "En cualquiera de las formas en que el productor directo sigue en 'posesión' de los medios de producción y de las condiciones de trabajo necesa-

La "fuerza muda" de las relaciones de producción capitalistas, por el contrario, al poder prescindir de la fuerza abierta también puede prescindir de su fijación ideológica: el mismo mecanismo económico produce no sólo sus premisas sociales, sino también las apariencias adecuadas. "Si un individuo empobrece, el otro se enriquece, esto es su libre voluntad y de ninguna manera surge [visiblemente, T. E.] del sistema económico, de la relación económica en que se sitúan mutuamente."[80]

Con esta independencia del proceso de producción y apropiación capitalista con respecto a intervenciones extraeconómicas, se abre la *posibilidad* de constituir una esfera política en forma separada de la económica. Hay consenso en los estudios sobre los fundamentos lógicos del estado —y puede considerarse su primer resultado— de que ahí radica la premisa básica de la existencia del estado por separado en la sociedad burguesa.[81]

rios para la producción de sus propios medios de subsistencia, la relación de propiedad tiene que presentarse también como relación inmediata de dominio y sumisión [...] [es] una falta de libertad que puede graduarse desde la servidumbre con trabajo forzoso hasta la mera tributación. El productor directo se encuentra aquí potencialmente en posesión de sus propios medios de producción, de las condiciones materiales de trabajo necesarias para la realización de su trabajo y para la elaboración de sus medios de subsistencia [...] En estas circunstancias, sólo a través de una fuerza extraeconómica se le puede arrancar el trabajo excedente para el propietario nominal de la tierra, cualquiera que sea la forma que asuma esta fuerza" (Karl Marx, *Das Kapital*, t. 3, MEW 25, pp. 798s [t. III/8, pp. 1005s]; véase también, del mismo, *Grundrisse*, pp. 73-76 [t. 1, pp. 82-86]).

Blanke/Jürgens/Kastendiek [87], p. 68, utilizan el término "fuerza extraeconómica" como aquel "algo" a que arriban en su esfuerzo de deducir la necesidad de una instancia política a partir de los mecanismos de la reproducción capitalista, este "algo" que asume históricamente la forma del estado burgués. Hubiera sido mejor no utilizar para ello un término propuesto por Marx como elemento constitutivo de la apropiación en sociedades precapitalistas. Aunque el estado burgués haya heredado lo que queda en las sociedades capitalistas de la función de aquella "fuerza extraeconómica", lo que marca toda la diferencia es que ya no se trata de una relación de dominación *privada*, *concomitante indispensable de la apropiación del producto excedente*. Es éste el contexto conceptual del término "fuerza extraeconómica", y no conviene sacarlo de ahí. En este trabajo hablaremos, pues, de una "instancia extraeconómica" cuando tengamos que referirnos a este "algo" que por movernos en una fase inicial del desarrollo de nuestras categorías todavía no podemos llamar "estado burgués".

[80] Karl Marx, *Grundrisse*, p. 158 [t. 1, p. 185].
[81] "La relación específica de dominación entre el capital y el trabajo asalariado es un elemento inmanente a la circulación de mercancías, que surge, se reproduce y al mismo tiempo se oculta a través de ella. Esta relación de dominación mediatizada es la base absoluta de todas las concepciones jurídicas, políticas y sociales de la sociedad burguesa" (Projekt Klassenanalyse [159], p. 87).

Sin embargo, queda por dar un paso esencial: deducir las relaciones estructurales que unen el estado a la economía significaría poder demostrar no sólo la posibilidad sino la *necesidad* de su existencia separada en el contexto del modo de producción capitalista.

A grandes rasgos, hay consenso en qué ha de consistir esta necesidad, y hasta aquí también nos acompañan los escritos de los "clásicos": para garantizar la continuidad ininterrumpida del proceso de producción y reproducción capitalista se precisa de ciertas condiciones generales y de funciones sociales que ya no surgen sin más del automatismo económico. Algunas de las premisas genéricas de la vida material de la sociedad ya no pueden ser provistas por productores privados en la forma de mercancías, "y justamente a partir de esta contradicción entre el interés particular y el comunitario el interés común asume una conformación independiente como *estado*, separado de los intereses particulares y conjuntos reales, y al mismo tiempo como comunidad ilusoria".[82] El estado aparece así como instancia que expresa y garantiza todo aquello del contexto social que no tiene su existencia asegurada ya en la base económica de la sociedad a través de los mecanismos de producción capitalista.

Con esto, el problema de la relación entre economía y política queda puntualizado, pero no resuelto. ¿Cuáles son, en detalle, estas condiciones generales de la producción y la reproducción? ¿Por qué no pueden ser proporcionadas por los capitales privados? ¿Cómo se encarnan estos "intereses comunitarios" en el estado, y qué hace éste para garantizarlos? Y más que nada: ¿qué contradicciones y crisis surgen de él? ¿En qué se manifiesta su carácter como estado de una sociedad de *clases*, lo "ilusorio" del bien común que parece representar?

Éstas son las preguntas a las que una deducción de los fundamentos estructurales del estado debería dar respuesta. Sin embargo, los trabajos realizados hasta la fecha distan de llegar a esta meta; son apenas pasos tentativos en este terreno desconocido. Además, estos pasos toman direcciones bastante diversas. Los estudios efectuados hasta ahora se centran en dos puntos: 1] en qué consisten estas tareas generales sociales que necesitan de un procurador extraeconómico, y 2] de qué nivel de exposición dentro del sistema de Marx tiene que partir metodológicamente la fundamentación lógica de esta necesidad.

Con respecto a 1]: un grupo de autores considera la existencia de una instancia extraeconómica como elemento necesario y constitutivo del proceso de producción y reproducción capitalista. Según ellos, la capacidad de los mecanismos capitalistas de producir y reproducir

---

82 Marx/Engels, *Deutsche Ideologie*, MEW 3, p. 33.

sus propias premisas sociales y de darles las formas y apariencias más adecuadas, con ser básica, no es sin embargo completa. Quedan como "déficit" algunas funciones sociales también indispensables para garantizar la apropiación ininterrumpida de plusvalor, pero que ya no surgen espontáneamente de los propios mecanismos del mercado, por lo cual tiene que haber una instancia constituida en forma separada del mercado para hacerse cargo de ellas. Algunos buscan este "déficit" por el lado material del proceso productivo, en la necesidad de proveer a los capitales privados de ciertas condiciones materiales de producción como energía, comunicación, etc., que por alguna razón no pueden ser suministradas provechosamente por otros capitales privados.[83] Otros lo buscan por el lado social, en la supuesta necesidad de que los principios de propiedad, libertad e igualdad tengan un garante extraeconómico que vele por el cumplimiento de las reglas del mercado, ya que el cumplimiento de estos principios está permanentemente amenazado ya sea por el afán desmedido de lucro de algunos capitales, ya sea por parte de la clase obrera que ya no acepta como única libertad la de vender su propia fuerza de trabajo.[84]

Para otro grupo de autores, la necesidad de un agente extraeconómico surge, por así decir, *ex post*, por la necesidad de compensar una variedad de deficiencias que van apareciendo en el proceso reproductivo pero cuyo "lugar" exacto no se puede establecer de antemano. Según ellos, y a diferencia del primer grupo, la capacidad de la dinámica capitalista de reproducir su propio ambiente material y social no es *limitada*, sino *contradictoria*: contiene también tendencias potencialmente destructoras que tienen que ser desactivadas y corregidas por una instancia consustanciada con el interés general del sistema. La categoría central de estos intentos de "deducción" es la *crisis*; de qué crisis se trate, las opiniones varían.[85]

Otros autores se ahorran el desvío por la base económica, con sus contradicciones y crisis, y van directamente a la lucha de clases como amenaza principal de la reproducción capitalista. De ahí deducen la necesidad de un centro de poder no idéntico a las clases que vele por que ellas no se destruyan mutuamente, lo que implica que también a las clases dominadas se les garantiza su existencia mínima (fase

---

[83] Altvater [75].

[84] Por ejemplo Läpple [125].

[85] Hirsch [113] identifica la caída tendencial de la tasa de ganancia como la crisis "madre". Los autores de la Arbeitskonferenz München [81] y Apel [80] consideran las tendencias destructoras de la competencia como crisis centrales. Para otros autores basta con una suma de diferentes crisis, sin preocuparse por una priorización estricta: así Mandel [41], pp. 432ss, y Klaus Funken, *Überlegungen zu einer marxistischen Staatstheorie*, en Braunmühl/Cogoy/Funken/Hirsch [89], pp. 92-123.

integrativa), pero dentro de su situación de dominadas (fase represiva).[86] Con respecto a 2]: buena parte de los trabajos sobre la fundamentación teórica del estado está dedicada a la cuestión metodológica de: de qué "lugar" sistemático, dentro de la exposición hecha por Marx del modo de producción capitalista, ha de partir la deducción lógica de las relaciones estructurales entre la economía y la política. Cuestión que a pesar de ser metodológica es de gran trascendencia práctica: de las respuestas que se den a esta pregunta depende cómo se conceptualice la "autonomía relativa" del estado y, por ende, qué *posibilidades* y (sobre todo) qué *limitaciones* estructurales de la intervención estatal se pueden pronosticar en una situación concreta. También se conecta con este problema metodológico la manera como se explican los mecanismos de *mistificación* por cuyo medio un órgano de dominación de clase asume la apariencia de árbitro neutro del bien común, lo que daría también la clave para comprender e influir en procesos prácticos de *desmistificación*.

Algunos autores opinan que ya en el nivel de la *simple circulación de mercancías* (tomo I, capítulos 1 a 3, de *El capital*), o sea en los determinantes más abstractos de la sociedad burguesa, puede encontrarse la necesidad de un garante extraeconómico de la reproducción económica y social.[87] Otros buscan el lugar sistemático de una deducción de la lógica estatal en la *competencia* (tomo III, segunda sección, de *El capital*); aducen para ello que el estado como parte de la superestructura social sólo se explica a partir de determinaciones mucho más complejas.[88] Quedan, finalmente, quienes ven el punto de partida en un nivel intercalado de la *práctica social*; según ellos, el intercambio material de mercancías necesita como complemento, por el lado de los sujetos que intervienen, una práctica social de propietarios privados, libres e iguales, asegurada y prolongada por formas de conciencia correspondientes. El estado aparece entonces como materialización y fijación intersubjetiva de estas formas de conciencia, indispensables para una conducta social ajustada a un sistema de mercado.[89]

Quizás el intento más promisorio de cuantos se han hecho en esta línea sea el de Blanke, Jürgens y Kastendiek.[90] Retomando ideas del

[86] Por ejemplo Müller-Neusüss [136]: Wirth [165]; Agnoli [71]; cada cual con diferente acentuación.

[87] Por ejemplo Läpple [125].

[88] Por ejemplo Arbeitskonferenz München [81] y Apel [80]; sin embargo, la propuesta queda sin desarrollar, ya que ambos sólo se proponen una crítica de trabajos anteriores.

[89] Un trabajo precursor, aunque todavía deficiente, es el de Flatow/Huisken [100].

[90] Blanke/Jürgens/Kastendiek [87]. Otro aporte importante por una vía

autor soviético Paschukanis, publicadas en 1929,[91] identifican esta sanción intersubjetiva de una práctica social capitalista como el *derecho*, concepto que utilizan en el sentido más amplio, como conjunto de normas sociales, escritas o no, conscientes o inconscientes, que regulan este gran mercado que es una sociedad capitalista. Para ellos, tal como el *dinero* cumple una función indispensable como mediador general de las relaciones de producción capitalistas en su fase material, el derecho lo hace en su fase de práctica social, mediador social que bajo la apariencia de igualdad ya transporta una esencia mistificada de clase, por sancionar también el derecho de propiedad. En virtud de este contenido contradictorio y mistificado, las formas de conciencia que trasladan estas normas a la práctica social quedan sujetas a tensiones y no dan suficiente garantía para la continuidad de esta conducta social. Hace falta que esta normatividad social tome cuerpo en un poder extraeconómico que le transfiera fuerza material para imponerse.

No podemos exponer aquí en detalle estos dos distintos intentos de fundamentación lógica, ni mucho menos hacerles una crítica exhaustiva. Estas críticas se han hecho en otras partes,[92] y además su resultado para los fines de este trabajo sería negativo: todos los intentos realizados hasta la fecha, con haber adelantado enormemente la conciencia crítica del problema, no han sabido resolverlo. El objetivo final de demostrar no sólo la posibilidad sino la *necesidad* estructural del estado dentro del modo de producción capitalista no lo han alcanzado todavía.

No es de extrañar, pues, que desde 1975 vengamos observando un "intervalo de reflexión". ¿Es admisible metodológicamente hacer abstracción de la existencia histórica real del estado en el intento de establecer las relaciones estructurales entre economía y política? ¿O hay que buscar un planteamiento del problema que integre desde el comienzo el aspecto lógico con el aspecto histórico? En vista de toda la autonomía social de la que es capaz la esfera política, ¿será posible "deducir" por la vía lógica algo tan eminentemente histórico como el estado? ¿O sólo se trata "de indicar en forma general los *puntos de partida* para la formación de aquellas 'funciones' del proceso reproductivo cuya característica reside en que han de formarse *fuera* del sistema de organización privada del trabajo social"?[93]

Queda por hacer también la deducción de la lógica de la forma

diferente, pero en la misma dirección, es el del Projekt Klassenanalyse [157 y 159], pp. 69-175.

[91] Paschukanis [144].

[92] Véase Agnoli [71]; Apel [80]; Arbeitskonferenz München [81]; Gerstenberger [106]; Hirsch [117]; Kostede [122]; Projekt Klassenanalyse [158 y 159]; y, desde una perspectiva no marxista, Guggenberger [109].

[93] Blanke/Jürgens/Kastendiek [88], p. 418 (cursivas mías).

exterior del estado burgués como *estado nacional soberano* —puede decirse que esta temática hasta ahora apenas ha sido tocada.[94] La laguna se justifica por cuanto esta forma "hacia fuera" sólo puede emanar de la forma "hacia dentro", quedando su explicación teórica pendiente de los avances de la discusión sobre las relaciones internas entre estado y sociedad, de cuyos resultados surgiría sin grandes esfuerzos adicionales. Para los fines de nuestro trabajo, sin embargo, la laguna se hace sentir bastante, porque al discutir los estados del "tercer mundo" no podemos dejar de poner en tela de juicio su forma de estado nacional soberano; llegado el momento, tendremos que elaborar algunas hipótesis *ad hoc*.

En resumen, queda como resultado de todo lo anterior: 1] La *posibilidad* de una existencia del estado, apartada de la esfera económica, como aparente y neutral expresión del interés general, está fundada en el sistema capitalista de producción y distribución. Los determinantes más abstractos de este sistema se encuentran en el intercambio de equivalentes en el plano de la circulación de mercancías simple, "la cual, por sus propias características, se presenta como momento, mera forma aparente de un proceso más profundo que resulta de ella a la vez que la produce: el del capital industrial".[95] Cualquier explicación del estado es en última instancia "esta base en otra potencia".[96] No está claro si una fundamentación lógica del estado ha de partir de este nivel o de otros más complejos, pero éstos de cualquier manera también contienen el nivel de la circulación de mercancías simple como "esfera abstracta del conjunto del proceso burgués".[97]

2] La *necesidad* de un estado surge porque algunas condiciones indispensables para la continuidad de la reproducción capitalista no pueden ser suministradas en forma de mercancías por los productores particulares. La producción de estas condiciones es, así, una tarea directamente social, "común", de la que debe hacerse cargo una instancia absuelta de las limitaciones apremiantes del mercado. Este "asunto común" representa la función básica del estado, su razón de ser.

Falta todavía *demostrar* en detalle cómo surge esta función necesaria de las leyes económicas y *determinar* su contenido exacto, meta todavía no alcanzada de una deducción de los fundamentos lógicos del estado. Para los fines del presente trabajo a esta funcionalidad básica del estado la llamaremos "garantía de condiciones generales de

---

[94] Hay algunos avances en esta dirección en los trabajos de Gerstenberger [105] y de Diner/Schmitt-Egner [94].
[95] Karl Marx, *Grundrisse*, pp. 922s [t. 3, p. 186].
[96] *Ibid.*, p. 156 [t. 1, p. 183].
[97] *Ibid.*, pp. 922s [t. 3, p. 188].

reproducción", conscientes de que se trata de una expresión provisional que designa un "algo" del que sólo sabemos que existe sin poder precisar todavía su contenido.

Con base en estas consideraciones podemos proveernos finalmente de un instrumento terminológico que vamos a precisar en una fase posterior de nuestro trabajo: cuando se trata de aplicar los elementos lógicos de la teoría del estado al análisis de casos concretos de estructuras estatales (aquí: el estado capitalista periférico), ya no podemos hablar de "deducción", por excluir esta expresión precisamente el análisis histórico. Hace falta un término que abarque la *síntesis* del análisis lógico e histórico; con este fin suele hablarse de la "constitución" del estado burgués. Desde luego, no se trata aquí de aquella normación jurídica básica que reglamenta sus instituciones políticas. Se "constituye" el estado burgués a través de un doble movimiento, el *despliegue* de su dinámica lógica, en el transcurso de la *formación* histórica de un estado concreto. Así, cuando se habla del análisis de las "condiciones constitutivas" de un estado, se trata de *aplicar el conjunto de las precisiones lógicas* (o sea la totalidad de aquellos elementos sistemáticos del modo de producción capitalista que posibilitan y exigen la separación de lo político en la *forma* del estado hacia dentro y hacia fuera) *al análisis de una concreción histórica de fenómenos estatales.*

3.3 LAS FUNCIONES Y LOS MEDIOS DE LA ACCIÓN ESTATAL

Toda elaboración teórica sobre las relaciones estructurales entre el estado burgués y la economía capitalista se justifica en cuanto sirva para equiparnos con instrumentos más adecuados para el análisis de la acción social. La finalidad práctica de cualquier teoría del estado es la de poder determinar con más precisión los alcances y límites de la injerencia del estado en la sociedad. Es el campo de las *funciones* del estado, de sus *medios* y finalmente sus *formas organizativas.*

Sobre esta parte más directamente práctica de una teoría del estado burgués la discusión se encuentra en una fase todavía más incipiente sobre sus fundamentos lógicos —lo que es natural, tratándose de una edificación teórica que necesita para su solidez de este fundamento, si no se quiere seguir describiendo sin más escrúpulos teóricos algunas "funciones" del estado que no pasan de apreciaciones subjetivas de apariencias empíricas. Por el momento, sin embargo, lo rudimentario de la discusión teórica en parte todavía nos obliga a proceder así: no hay todavía un consenso sobre la relación entre fundamentos estructurales y funciones del estado, y en la enumeración y sistematización de las distintas funciones estatales reina todavía la arbitrariedad más absoluta.

Hay, eso sí, un consenso negativo en el sentido de que más allá de la funcionalidad básica del estado para la reproducción capitalista que fundamenta su existencia ya no se puede avanzar exclusivamente por la vía de la lógica deductiva, y que para la explicación de las diferentes funciones concretas del estado hay que pasar al análisis histórico-genético. Pero ¿cómo se vincula entonces este análisis histórico con la deducción lógica anterior?

Ambas partes a veces son tratadas como rígidamente separadas, y otras veces como casi idénticas. Un grupo de autores hace la diferencia entre la garantía de condiciones generales *externas* de la producción capitalista (derecho, represión, seguridad) que emanan directamente de ese modo de producción y resultan indispensables para su mantenimiento, y por otra parte aquellas funciones que surgen del desarrollo de las fuerzas productivas y de las contradicciones del proceso de acumulación; con eso llegan a la conclusión de que hay funciones de estado *constitutivas* susceptibles de una fundamentación lógica (con su desarrollo histórico correspondiente) y funciones *accesorias* que sólo responden a causas históricas.[98]

Mientras subsistan estas dudas, los esfuerzos de sistematizar el campo de las diferentes actividades estatales tienen que contentarse con catálogos provisionales. Un intento para establecer algunas subdivisiones principales es el de Altvater:[99]

1] Suministro de condiciones materiales generales de producción ("infraestructura");

2] Establecimiento y garantía de un ordenamiento jurídico general dentro del cual se mueven las relaciones de los sujetos jurídicos en la sociedad capitalista;

3] Regulamiento del conflicto entre trabajo asalariado y capital y, en caso de necesidad, represión política de la clase trabajadora [...];

4] Garantía de la existencia y de la expansión del capital nacional en su conjunto en el mercado mundial capitalista.

Un listado algo distinto lo abre Läpple:[100]

---

[98] Con respecto al problema de la relación entre la existencia lógica del estado y sus funciones individuales, véanse Arbeitskonferenz München [81], p. 129; Bielefelder Seminarpapiere, cit. por Blanke/Jürgens/Kastendiek [87], p. 53; los mismos [87], pp. 84ss; Flatow/Huisken [100], pp. 136-137; Gerstenberger [106], p. 11; Hein/Simonis [241], p. 10; Hirsch [113], p. 256; Läpple [125], p. 55; Projekt Klassenanalyse [159], p. 93; Wirth [165], p. 37.

[99] Altvater [75], p. 9.

[100] Läpple [125], pp. 95ss.

—Condiciones generales materiales de producción
—Condiciones generales de reproducción de la fuerza de trabajo
—Condiciones generales externas del modo de producción capitalista (el establecimiento de un ordenamiento jurídico general y su garantía por la "fuerza pública").

Salta a la vista lo cuestionable de estos intentos de sistematización. ¿Cómo se delimita la garantía de la disponibilidad de fuerza de trabajo del establecimiento de un orden jurídico? ¿Es esta función normativa del estado idéntica a su función represiva? Parece que Läpple subordina la representación internacional del capital nacional bajo su punto tres, mientras Altvater la aparta para elevarla a un punto cuatro; y otro autor[101] cierra su catálogo con cinco puntos de igual nivel de abstracción al hacer de la "garantía de reglas formalmente igualitarias de competencia" una función por separado. No está claro si estos puntos constituyen conceptos generales de los que se desprenden (¿cómo?) otras funciones más específicas (¿cuáles?), y si de las actividades estatales que observamos en la práctica queda un "remanente" que no se subordina a estos puntos (¿qué hay, por ejemplo, de la política económica coyuntural, o de la asistencia social a categorías de personas inútiles para el proceso productivo, como ancianos o enfermos mentales?). No se reconoce una necesidad intrínseca de los sistemas propuestos, con lo cual quedan disponibles para clasificaciones según otros criterios.

Así, por ejemplo, escribe Mandel:[102] "Las funciones principales del estado pueden clasificarse como represivas, integrativas y técnicas." Es un criterio para el cual la referencia a la base económica es secundaria y sustituible —podría decirse lo mismo de un estado socialista. Con eso, Mandel nos brinda la oportunidad de recapacitar sobre la diferencia entre *funciones* de estado, por un lado, y los *medios y formas organizativas* para su ejercicio, por el otro, que cobrará relevancia en la posterior estructuración de este trabajo.

Por funciones del estado entendemos los campos de acción necesaria y concreta del estado frente al proceso económico y social de la producción y reproducción; lo demás son los medios de los que se vale y las formas organizativas e institucionales que asume para tal efecto.

101 Hirsch [113], p. 23.
102 Mandel [41], p. 432; hay que tomar en cuenta que la discusión sobre los fundamentos lógicos del estado burgués no tiene auge hasta después del escrito de Mandel que citamos aquí con intención de crítica. Otra sistemática es la que utilizan Hein/Simonis [241], pp. 220-221. Hacen un listado de los posibles orígenes de crisis en el modo de reproducción capitalista que pueden requerir de una compensación por parte de la acción estatal —enfoque útil para fines heurísticos sin pretensión teórica.

Vemos así que la enumeración de Mandel de las "funciones principales" en realidad es una lista de medios. El estado no tiene la función de reprimir o de integrar a la clase obrera (lo que además son sólo dos caras de la misma moneda), sino de garantizar la disponibilidad de mano de obra con condiciones beneficiosas; *cómo* lo realiza, es una cuestión de los medios más adecuados y disponibles en un momento histórico dado.

En el marco de este trabajo no podemos elaborar los fundamentos lógicos e históricos para una sistematización propia de las funciones estatales. Tendremos que guiarnos por las clasificaciones hechas por otros, formando grupos más o menos plausibles de las actividades estatales que se observan y dándoles denominaciones provisionales.

En su inversión negativa, la cuestión de las funciones estatales se presenta como el problema de los *límites* de la acción estatal. Esta temática de los "análisis de restricciones" está más desarrollada que su premisa, la determinación positiva de las funciones estatales.[103]

Siguiendo una proposición hecha por unos autores[104] podemos comenzar haciendo una distinción entre "límites de sistema" y "límites de acción". Se trata de un intento de desglosar la noción de "autonomía relativa del estado" y de concretarla para su aplicación a aspectos determinados de la actividad estatal. Los *límites de sistema* surgen de su naturaleza como estado capitalista: consisten en la garantía de la propiedad privada (más precisamente de su contenido material, el derecho de apropiación de plusvalor) y por lo tanto del carácter de clase de la sociedad. Si pudiera traspasar esta frontera, el estado tendría que convertirse en fuerza revolucionaria contra sí mismo.[105] Estos lími-

---

[103] Véase Ronge/Schmieg [161]; Altvater [75]; el mismo y otros [78]; O'Connor [141]; y otros más. Esto explica por qué toda la polémica contemporánea acerca del estado en Alemania tomó su impulso precisamente por un afán de poder demostrar las *restricciones* inherentes a la acción estatal, en un doble intento de crítica: por un lado, frente a la euforia planificadora que inundó las esferas políticas oficiales y sus expresiones científicas a fines de los años 60, con la incorporación del Partido Socialdemócrata de Willy Brandt al gobierno y, más precisamente, su llegada al Ministerio de Economía en la persona del (entonces) keynesiano Karl Schiller; por otro lado, frente a un análisis de la escuela del "capitalismo monopolista de estado", que sostenía el advenimiento de un nuevo tipo de capitalismo con base en una supuesta capacidad del estado de dar soluciones duraderas y tendencialmente no contradictorias a las tendencias a las crisis existentes.

[104] Blanke/Jürgens/Kastendiek [87], pp. 92ss.

[105] Ejemplos recientes como los casos de Chile y de Portugal demuestran cómo reacciona el capital con boicoteo de inversiones, fuga de capitales, bloqueo de las relaciones comerciales y financieras externas, retención de mercadería y mercado negro, y en última instancia con medios políticos extremos, cuando el estado apenas se acerca a este límite del sistema. Véase también Altvater [76].

tes pueden deducirse por vía del análisis lógico: conociendo las vinculaciones estructurales entre economía y política podemos también determinar lo estructuralmente imposible. Son, pues, parte integrante de una deducción de los fundamentos lógicos del estado y a su mismo nivel metodológico.

Los *límites de acción*, a su vez, corresponden al nivel de las funciones estatales y sólo pueden determinarse con apoyo en un análisis histórico. Surgen de las contradicciones y fricciones específicas a las que se enfrenta la actividad estatal. Los estudios realizados han puesto de relieve en especial los límites de acción siguientes:

a] En el capitalismo el contexto social se constituye en su dimensión económica y social a través de relaciones de mercado. Utiliza, pues, como "vehículos" de contenido social a los dos mediadores generales del mercado: el dinero y el derecho, que contienen ambos la contradicción entre igualdad formal y desigualdad material. Como garante de una sociedad productora de mercancías, el estado tiene que influir en la sociedad a través de estos mediadores; en caso contrario, lesionaría su apariencia como garante neutro de propiedad, libertad e igualdad. Resulta, pues, que medidas estatales *generales* alcanzan a los agentes productivos sólo en su papel formalmente igualitario de propietario de dinero y de ciudadano, respectivamente, y no llegan al plano de la desigualdad material en el que se originan las crisis que hay que resolver. La injerencia de la actividad estatal en el proceso de la producción y reproducción capitalista no puede traspasar el límite de la propiedad privada y tiene que contentarse con ser *indirecta*, siempre imprecisa e impredecible en sus resultados individuales.

b] La mayoría de las posibles líneas de acción cuestan dinero, del cual el estado sólo puede proveerse tomándolo del proceso de valorización privado a costa del *revenue* del capital o del trabajo. Entonces, su capacidad interventora está permanentemente restringida por sus recursos financieros siempre limitados, recursos que además escasean justamente cuando más falta hacen: cualquier crisis del proceso de acumulación privada aumenta las necesidades de intervención estatal, pero al mismo tiempo hace bajar sus ingresos fiscales ("restricción financiera").[106]

c] Para que el estado pueda cuidar de los asuntos comunes de la reproducción, debe conocerlos primero. Pero las exigencias del sistema sólo se le comunican a través de crisis y muchas veces en apariencias mistificadas y ligadas a intereses que pueden resultar indescifrables en cuanto a sus causas reales ("restricción informativa").

[106] Véanse O'Connor [141]; Altvater [76]; Wirth [165], p. 38; Ronge/Schmieg [161], pp. 156ss.

d] Las crisis que plantean la necesidad de una intervención estatal muchas veces son sólo una expresión de contradicciones objetivas inmanentes al modo de producción capitalista. Por consiguiente, el estado sólo puede resolver un problema a costa de crear otro nuevo. "Los instrumentos regulatorios del estado son tan contradictorios como la sociedad de la cual son tomados."[107] De ahí que el estado en su función de "manager" de la crisis justamente no pueda ser un estado monolítico y congruente, sino necesariamente un estado (hasta cierto punto) contradictorio e incoherente, que busca sus decisiones por la vía del "ensayo y error".[108]

e] Al regular las condiciones de reproducción de la fuerza de trabajo el estado se enfrenta con la respectiva fuerza política de la clase trabajadora de un momento histórico dado, límite a su acción en esta dimensión social.[109]

f] Finalmente, está sometido a los límites de acción derivados del contexto económico mundial, cuyo poder condicionante del proceso socioeconómico interno casi siempre es muy superior a las posibilidades del estado nacional de influir en este contexto internacional.[110]

Además de estos límites de acción, y ya en un nivel empírico, en todo el camino desde la percepción de un problema hasta la implementación de una solución puede ocurrir una gran cantidad de deficiencias organizativas y estorbos políticos que redundan en una pérdida adicional de capacidad regulativa.

3.4 SOBRE LAS FORMAS INSTITUCIONALES DEL ESTADO

Después de lo dicho resulta evidente que las diferentes formas organizativas e institucionales que asumen los estados son sólo una expresión instrumental de sus finalidades funcionales. Su conformación concreta depende, por un lado, de la fase en que se encuentra el proceso de acumulación y de la estructura de clases que le corresponde.

---

[107] Altvater [76] y [75], p. 30; en el mismo sentido, Ronge/Schmieg [161], p. 291; Wirth [165], p. 38.

[108] Wirth [165], p. 39; y similar Offe [143], pp. 27ss y 65ss.

[109] Blanke/Jürgens/Kastendiek [87], pp. 94ss; Altvater [76]; bajo este aspecto véase también Flatow/Huisken [100], con su referencia al capítulo octavo de El capital sobre el día normal de trabajo.

[110] Olle/Schoeller [325] proponen considerar la necesaria forma externa de estado nacional soberano como límite de sistema "para fuera", centrado en la necesidad de acotar un mercado interno, como contrapartida al límite de sistema "hacia dentro", basado en la propiedad privada (en su manuscrito, Berlín, 1975, p. 38).

por otro lado de las tradiciones históricas y del grado de desarrollo de la esfera política del país de que se trate. Sin embargo, estas formas exteriores del estado no son completamente discrecionales. La manera como se exterioriza el estado frente a la sociedad burguesa tiene que corresponder con la manera en que se constituye su papel dentro de esta sociedad. Recordemos que la constitución del estado como esfera diferenciada del resto de la sociedad parte de las formas capitalistas de interrelación social en el plano de la circulación; sus formas institucionales tienen que reflejar, pues, la racionalidad mistificada que reina en esta esfera de circulación, básicamente los principios de libertad e igualdad esenciales al cambio de equivalentes.

La equiparación de los individuos en el ámbito económico como propietarios privados libres exige en el ámbito político su reconocimiento como *ciudadanos* también libres e iguales. En el ejercicio del poder social estos principios formales imponen una forma de dominación aparentemente neutra, impersonal y desinteresada de toda diferencia material que se limita a articular el interés promedio del conjunto de los propietarios privados. Es justamente esta abstracción de las desigualdades materiales la que mejor sirve para afianzarlos: al equiparar formalmente todos los intereses particulares sin distinguir entre propietarios de medios de producción y propietarios de su sola fuerza de trabajo se garantiza que en el promedio de los intereses predominen los de las clases dominantes.

En aras de esta apariencia de universalidad la clase dominante no puede gobernar ella misma en forma directa, máxime que sus integrantes se encuentran aislados y enfrentados unos con otros en la competencia. La articulación de sus intereses generales por encima de la competencia debe quedar a cargo de una categoría de personas específica: los políticos profesionales y un aparato de funcionarios subordinados a ellos, que aparecen como meros instrumentos para medir y expresar el interés general. La autonomía relativa del estado, producto del apartamiento de lo político en la sociedad burguesa, adquiere así un cuerpo material también relativamente autónomo. Para que la burguesía no pierda totalmente el control de su poder delegado y pueda impedir una independización contraproducente del estado, queda atado por restricciones legales como la "división de poderes" o las "garantías fundamentales".

También en sus medios de intervención el estado debe reflejar su origen en las relaciones de intercambio: éstas "por la fuerza de las circunstancias en lugar de la coacción directa, y [aquéllos] por la norma legal en lugar del látigo".[111]

---

[111] Karl Marx, *Das Kapital*, t. 3, MEW 25, p. 803 [t. III/8, p. 1011].

Todo esto converge en una *tendencia hacia el estado de derecho democrático-parlamentario* como correspondencia política más adecuada de un modo de producción cuyas formas de intercambio social operan de tal modo que reproducen y a la misma vez disimulan las desigualdades materiales entre sus agentes de producción.

Pero esta forma anónima y encubierta de dominio de clase exige como fundamento material una reproducción capitalista que sigue sus propios moldes sin crisis muy notables, para que las clases dominadas sigan ilusionadas con la apariencia de "orden natural" que produce. En la realidad, ni la continuidad reproductiva ni la mistificación pueden llegar a ser perfectas y duraderas. El estado de derecho democrático-parlamentario no se da en la realidad en su forma pura, como tampoco su supuesto lógico, el capitalismo competitivo puro.[112] Es necesario estar permanentemente alerta para que la igualdad *formal* de los ciudadanos no sea aprovechada por la clase obrera como brecha para introducir elementos de igualdad *real*. El estado burgués con su tendencia democrática se funda en una permanente tendencia contraria hacia formas autoritarias de dominación rebasando las restricciones legales.

En situaciones críticas agudas pueden darse situaciones conflictivas entre la forma institucional de estado democrático de derecho y la función material de salvaguardar el sistema de reproducción capitalista. En estos momentos históricos se hace patente que las formas institucionales, aunque dotadas de cierta racionalidad propia, responden en última instancia a las funciones del estado y son por ende sustituibles. Surge entonces el estado de excepción que, prescindiendo de las apariencias democráticas propias de la esfera de circulación, se erige en expresión abierta del dominio de clase subyacente.

En estas situaciones de excepción ocurre que las clases dominantes, al dejar que el estado se desligue de sus ataduras legales frente a la clase trabajadora, se ven obligadas a aceptar que se independice también de ellas. Las burguesías pueden entonces perder su control del aparato del estado y verse privadas sucesivamente de todas sus libertades económicas y políticas, con la sola excepción de una, esencia de su dominio de clase: la libertad de apropiación del plusvalor.

---

112 Gerstenberger [106], p. 9, revoca expresamente su observación de dos años antes en [105], p. 208, según la cual el estado de derecho democrático-burgués era la forma política más adecuada del capitalismo, y la sustituye por la tesis de que democracia, estado de derecho, libertad e igualdad tienen que permanecer como ideales ilusorios que nunca deben alcanzarse, porque su realización sería incompatible con la salvaguardia del sistema (p. 10).

4. EL ESTADO DE LA PERIFERIA CAPITALISTA

4.1 EL ESTATUS DE UNA TEORÍA DEL ESTADO PERIFÉRICO

Tenemos presentes, pues, los elementos disponibles para una teorización sobre el estado de la periferia capitalista. Son, en resumen:

Como características del *subdesarrollo*:

—la reproducción dependiente del mercado mundial y la heterogeneidad estructural de las formaciones sociales periféricas,

y como características del *estado* burgués:

—la generalización de relaciones de mercancías, incluyendo las relaciones de trabajo, como base constitutiva de la forma del estado burgués,

—la garantía de las condiciones generales de reproducción capitalista como su funcionalidad básica,

—la concreción de esta funcionalidad global a través de una variedad de funciones estatales específicas, de efectos siempre limitados y muchas veces contradictorios, que surgen con el desarrollo capitalista,

—y finalmente las cambiantes formas institucionales del estado, adaptadas a las exigencias materiales que plantea cada etapa del proceso de acumulación al estado, y expuestas a tensiones contrapuestas hacia el estado de derecho democrático-parlamentario por un lado, y hacia el estado autoritario y arbitrario por el otro.

Vimos que todos estos puntos constituyen simplificaciones que dejan más preguntas planteadas que contestadas, pero que en el momento actual no hay más remedio que contentarse con estos resultados parciales.

¿De qué manera pueden aprovecharse estos elementos para una teoría del estado en la periferia capitalista? ¿Puede haber tal teoría en primer lugar, cómo *debería* construirse, y qué posibilidades de aproximación quedan hoy por hoy con base en los fragmentos existentes?

Un primer indicio para la solución de estos interrogantes lo da el siguiente párrafo de Marx:

Por el contrario, el "estado contemporáneo" cambia con las fronteras nacionales. Es otro en el Imperio alemán prusiano que en Suiza, otro en Inglaterra que en Estados Unidos. "*El* estado contemporáneo" es una ficción. Sin embargo, los diferentes estados de los diferentes países civilizados, a pesar de su variedad multicolor de formas, tienen todos en común que se basan en la sociedad burguesa moderna, aunque una más, otra menos avanzada en su desarrollo capitalista. Por eso también comparten ciertas características esenciales. En este sentido se puede hablar de "estado contemporáneo", como contrapuesto al futuro cuando su raíz actual, la sociedad burguesa, haya muerto.[113]

Surge la pregunta: ¿No puede haber también, en el grado de concreción siguiente, "ciertas características esenciales" que comparten todos aquellos estados que se basan en una sociedad "menos avanzada en su desarrollo capitalista", a diferencia de otros rasgos comunes propios de aquellos estados que tienen su raíz en sociedades de más avanzado desarrollo capitalista?

Llegamos antes a la conclusión de que todos los países de la periferia capitalista muestran ciertas semejanzas en sus estructuras económicas, susceptibles de convertirse en materia de una "teoría del subdesarrollo" como *generalización de lo históricamente específico*. Es impensable que estas estructuras económicas que definen todo un tipo de desarrollo capitalista no tengan su incidencia en la esfera política de estos países. Y, tratándose de rasgos económicos *comunes* a todas las sociedades en una situación periférica, lógicamente sus reflejos en las estructuras políticas tendrán que seguir ciertas pautas comunes. Hasta donde alcanza este paralelismo histórico de formas políticas, podemos, pues, hablar "*del* estado capitalista periférico", en el mismo nivel de un promedio empírico y con el mismo valor analítico provisional que cuando hablamos de la "periferia capitalista" misma.

El "estado del subdesarrollo" —al igual que el "subdesarrollo" en sí— es materia de estudio metodológicamente válida si se considera como primera parte de un análisis histórico-concreto. Podemos remitirnos entonces a lo que dijimos arriba respecto del nivel de abstracción de una teoría del capitalismo periférico, de las tendencias de desarrollo de este tipo de capitalismo y de la manera en que confluyen lo lógico y lo histórico en su análisis. Creemos, entonces, que "el" estado de la periferia capitalista es un tipo histórico de estado burgués específico, pero a un alto nivel de generalización, cuyo análisis debe partir del concepto lógico del estado burgués. Siendo así, es obvio que cualquier formulación teórica sobre "el" estado capitalista periférico hoy por hoy dará con una serie de limitaciones inevitables, que ya podemos puntualizar: son limitaciones que derivan 1] de lo *incompleto de los fundamentos teóricos*, y 2] del *grado de abstracción* en que se sitúa el análisis.

113 Karl Marx, *Kritik des Gothaer Programms*, MEW 19, p. 28.

1] De los fundamentos teóricos del estado burgués sólo se han elaborado las *condiciones constitutivas* generales, y éstas sólo en el plano de la *posibilidad* de una separación de lo político.

Acerca de su *necesidad*, así como de las *funciones, medios y formas* en que se desagrega la funcionalidad básica del estado, hasta ahora sólo existen algunos fragmentos teóricos cuya conexión entre sí y con las bases lógicas sigue siendo dudosa. Pero aun si estas conexiones estuvieran terminadas, ya no podría haber una teoría *general* a este nivel desagregado, porque en la reconstrucción conceptual de las tareas y los modos de actuar del estado ya interviene forzosamente la dimensión *histórica*.

2] Una teoría *general* del subdesarrollo sólo puede darse en el nivel más alto de generalización histórica. Estos rasgos comunes de la reproducción capitalista periférica son sustituibles provisionalmente por los conceptos de reproducción dependiente y heterogeneidad estructural de la formación social, aunque no por ello quedan del todo aclarados.

Todas las demás características del subdesarrollo que especifican con más detalle estos rasgos históricos más comunes del capitalismo periférico sólo pueden irse hallando al paso de análisis cada vez más concretos sobre grupos de países más reducidos, períodos históricos, etc., hasta llegar al caso individual. Estas diferenciaciones históricas siguen refiriéndose a una teoría general del subdesarrollo como su denominador común más abstracto, pero ya no son generalizables entre sí, porque "la misma base económica —la misma de acuerdo con sus rasgos principales—, a través de incontables circunstancias empíricas diferentes, condiciones naturales y raciales, influencias históricas externas, etc., puede mostrar infinitas variaciones y gradaciones en su apariencia, que sólo se explican por el análisis de estas circunstancias empíricas".[114]

Análisis empíricos de este tipo los hay a montones en la literatura "tercermundista"; sin embargo, les falta una referencia sistemática común a "la" teoría del subdesarrollo.

Al comparar estos dos tipos de limitaciones a que está supeditada una teorización sobre "el" estado capitalista periférico, nos percatamos de que *ambos se agravan* a medida que se avanza desde lo general hacia lo específico. O sea, los alcances explicativos de una tal teoría general no son los mismos en cada uno de sus niveles, sino que se acortan con cada paso que dan hacia lo concreto.

Por consiguiente, a medida que "nos acerquemos paso a paso a la superficie" de las apariencias sociales en los puntos siguientes de este

[114] Karl Marx, *Das Kapital*, t. 3, MEW 25, p. 800 [t. III/3, p. 1007].

capítulo, se harán notar cada vez más las lagunas de nuestros elementos teóricos y al mismo tiempo se "diluirá" el poder explicativo de un análisis deductivo, al aumentar proporcionalmente el "déficit" de un análisis histórico inductivo complementario.

Podemos precisar los pasos principales de esta tendencia paralela de la siguiente forma:

, a] *El nivel de las condiciones constitutivas del estado en la periferia capitalista:* los *fundamentos teóricos* de este nivel más general se han desarrollado sistemáticamente hasta los supuestos (todavía no la necesidad) de la constitución de lo político en forma de estado burgués; hasta aquí estamos, pues, en tierra teórica firme.

El *nivel correspondiente de generalización histórica* es el de una teoría general de la reproducción capitalista periférica, para la cual tenemos, como resultado de los estudios efectuados hasta ahora, una aproximación "operacional" de los conceptos de reproducción dependiente y de heterogeneidad estructural.

Quiere decir que en este nivel se pueden desarrollar consideraciones no definitivas, pero relativamente fundamentadas y sobre todo sistemáticas, aunque no puedan ir más allá de trazar un marco muy general y amplio.

b] *El nivel de las funciones y los medios del estado en la periferia capitalista en general:* como *fundamento teórico* encontramos aquí algunos elementos todavía inconexos, que permiten una denominación provisional y una correlación tentativa como experimento heurístico.

El *nivel histórico* presupone como concreción correspondiente por lo menos un *modelo de acumulación* específico —o sea los rasgos básicos de la inserción al mercado mundial y su articulación en las estructuras económicas internas de las sociedades respectivas, así como los lineamientos principales de las estructuras de clase correspondientes.

Resulta entonces que aquí ya no hay lugar para consideraciones sobre "la" periferia capitalista y "sus" formas políticas, sino a lo sumo acerca de un grupo de países en un período histórico.

c] *El nivel de las funciones y los medios en particular y sus exteriorizaciones organizativas e institucionales:* para análisis en este nivel los *fundamentos teóricos* ya no se encuentran en una teoría del estado *strictu sensu,* sino en todo el amplio campo de la ciencia política —en virtud de lo cual se encuentran inevitablemente confrontados con todo ese embrollo babilónico de sistematizaciones parciales, incongruencias terminológicas y tergiversaciones ideológicas que hoy día caracterizan a la teoría política (entre otras cosas, porque le falta el marco común de una teoría materialista del estado).

En el *nivel histórico* se hace necesario llevar la concreción hasta una fase definida de la acumulación con el detalle de la estructura social correspondiente, incluyendo la situación de conflicto de clase, para lo cual el análisis tiene que restringirse a casos individuales y coyunturas históricas delimitadas; el más alto nivel de generalización posible abarcaría un (pequeño) grupo de países con alguna similitud histórica.

Esta diferenciación por niveles de abstracción nos da la clave buscada para ubicar en su preciso "lugar" teórico nuestro intento de una conceptualización *general* del "estado del tercer mundo": *una teoría del estado de la periferia capitalista* sólo puede darse en el primer nivel más general; por su contenido, *es una teoría de las condiciones constitutivas de la forma burguesa del estado en formaciones sociales económicamente subdesarrolladas*.

Y ya se vislumbra este contenido: si el subdesarrollo se caracteriza por una *obstaculización duradera* de la dinámica "pura" de la reproducción capitalista, un análisis de las condiciones constitutivas se topará no sólo con expresiones necesariamente impuras, como en cualquier sociedad capitalista real, sino con graves *deficiencias* y *problemas* constitutivos. O sea que una teoría global de las formas políticas de la periferia capitalista sólo puede ser una teoría de *determinantes negativos comunes*: "sólo" puede indicar *por qué* la forma burguesa del estado *no* puede desenvolverse plenamente en presencia de una economía subdesarrollada, y en términos muy generales también *qué* es lo que falta a todos los estados de la periferia capitalista en su forma burguesa. El "sólo" hay que ponerlo entre comillas, porque lógicamente estas deficiencias de sus fundamentos constitutivos tienen que repercutir fuertemente en todos los niveles de la superestructura política.[115]

En qué consisten más detalladamente estas deficiencias, y cómo se *traducen positivamente* en la generación de funciones, medios y apariencias correspondientemente modificadas, ya no puede ser el tema

---

[115] Suponemos que también *la teoría misma del subdesarrollo en cuanto teoría general sólo puede contener determinaciones negativas*, o sea *deficiencias y problemas de reproducción capitalista comunes*. No podemos seguir por este camino en el contexto del presente trabajo; llama la atención, sin embargo, que los dos aspectos centrales del subdesarrollo, la "reproducción dependiente del mercado mundial" y la "heterogeneidad estructural de la formación social", son, en última instancia, tales determinaciones negativas, ya que equivalen a señalar una reproducción capitalista *incompleta y no generalizada*. Hasta las expresiones más generales como "subdesarrollo" y "tercer mundo" contienen como idea central su diferencia con respecto al mundo desarrollado, no una indicación positiva de las características de este otro mundo. Se explicarían así las dificultades con que topan todos los intentos de formular una teoría general del subdesarrollo, si lo único que une estructuralmente a todas las economías de la periferia capitalista es una *falta de algo*.

de una teoría general; es materia de un análisis cada vez más concreto de grupos y casos determinados de formaciones sociales subdesarrolladas.

Sin embargo, estos análisis más concretos no están de ninguna manera desvinculados de una teoría general, sino precisamente de su *campo de aplicación*. Los determinantes comunes (negativos) de formas estatales en la periferia capitalista no tienen otra forma de existencia sino a través de estas concreciones históricas; están en la ·base de todas ellas como elemento abstracto, que se hace valer en todos los niveles de diferenciación, aunque de manera cada vez más mediatizada y mistificada. La tarea analítica consiste precisamente en explicar las "infinitas variaciones y gradaciones en su apariencia" como respuestas diferentes adaptadas históricamente a los mismos "rasgos principales", o sea a las deficiencias constitutivas del estado burgués de las que parten todas ellas por igual.

En lo que sigue de este capítulo trataremos primero de puntualizar estos problemas constitutivos comunes, para después observar cómo se reflejan en todas las funciones, los medios y las formas exteriores del estado. Con este segundo paso ya salimos del ámbito de una teoría general: ahí ya no podemos hablar de *todos* los estados del "tercer mundo", a pesar de las muchas similitudes que pueda haber en algunos aspectos. Y ya no podemos avanzar sin una concreción histórica que va más allá de los dos conceptos altamente agregados de "dependencia del mercado mundial" y "heterogeneidad estructural". Tácitamente —y en algunos ejemplos también de manera explícita— tendremos que referirnos ya a formas *concretas* de inserción en el mercado mundial y a formaciones sociales de una heterogeneidad *determinada*; estas mediaciones históricas implícitas se guiarán sobre todo por la experiencia latinoamericana. Evidentemente en estos niveles más concretos los efectos de los problemas constitutivos básicos sólo pueden indicarse a manera de *ejemplo* y en sus expresiones típicas, y una complementación histórica ad hoc sólo puede tener un valor *ilustrativo* para un sinnúmero de casos posibles.

El alcance *temporal* de una tal teoría "del" estado capitalista periférico también se desprende de su nivel de abstracción: hacia el pasado su poder explicativo llega hasta el momento de la incorporación de estas sociedades al sistema económico del mercado mundial capitalista en expansión; que en aquel entonces, salvo raras excepciones, no constituyeran "estados" sino colonias no es ningún impedimento, ya que hablamos aquí de estructuras de dominación pública. Pero sólo en el nivel más general de las condiciones constitutivas se impone incorporar al análisis la génesis histórica del subdesarrollo; en los niveles subsecuentes más concretos puede considerarse como *pre*historia. Como nuestra conceptualización parte de formas actuales del subdesarrollo, se limita implícitamente a un lapso histórico que abarca el surgimiento de estas formas, o sea la época del imperialismo inglés. Además, se refiere a estados *formalmente soberanos,* como es la norma en la actualidad. Lo que difiera de esto tendría que plantearse como tema de una diferenciación en un plano especial.

También hacia el futuro se extiende el poder explicativo de la teoría del estado periférico, llegando hasta donde subsiste la situación socioeconómica subyacente: termina allí donde se acabe la naturaleza subdesarrollada del capitalismo en las periferias al alcanzar éstas un nivel de desarrollo comparable o superior al de las metrópolis (un supuesto hipotético para el futuro previsible); o allí donde se acabe la naturaleza capitalista de las economías en cuestión (Cuba).

4.2 LAS CONDICIONES CONSTITUTIVAS DEL ESTADO EN LA PERIFERIA CAPITALISTA

Vimos que la *forma* del estado burgués —como existencia separada de lo político bajo la apariencia de representación neutra de los intereses generales por encima de las clases— se debe lógicamente a ciertas características estructurales de la producción y reproducción capitalista. Pero en la periferia capitalista rigen condiciones históricas específicas que difieren en algunos aspectos esenciales de las condiciones constitutivas teóricas del estado burgués.

Dijimos que estos rasgos específicos del mundo subdesarrollado pueden agruparse bajo los denominadores comunes de la dependencia del mercado mundial y de la heterogeneidad de sus estructuras internas. Nos preguntamos entonces cómo inciden estos dos elementos del subdesarrollo en la constitución de las formas estatales correspondientes.

4.2.1 *Estado y reproducción dependiente del mercado mundial*

La primera característica de las economías subdesarrolladas, la dependencia de su reproducción respecto del mercado mundial, pone en tela de juicio una condición constitutiva del estado capitalista periférico que no concierne a su forma burguesa sino, más profundamente, a su existencia como expresión de lo político. La premisa de cualquier teoría del estado, la identidad social de la esfera económica y política, pierde vigencia en situaciones periféricas.

Para que lo económico y lo político puedan entrar en una relación dialéctica y desarrollar las formas correspondientes de condicionamiento mutuo, tienen que referirse a la *misma sociedad*. Cualquier intento de conceptualizar esta relación da por supuesto que el estado no recibe sus determinaciones económicas de ninguna otra entidad social más que de aquella sobre la que él a su vez ejerce su influencia política. La constitución de un estado tiene, pues, como condición primaria que en el nivel económico exista como infraestructura social un contexto reproductivo que se distingue en lo espacial, lo temporal y lo estructural de otras sociedades colindantes.

En la historia del modo de producción capitalista el surgimiento del estado burgués vino siempre aparejado con la delimitación política del área de acumulación respectiva hacia fuera, en forma de estado nacional soberano con su circunscripción territorial. Ambos procesos se condicionan mutuamente, y se deben lógica como históricamente al mismo desarrollo de la sociedad productora de mercancías. Tal como la generalización de las relaciones mercantiles en una sociedad exige y procrea la figura del propietario privado que se traslada al ámbito político como ciudadano libre y abstracto, la expansión internacional de estas relaciones mercantiles en el naciente mercado mundial exige el estado soberano como transfiguración política de la competencia de capitales nacionales formalmente libres e iguales.

Al principio formal del estado capitalista "hacia dentro", analizado cuando intentamos "deducir" sus fundamentos lógicos, se agrega pues otro principio formal "hacia fuera": su constitución como estado nacional soberano. Esta máxima formal representa hoy mundialmente el elemento básico ordenador de estructuras y procesos políticos. La política internacional se refiere primordialmente a entidades estatales nacionales, y en ellas encuentra su marco determinante. Esto vale también para los países actuales del "tercer mundo" (salvo algunas excepciones, de las que nos ocuparemos en seguida). También ellos se presentan hacia dentro como hacia fuera como detentores formalmente independientes de una soberanía territorialmente circunscrita.

Si se vacila en llamarlos estados nacionales es porque la realidad sociohistórica de estas sociedades evidentemente no concuerda plenamente con esta pretensión formal: muy pocos de estos estados corresponden a sociedades para las cuales el concepto de "nación" aparece plenamente justificado; el conjunto social no se fundó históricamente a lo largo de un proceso secular de integración con fundamento en un contexto reproductivo común. La circunscripción territorial del área de soberanía no ha surgido históricamente de relaciones de mercado que se extendieron alrededor de unos núcleos de acumulación (ciudades, zonas manufactureras), como en el caso del estado-nación europeo. Al contrario, encontramos muchas veces fronteras totalmente artificiales, que cortan a través de conjuntos históricos y aglomeran entidades históricamente dispares.

El principio formal del estado nacional soberano tiene como condición constitutiva un sistema reproductivo lo suficientemente integrado como para sostener básicamente la vida material de una sociedad. Este fundamento material de la existencia de un estado soberano justamente no se da en sociedades de una reproducción incompleta, dependiente del mercado mundial.

Esto no sólo pone en duda la capacidad que normalmente distingue al estado nacional de hacer valer su soberanía hacia fuera como independencia efectiva de otros estados y hacia dentro como epicentro de decisiones políticas para todos los sectores sociales y para el conjunto del territorio estatal. Las consecuencias van mucho más lejos: no hay congruencia entre la esfera política y la esfera económica. Los procesos económicos y los fenómenos políticos no se dan en la misma entidad social.

Esta discrepancia entre un contexto reproductivo anexado al mercado mundial y una unidad estatal referida al marco nacional no sólo socava su constitución como estado nacional soberano, sino además trastorna todas las relaciones recíprocas entre economía y política, entre "la" sociedad y "su" estado. En el caso de una economía de inserción periférica al mercado mundial no está claro qué es lo que forma parte de la sociedad, ni en qué medida el estado local le corresponde. Para cualquier conceptualización materialista de estas relaciones recíprocas la determinación de estas unidades sociales es sin embargo fundamental.

En muchos análisis de fenómenos políticos del "tercer mundo" se parte erróneamente de la identidad del marco social para procesos socioeconómicos por un lado, políticos por el otro. Induce en este error la trasposición irreflexiva de concepciones que surgen primeramente de la doctrina marxista sobre la relación entre "base" y "superestructura", y segundo de la experiencia histórica de los estados nacionales europeos.

Ahora bien, los conceptos básicos del materialismo histórico elaborados por Marx representan leyes abstractas que no tienen poder explicativo para sociedades concretas sino a través de la concreción histórica. La relación dialéctica entre base y superestructura opera de la manera descrita por los "clásicos" sólo en el marco de un modo de producción como conjunto histórico, no en cada una de las expresiones sociales de este modo de producción. Además, sólo designa la relación inmanente de determinación mutua entre las dos esferas, dejando de lado las influencias externas de sistemas sociales basados en diferentes modos de producción, históricamente anteriores o posteriores. En el caso del modo de producción capitalista, la relación recíproca entre base y superestructura sólo puede mostrarse en su forma acabada y correspondiente a la dinámica inherente en el desarrollo del sistema capitalista mundial en su conjunto —y también ahí aparece modificada por la competencia con sistemas sociales no capitalistas.

Esto no significa que la dinámica entre lo económico y lo político no estuviera operando también en sistemas sociales parciales y en momentos históricos concretos, sólo que ahí se fragmentan complejamente en las circunstancias empíricas específicas y asumen apariencias casi imposibles de descifrar. Por eso resulta equivocado, desde el punto de vista metodológico, hablar en el análisis de una sociedad concreta de "su" base o "su" superestructura; en su lugar tienen que ir, según el grado de abstracción, conceptos como "esfera económica y política", "contexto reproductivo" y "estructuras políticas", "economía" y "estado".

La trasposición inconsciente de la identidad dialéctica teórica entre base y superestructura a sociedades concretas no conducía a errores crasos mientras se trataba de sociedades organizadas en forma de estado-nación con base en un sistema reproductivo esencialmente interno; por lo que toca al estado-nación occidental "clásico", la equiparación de "base" con "economía nacional" también era equivocada, pero por lo menos se aproximaba a la realidad.

Pero para el análisis de fenómenos políticos del "tercer mundo" esta equiparación debe quedar descartada desde el comienzo. Si el contexto reproductivo que sustenta la vida material en un área económica dada sólo se mantiene y se explica gracias a sus vinculaciones con el mercado mundial, entonces evidentemente esta área económica no puede servir como circunscripción de la "base" económica de la vida social, por más que asuma la apariencia de una economía nacional. Si en el marco de un sistema de división de trabajo las actividades productivas que se realizan dentro de las fronteras nacionales resultan a tal punto desequilibradas e incompletas que no logran sostener y explicar el metabolismo social, entonces sólo pueden considerarse como *segmento* de un sistema socioeconómico.

El contexto reproductivo del cual recibe sus determinantes económicos la esfera política de un país periférico abarca pues, además de las estructuras económicas en el espacio económico nacional, todas aquellas conexiones con el mercado mundial y aquellas estructuras correlativas dentro de las mismas metrópolis sin las cuales el sistema económico en el área periférica no podría subsistir.

Este contexto reproductivo entrelazado con el mercado mundial evidentemente ya no puede delinearse de manera geográfica, sino sólo teóricamente. No deja de tener una dimensión espacial, pero en forma de un espacio de acumulación transoceánico difuso, de una envergadura tendencialmente mundial. Abarca:

—los determinantes esenciales del sistema capitalista mundial, enraizados geográficamente en el conjunto de los centros económicos mundiales;

—aquellos componentes socioeconómicos de las metrópolis que están directa o indirectamente correlacionados con la actividad económica en la periferia; y, finalmente,

—el conjunto de las estructuras económicas dentro de la sociedad periférica, salvo aquellas que no tengan contacto con el mercado de mercancía y dinero.

Haciendo abstracción de regiones económicamente inexploradas, este último componente —y sólo éste— coincide con fronteras nacionales.

El espacio económico nacional no es por consiguiente la "base" del estado capitalista periférico, sino sólo un segmento de un todo económico cuyos elementos más decisivos en cuanto determinantes históricos se encuentran fuera de este espacio. Sólo estos componentes internos y externos en su *conjunto* conforman el fundamento socioeconómico que obra como marco condicionante infraestructural para la esfera política de una sociedad capitalista periférica.

Como en lo siguiente nos referiremos recurrentemente a esta "base", tenemos que designarla de algún modo. En adaptación a la expresión "reproducción dependiente del mercado mundial" hablaremos del *contexto reproductivo integrado al mercado mundial*.[116] Los dos conceptos se refieren a la misma realidad empírica; el cambio de expresión sólo se debe a un cambio de perspectiva: si antes se trataba de recalcar lo incompleto de la reproducción local, ahora se precisa un concepto que designe el conjunto "completado" de esta reproducción.

Si el contexto económico trasciende el espacio nacional, esto significa en términos de agentes sociales que tampoco la composición local de clase puede considerarse un universo completo y autónomo: forman parte de las clases dominantes aquellas *burguesías externas* que como financistas, industriales y comerciantes controlan los centros de producción y de decisión económica en las metrópolis de los que depende la vida económica de la periferia. Quiere decir que los "intereses generales" que se articulan en el estado constituyen una amalgama de intereses locales y extranjeros; y en el conjunto de las clases dominantes a las que el estado capitalista periférico representa como su

---

[116] Se ruega al lector nos ayude en la búsqueda de expresiones alternativas que sean más claras por su contenido o más bellas por su expresión lingüística.

"comité político" la gran mayoría de las veces las fracciones externas son precisamente las hegemónicas.

Obviamente las estructuras económicas y sus agentes sociales del segmento *externo* de este contexto reproductivo integrado al mercado mundial sólo pueden influir en los procesos y las instancias políticas de la sociedad periférica en la medida en que sus intereses económicos y sociales se articulan localmente y se trasmiten efectivamente al aparato estatal. Los procesos económicos en las metrópolis serían irrelevantes para una sociedad periférica si no se materializaran de alguna forma en su interior; los intereses de clase de las burguesías externas quedarían sin efecto si no tuvieran representación local.

Esta expresión interna de intereses de clase arraigados exteriormente se encuentra en los sectores económicos hegemónicos, que orientan el acontecer económico de su respectivo país "huésped" y cuyos requerimientos se imponen como guía para el resto de las estructuras económicas. A través de ellos —su gestación, su manera de articularse con el resto de la economía local, su relevo por nuevas modalidades de penetración imperialista—, las exigencias de acumulación de la parte externa del contexto reproductivo se transmiten a la interna, inscribiéndose en sus mismas estructuras materiales, desde donde ejercen el poder incontestable de lo fáctico. Aquí la ausencia de ciertas actividades económicas tiene tanta o más fuerza coercitiva que la presencia (muchas veces desmesurada) de otras.

En correspondencia, las burguesías externas tienen sus representantes internos en las personificaciones respectivas del capital invertido en los sectores hegemónicos: se trata de agentes y subordinados directos si este capital es de propiedad extranjera, o de una fracción burguesa autóctona aliada, si los sectores económicos vinculados al mercado mundial están en manos de capitales locales. Otros sectores más débiles de la burguesía se adjuntan como fuerzas sociales auxiliares a este núcleo hegemónico al depender sus intereses de las industrias líderes, convirtiéndose también ellos en defensores del modo actual de inserción al mercado mundial.

Aquí se puede objetar que las estructuras económicas que se materializan internamente y los intereses sociales que tienen representación local son *eo ipso* parte del conjunto socioeconómico local; lo que repercute en la esfera económica no es otra cosa que el "propio" espacio económico nacional con todo lo que ahí se encuentre de capitales autóctonos o extranjeros; la pretendida trascendencia del contexto reproductivo por encima del marco nacional es una construcción superflua, y no hay por consiguiente tal incongruencia entre la esfera económica y la esfera política. Esta argumentación, a primera vista tan ortodoxa, necesariamente termina en apuros al tener que explicar una realidad que no se adapta a los conceptos puros. Queda el hecho de que partes esenciales de la economía local se relacionan con una evolución de las fuerzas productivas, un proceso de acumulación ' una competencia que no se verifican localmente, sino en las metrópolis. Por más que estos hechos tengan su expresión interna, su racionalidad histórica y económica se cimenta externamente. Si se quiere "salvar" la unidad de lo político con lo económico aferrándose a las estructuras visibles, al analizar la dinámica de estas últimas dicha unidad zozobrará inevitablemente.

Queda pues una discrepancia entre los principios organizadores de la esfera económica y la política: mientras que en el plano económico el espacio económico nacional queda restringido en su autonomía y sólo se mantiene y se explica como parte de un contexto reproductivo internacional, en el plano político la circunscripción espacial en forma de estado nacional desempeña un papel mucho más importante. La inserción en un sistema mundial que en lo económico se realiza con cierta fluidez, en lo político se ve obstaculizada por la alta valla de la soberanía estatal.

Dicho de otro modo: en situaciones periféricas la función organizadora del marco estatal nacional se mantiene para el ámbito político, pero se pierde en gran medida para el ámbito económico. Al abrigo del principio de soberanía la esfera política adquiere una ventaja notable sobre la esfera económica en cuanto a su grado de autonomía. Traduciendo al lenguaje de las teorías estructural-funcionalistas: las estructuras económicas en un país periférico sólo constituyen un subsistema, cuya dinámica interna es secundaria y derivada con respecto a la externa; la vida política por el contrario encuentra tanta autonomía dentro del marco nacional que puede ser analizada como un sistema propio con respecto al cual sus condicionantes externos aparecen como secundarios.[117]

Podemos ahora dar respuesta a la pregunta inicial de qué es lo que podemos definir como "sociedad" y cuál es el "estado" correspondiente en situaciones en que lo económico y lo político siguen principios organizadores diferentes: en el nivel socioeconómico estamos ante dos entidades sociales distintas, de las cuales una constituye la totalidad, la otra una parte diferenciada de ella. El universo total decisivo para la dinámica general del proceso histórico es el contexto reproductivo integrado al mercado mundial. El espacio económico na-

---

[117] La contradicción entre una profunda *heteronomía* de lo económico y una relativa *autonomía* de lo político ha sido formulada especialmente por Cardoso/Faletto [12]; desde muy pronto estos autores hicieron de esta no congruencia un elemento central de la noción de "dependencia", lamentablemente poco aprovechado por otros autores.

cional es sólo un ámbito parcial, segmento del universo anterior. Adquiere una existencia diferenciable sólo por causa del principio organizador diferente del nivel político que es el marco estatal nacional; figurativamente, la soberanía del estado rodea una parte de este contexto reproductivo global de un cerco jurídico, declarando esta parte su coto político privado. Sólo por esta razón ese estribo periférico de un sistema económico mundial adquiere cierta autonomía histórica, a través de la cual genera retroactivamente cierta legalidad propia también en el campo económico.

La incongruencia entre las unidades económicas y políticas básicas conduce necesariamente a una *relación* escindida, *no recíproca*, entre ambas: los contextos económicos que determinan el desarrollo histórico de la sociedad periférica y por ende conforman el marco infraestructural de su esfera política no son los mismos que aquellos expuestos a su vez a la injerencia política del estado.

En la dinámica social del contexto reproductivo integrado al mercado mundial pesa decisivamente la superioridad tecnológica, financiera, política, militar e ideológica de las sociedades metropolitanas. A través de los sectores hegemónicos y las personificaciones locales de las burguesías externas la presión de estos impulsos sociales se trasmite a las estructuras estatales de la sociedad periférica. El estado periférico difícilmente puede sustraerse a la influencia determinante de esta presión social de origen metropolitano; en dirección de la parte externa de su universo socioeconómico determinante. sus posibilidades de retroacción están muy limitadas. El mercado mundial en sí y las bases operacionales económicas de las burguesías externas situadas en las metrópolis están prácticamente fuera del alcance político del estado periférico.

A lo sumo puede influir en las personificaciones locales de estas burguesías y en las actividades económicas controladas por ellas que se encuentran dentro del territorio de la soberanía estatal. Pero al estar enraizadas en la potencia económica superior de las metrópolis en gran medida logran sustraerse de la subordinación exigida por el poder estatal local, y por el contrario imponer sus intereses al estado como los intereses socialmente predominantes. Al estado muchas veces no le queda más campo de acción que influir en el modo concreto de articulación de estos intereses que en su esencia le resultan superiores. Veremos más adelante que esta tarea de articulación es precisamente una de las funciones centrales del estado capitalista periférico.

Al ejercer su imperio sobre los demás componentes del espacio económico nacional y sus agentes sociales esa presión de las metrópolis se convierte en apoyo: en la medida en que el estado se ve obligado en su accionar a asumir y expresar los requerimientos de la parte externa de su contexto socioeconómico determinante, se constituye en el promotor político de estos intereses frente a la parte interna de ese universo socioeconómico; y, al acceder al papel de representante de la superioridad metropolitana, esa superioridad se le confiere en algún grado y lo capacita para actuar con tanta más fuerza transformadora frente a las fuerzas sociales comprendidas en su esfera de dominio.[118]

Concretamente: mientras una política estatal esté acorde con los respectivos intereses metropolitanos respecto a un espacio económico periférico, recibe el beneplácito de los exponentes máximos de las doctrinas económicas dominantes y de las agencias financieras internacionales, se abren las cajas de los créditos oficiales, que representan la luz verde para inversiones privadas extranjeras, acompañadas a su vez por proyectos y misiones de "ayuda" técnica y militar; internamente tal política no suscita la menor resistencia de los grandes intereses creados, que al contrario le ofrecen su apoyo económico y financiero, y aprovecha el poder de lo fáctico para legitimarse como "pragmática", etcétera.

En lugar de una relación recíproca entre lo político y lo económico hay, pues, una determinación escalonada: en la cúspide el contexto reproductivo integrado al mercado mundial, en una posición intermedia el estado periférico, y por último las estructuras socioeconómicas internas.[119] Se entiende que no se trata de un flujo causal monolineal en el cual el nivel subordinado es el producto directo del superior; el concepto de la determinación conlleva siempre el aspecto de un relativo poder retroactivo.[120]

Los estados de la periferia capitalista no tienen, pues, en rigor ninguna sociedad "propia". El contexto reproductivo integrado al mercado mundial trasciende con mucho el marco nacional y no es entonces el universo económico "del" estado. Tampoco constituye una "sociedad" más allá del aspecto estrictamente económico. En contrapartida, las fuerzas sociales locales tampoco logran formar una "sociedad", faltándoles a ellas justamente el aspecto económico de un contexto reproductivo autosustentado.

[118] El término "formaciones sociales secundarias" que propone Marx para el caso de relaciones de producción transferidas (*Grundrisse*, p. 29 [t. 1, p. 29], y *supra* p. 20) tiene entonces el doble significado de "derivado" y de "subordinado".

[119] O, en la terminología de Althusser: el contexto reproductivo integrado al mercado mundial es la *estructura*, que *sobredetermina* la relación entre estado y sociedad civil de tal manera que la esfera política adquiere el papel *dominante* con respecto a la economía local.

[120] Otra vez nos referimos a la terminología althusseriana: no se trata tan sólo de una "determinación en última instancia", cuyo efecto dominante puede quedar oculto o contradicho durante largos períodos.

Esta relación escindida de lo político con lo económico necesariamente ha de impregnar todas las estructuras y apariencias del estado
capitalista periférico. He aquí la clave para explicar aquellas "anomalías" funcionales y formales que hacen tan difícil el análisis del "estado
del subdesarrollo"; lo que sigue del presente trabajo es básicamente el
intento de desentrañar los efectos de esta incongruencia entre los principios organizadores de la economía y la política en los diferentes niveles estructurales del estado.

En última instancia encontramos aquí la explicación para el dilema
apuntado en la introducción de que el estado capitalista periférico es
considerado como un estado "fuerte" por algunos autores y "débil"
por otros; también a esto nos referiremos con más detalle.

Por la falta de congruencia entre sociedad y estado en condiciones
de inserción periférica al' mercado mundial se explica también toda
una serie de problemas muy debatidos, a los que no podemos referirnos
más que al pasar:

a] Aunque con mucha cautela, hay quienes hablan de que en
sociedades subdesarrolladas económicamente es la "superestructura"
la que determina la "base".[121] En forma menos provocativa también se

---

[121] Así, por ejemplo, Córdova, [13], p. 60; en un sentido meramente descriptivo observa S. I. Tjulpanow (*Politische Ökonomie und ihre Anwendung
in den Entwicklungsländern*, Frankfurt, Verlag Marxistische Blätter, 1972,
p. 38) "que la ideología y la política tienen que asumir un papel notablemente
más activo y transformador en los países en vías de desarrollo que lo que hasta
ahora ha sido el caso en la historia de Europa occidental y de Norteamérica".
José Carlos Chiaramonte (*El problema del tipo histórico de sociedad: crítica
de sus supuestos*, México, ponencia al congreso de americanistas, 1974) expone
la tesis de que las estructuras sociales en los países coloniales son en realidad
creaciones a partir de actos políticos (e ideológicos) por parte de la sociedad
metropolitana (conquista, gobierno colonial, "cristianización"). En el mismo
congreso, Luisa Paré ([328], p. 2) expuso, como resultado de una investigación
suya, que todavía hoy día "la instancia político-ideológica abre el paso a la
penetración capitalista en la disolución de formas sociales no capitalistas en
el interior del país". Sonntag ([371], p. 166) llega a resultados similares, aunque
con la salvedad de una "determinación en última instancia" por parte de la
base económica. Se acerca más a nuestra tesis Alavi ([169], p. 61; [371], p. 187):
"Se podría decir que en la colonia la 'superestructura' está 'sobredesarrollada'
en relación a la 'estructura', ya que su base se sitúa en la estructura metropolitana misma, de la cual se separa posteriormente en el momento de la
independencia." La concepción de Alavi se diferencia de la nuestra tan sólo
por su afirmación en la última parte de la cita, según la cual con el acto de la
independencia el contexto reproductivo deja de entrelazarse con la economía
metropolitana y se vuelve nacional. Creemos tener toda la evidencia empírica
a favor de nuestra tesis de que la independencia política formal no termina
con la subordinación del contexto reproductivo a los intereses de la(s) metró-
poli(s) (a lo sumo la atenúa). No es que el nuevo estado nacional "herede" un
aparato político "sobredesarrollado) (como plantea Alavi), sino que la fuerza

habla de que el estado "se adelanta" con respecto a la sociedad. Dan motivo para esas tesis: la historia de estos países a partir del hecho político de su conquista por parte de las potencias colonialistas; las relaciones de trabajo impuestas por coacción extraeconómica; la industrialización sólo alcanzada a través de una fuerte intervención estatal; la experiencia diaria de la fuerza represiva del estado como puntal del sistema socioeconómico. Pero ¿no significa esto poner a Marx de cabeza?

La solución la da el mismo Marx: radica en que "la sociedad burguesa trasciende al estado".[122] La tesis de que es la superestructura la que determina la base en sociedades dependientes se origina primero en la utilización metodológicamente inadmisible de estos conceptos teóricos para sociedades concretas (que ya hemos criticado), y segundo en el "error óptico" de equiparar el espacio económico nacional con dicha "base". Con respecto al grado de desarrollo económico que prevalece dentro de su área de soberanía, el estado efectivamente puede llegar a "adelantarse", pero justamente porque ésa no es su "base". En relación con el conjunto reproductivo determinante integrado al mercado mundial, ese supuesto "adelanto" se revela y se explica como un "retraso" —también sobre esto volveremos más adelante.

b] Hay otro aspecto más en que Marx aparece de cabeza si se quiere hacer entrar sus descubrimientos teóricos en los límites estrechos de los países periféricos; al proceder así, la producción en esos países *aparece* como histórica y estructuralmente dominada por la circulación en vez de ser ella la fase dominante —y esto no sólo en la mistificación propia de toda reproducción capitalista por la cual el mercado se percibe como la instancia que orienta la producción. Hasta en el análisis materialista es difícil de explicar el desarrollo no sistemático y "a saltos" de las fuerzas productivas y las relaciones de trabajo si no es por los cambios bruscos de las exigencias del mercado y la implantación de nuevos modelos de consumo.[123] La solución se encuentra al

dominante de este aparato radica en que *sigue* teniendo una parte de su fundamento socioeconómico "en la estructura metropolitana misma".

[122] Karl Marx, *Grundrisse*, p. 175 [t. 1, p. 204].

[123] Este problema es el que yace en la base de la polémica en Brasil entre estructuralistas como Celso Furtado (es representativo su trabajo "Dependencia externa y teoría económica", *Trimestre Económico*, 150, abril-junio de 1971, pp. 335-349), por un lado, que parten de modelos de consumo y de efectos de demostración, y sus críticos como Oliveira [50], que parten de la esfera de la producción. Sin embargo, no se explica esta producción sino --por lo menos *también*— con base en estrategias internacionales de ampliación de *mercados*; ¿qué otra razón podría tener, por ejemplo, que Procter & Gamble produzca detergentes sintéticos en Brasil con productos químicos importados en buena parte, en vez de utilizar los recursos nacionales para producir detergentes naturales? (Debemos estas indicaciones a Thomas Hurtienne.)

recordar que se trata prioritariamente de un mercado mundial: la esfera de circulación puede estar dominando la producción local justamente porque ella misma no es local, sino correa de transmisión y vínculo con un contexto productivo más amplio. Las leyes lógicas no están invertidas, aunque la producción (local) esté determinada por la circulación (internacional), porque el mercado mundial a su vez está determinado por la producción mundial.

c] Toda la polémica latinoamericana sobre "feudalismo vs. capitalismo"[124] podía haberse acortado al precisar primero el universo social cuyo modo de producción se trata de establecer. Si el contexto socioeconómico determinante de la dinámica social latinoamericana se encuentra con sus componentes más decisivos fuera de las fronteras de la región, y si la naturaleza capitalista de estos componentes está fuera de duda; entonces tiene que ser el modo de producción capitalista el dominante para todo el conjunto reproductivo; y entonces tampoco hay necesidad de negar la subsistencia de formas no capitalistas de producción e intercambio en segmentos importantes de la sociedad local para "salvar" su caracterización como capitalista.

d] Curiosamente, tampoco está sentada todavía la discusión de si al lado de la contradicción entre capital y trabajo hay otra contradicción entre países capitalistas periféricos y centrales, independiente de la primera y de rango igual o incluso superior, y qué estrategias de alianzas derivan de ahí.[125]

Si las clases dominantes comprenden una fracción externa, entonces lógicamente el antagonismo entre las clases principales incluye también la contradicción entre las masas trabajadoras de una sociedad capitalista periférica y las burguesías metropolitanas correspondientes. Cual-

---

[124] Véanse los trabajos de Frank [18 y 19]; Luis Vitale, "Ist Lateinamerika feudal oder kapitalistisch?", en Frank y otros [20], pp. 67-91; Frank/Puiggrós/Laclau, *América Latina - Feudalismo o capitalismo*, Bogotá, Oveja Negra, 1972; Córdova [13], pp. 108ss.

[125] Véase *supra* la nota 53, con su referencia a Frank y Amin. Amin (*ibid.*, pp. 81ss) designa la contradicción entre países de desarrollo autocentrado, por un lado, y exógeno, por el otro, como la "contradicción principal tendencial" del sistema económico mundial (probablemente no en remplazo de la contradicción entre trabajo asalariado y capital, sino en el sentido de la teoría de Mao Tse-tung según la cual en cada complejo de contradicciones hay una contradicción principal). La discusión podría considerarse cerrada de no haber sido replanteada por las tesis de la política exterior de la República Popular China (y sus portavoces en otros países) en forma de una "teoría de los tres mundos", que postula la primacía de la contradicción entre "los países del tercer mundo" y las "dos superpotencias" con respecto a contradicciones sociales internas de estos países, lo que a nuestros ojos es un disparate teórico y una desgracia política.

quier conflicto de clase se verifica en un contexto espacial definido.
Si la contradicción de clases trasciende el ámbito del estado nacional
puede *aparecer* como un antagonismo entre países; pero esto es sólo
la dimensión espacial de una lucha de clases que se internacionaliza al
compás de la internacionalización de las relaciones de producción
capitalista. No hay, pues, ninguna "lucha de países" independiente
de la lucha de clases; lo que se tiene por tal es o una pugna de competencia dentro de las clases dominantes o la expresión espacial de un
conflicto de clases internacionalizado.

Esto no excluye que dicha *apariencia* pueda tener relevancia política e incidir en la constitución de alianzas —como todas las apariencias de las estructuras capitalistas, también ésta puede cobrar alguna
realidad social. No podemos seguir esta pregunta, que además no tiene
solución · abstracta. Creemos, sin embargo, que ha de incidir en su
examen que 1) las burguesías externas dependen de mediadores económicos y sociales locales para hacer valer sus intereses en el interior
de una sociedad periférica, con lo cual un conflicto de clases esencialmente internacional se condensa políticamente en torno a estas "cabezas de puente" locales, y que 2) la lucha política sigue teniendo como
marco de referencia primordial al estado nacional, aun cuando las
relaciones económicas subyacentes sean internacionales.

e] Sólo asumiendo como elemento de juicio la falta de congruencia apuntada entre las esferas económica y política puede llevarse a
buen término la discusión de si el concepto de "formación social" es
aplicable a sociedades periféricas, o si sólo pueden considerarse como
partes de una formación social por su carácter de subsistemas anexados
al mercado mundial.

Creemos que el concepto de "formación social", por su misma naturaleza empírica, no se restringe estrictamente a un solo nivel, sino
admite una aplicación "escalonada" tanto a formaciones globales como
a sus partes integrantes. La delimitación entonces tampoco es cuestión
teórica, sino empírica, basada en el grado de autonomía y de diferenciación real del subsistema social en cuestión con respecto al sistema
englobante. Dicha autonomía no tiene la misma amplitud en todos
los niveles, puesto que tales sociedades periféricas suelen tener una
dinámica propia mucho más acentuada en el nivel político que en el
económico. No basta entonces remitirse a los determinantes económicos más generales para negar la existencia de una formación social
por separado: pero tampoco esa autonomía está tan fuera de duda
como parece cuando la óptica se restringe a las estructuras políticas.
Mucho menos basta con la expresión jurídica de lo político: la conquista de la independencia formal del estado de por sí nunca es

suficiente para marcar el corte entre mera estructura parcial antes y formación social propia después.[127] Dijimos que la posición periférica de los países del "tercer mundo" socava las condiciones materiales para la constitución de sus respectivos estados en estados nacionales soberanos. ¿Cómo podemos precisar esta afirmación?

El principio formal del estado nacional soberano —en eso estábamos— presupone un contexto reproductivo integrado dentro del espacio nacional con base en capitales autóctonos. Vimos que ese fundamento material no se da en la periferia capitalista: el espacio económico nacional no constituye un contexto reproductivo integrado mientras el conjunto socioeconómico, que sí sirve de fundamento reproductivo, no se adapte a límites estatales. La pretendida soberanía queda pues trunca por los dos lados: hacia fuera no se puede hablar de un control político efectivo —y aquí se pone en duda la *soberanía*— y hacia dentro el control estatal es efectivo pero dudoso en cuanto a su carácter *nacional*.

Esta contradicción recuerda el hecho de que los estados "nuevos" no surgieron históricamente de su propia sociedad, sino que tuvieron sus orígenes en la administración colonial, cuyas estructuras estatales fueron heredadas por los nuevos mandatarios locales, que muchas veces las transformaron sólo de modo superficial. En el régimen colonial abierto no había tal contradicción entre economía y política; las dos por igual eran meros anexos del sistema de dominación de las clases dominantes metropolitanas. A la dependencia económica correspondía la heteronomía política.[128]

Estas formas abiertas de subordinación en el plano político hoy en día son ya una excepción. Al finalizar el gobierno colonial las estructuras políticas existentes o creadas a través de las luchas por la independencia se reorganizaron de acuerdo con el nuevo principio rector del estado nacional soberano. Sociedades que económicamente seguían siendo periferias políticamente asumieron un principio formal que contenía la pretensión de ser un centro propio. Tendremos que analizar qué exigencias funcionales hicieron necesaria esta construcción contradictoria.

Pero antes observemos de qué manera el otro aspecto del subdesarrollo económico afecta a las condiciones constitutivas del estado periférico.

---

[127] No obstante, abordaríamos un análisis empírico de estos casos con la hipótesis de que ya en la época de la dominación colonial las formas políticas cobraron mayor vida propia con respecto a las estructuras sociales de la metrópoli que la reproducción económica.

[126] Es la tesis de Sonntag [371] y de Alavi [169], comentada en la nota 121.

4.2.2 *Estado y heterogeneidad estructural de la formación social*

El otro aspecto del subdesarrollo, la heterogeneidad estructural de la formación social, atañe a aquellas condiciones constitutivas del estado que determinan su conformación *hacia dentro* en su apariencia específicamente *burguesa* como condensación de lo ilusoriamente general de una sociedad.

Vimos que son las características básicas de la reproducción capitalista las que posibilitan y exigen —*lógicamente* hablando— la desvinculación de la coacción extraeconómica del proceso de producción y de apropiación, por consiguiente el desdoblamiento de una sociedad en su esfera económica y política, y finalmente la materialización por separado de lo político en la forma del estado. En todo esto el elemento central es la subsunción de todas las relaciones sociales, incluyendo las relaciones de trabajo, bajo la forma de intercambio de mercancías equivalentes. Pero es precisamente una característica *histórica* del capitalismo periférico el que estas relaciones mercantiles equivalentes no se hayan generalizado todavía. En simbiosis con el modo de producción capitalista dominante subsisten múltiples formas no capitalistas de producción e intercambio, resultando entonces una sociedad fragmentada, "estructuralmente heterogénea", en cuyos componentes las relaciones de producción capitalistas se encuentran desarrolladas en forma e intensidad dispares. Estas formas no capitalistas se encuentran especialmente en la *esfera de la producción* como relaciones de trabajo no plenamente constituidas como trabajo asalariado libre.

Para la conformación burguesa del estado es precisamente decisivo el carácter de mercancía de la fuerza de trabajo. "Es cada vez la relación inmediata del propietario con los productores directos [...] en la que encontramos el secreto íntimo, el fundamento recóndito de toda la construcción social y por ende también de la forma política de la relación de soberanía y subordinación, en suma, de la forma de estado específica respectiva."[129] La generalización incompleta de las relaciones mercantiles en la esfera de la producción deja pues una brecha decisiva en esa "base productiva, real, de toda igualdad y libertad",[130] sobre la cual el estado tendría que erguirse en la forma burguesa de la generalidad abstracta.

Pero también en la esfera de la *circulación* la generalización de las relaciones de intercambio equivalente se topa con numerosos obstáculos. Por un lado siguen existiendo formas de intercambio no mediatizadas

---

[129] Karl Marx, *Das Kapital*, t. 3, MEW 25, pp. 799*s* [t. III/8, pp. 1007*s*].
[130] Karl Marx, *Grundrisse*, p. 156 [t. 1, p. 183].

por el mercado y el dinero. Allí donde sí llega el mercado basado en valores de cambio no se establece una medida nacional del valor a causa de las diferencias extremas de productividad entre las distintas ramas y regiones, sustrayéndose entonces la base objetiva al cambio de equivalentes.

Esto tiene que provocar graves trastornos en los mecanismos compensatorios que debían regular el proceso reproductivo del capital de acuerdo con su lógica inmanente. Una *competencia* libre, a través de la cual tendría que efectuarse la repartición del trabajo social a los diferentes sectores productivos, no puede desplegarse sino en forma fragmentaria.[131]

En el plano de los *agentes sociales* esta fragmentación del contexto social se refleja en una estructura de clase inacabada y difusa. Algunos intereses sociales esenciales no se han constituido todavía en fuerza social sino se presentan como intereses particulares. Fracciones de clase, clases intermedias y de transición se sobreponen y entremezclan de la manera más variada. Con eso tampoco hay base material para la abstracción del ciudadano libre e igual.

Empero, a pesar de estas estructuras capitalistas no plenamente desarrolladas, el estado de la periferia capitalista sigue, *en lo fundamental*, el principio formal general del estado burgués, esto es, constituirse como instancia separada de lo político y como materialización del interés aparentemente común "fuera y al lado" de la sociedad. Todas las peculiaridades e impurezas de su conformación funcional y organizadora que enumeramos en la introducción y que estamos tratando de explicar no son óbice para que los estados que hoy componen este "tercer mundo" compartan dicho principio constructivo con todos los demás estados burgueses, que los distingue a todos por igual de los principios básicos, divergentes por ejemplo del estado feudal o socialista con sus modalidades específicas de integrar lo político en lo social.

Así como comprobamos una discordancia en la forma externa del estado periférico entre su principio formal de estado nacional soberano y la realidad de una economía dependiente del mercado mundial, también con respecto a la forma interna del estado encontramos una discrepancia entre principio político formal y realidad socioeconómica: la forma de la generalidad abstracta no concuerda con la heterogeneidad estructural de sus raíces sociales.

Aquí nos acecha un extravío metodológico: sería inadmisible com-

---

[131] "La producción basada en el capital sólo se realiza en las formas que le son adecuadas cuando y hasta donde se haya desarrollado la libre competencia, ya que ella representa el libre desarrollo del modo de producción basado en el capital" (Karl Marx, *Grundrisse*, p. 543 [t. 2, p. 167]).

parar en forma directa el entrelazamiento incompleto de las relaciones capitalistas de producción con el *concepto* abstracto de estado burgués que presupone *lógicamente* un modo de producción capitalista plenamente desenvuelto. Hacer constar una discrepancia entre estos dos puntos de referencia sería trivial: justamente necesitamos de las abstracciones lógicas porque la dinámica intrínseca de la materia nunca aparece en su forma pura en la realidad concreta. Nuestra comparación sólo tiene sentido si lo que comparamos son las respectivas expresiones *histórico-concretas* de lo político y lo económico.

Precisamos, pues, de un concepto mediador que traduzca la noción lógica de la "forma" del estado burgués al nivel del análisis histórico correspondiente al concepto de "formación social" que designa la concreción histórica de un "modo de producción". Para ello ofrecemos el concepto de "forma de dominación" que ya se usa con este significado en la literatura sobre el tema sin haber sido introducido de manera sistemática.

Gustosamente nos ahorraríamos estos esfuerzos terminológicos si fueran prescindibles. Pero no lo son si queremos comprender lo siguiente:

1] La "forma" general del estado burgués es una sola; formas de dominación burguesa puede haber en infinitas variantes: valen como tales todas las estructuras estatales que en lo esencial se acogen a este principio formal.

2] "El" estado burgués no ha existido nunca históricamente, ni mucho menos en la periferia del sistema mundial capitalista; sino tal como la penetración y expansión del capitalismo a lo largo de un proceso secular y contradictorio procrea condiciones sociales que se acercan paulatinamente a la dinámica "pura" del capital, así también las formas políticas de la periferia capitalista se encuentran en un proceso de constitución *histórica* de formas estatales más abiertamente burguesas, en cuyo transcurso se liberan los unos más, los otros menos de componentes no burgueses. Y tanto en el nivel socioeconómico como en el político resulta improbable al máximo que en este proceso lleguen a desarrollarse jamás formas "totalmente" burguesas, ni que se repitan expresiones históricas parecidas a las que hoy se encuentran en las sociedades capitalistas avanzadas.

3] El análisis de tales formas de dominación heterogéneas no obstante tiene que partir metodológicamente del *concepto* del estado burgués. Tal como las expresiones socioeconómicas del subdesarrollo no constituyen sino el modo específico en que se van imponiendo las leyes del capitalismo, expresiones que sólo podemos comprender con base en nuestro conocimiento de estas leyes del capitalismo acabado, también los fenómenos políticos del "tercer mundo" sólo se desentrañan partiendo de la relación *general* entre lo económico y lo político en el capitalismo. Si a estos países les llamamos "periferia capitalista", postulando así el carácter esencialmente capitalista de sus relaciones sociales, entonces también las formas de dominación ahí existentes constituyen en primera línea *estados burgueses*, y sólo en segunda línea sus respectivas modificaciones históricas.

4] Si un sistema de dominación es o no una forma de dominación burguesa, no depende de sus formas organizativas e institucionales, sino de la relación intrínseca entre economía y política. La exteriorización institucional más acorde con el principio formal general es la república democrático-burguesa. Pero también aquellos estados del "tercer mundo" que hoy están constituidos formalmente como monarquías (imperios, reinados, jequías, etc.) por su función socioeconómica casi siempre representan formas de dominación burguesas. En estos casos es precisamente este manto formal exterior el que se cuenta entre los elementos no burgueses del respectivo sistema de dominación: por su contenido, estas monarquías no son otra cosa que dictaduras burguesas.

Podemos ahora precisar la frase que dio origen a este excurso terminológico: son las formas de dominación en el "tercer mundo" las que no cuajan —por el principio formal de la generalidad abstracta que encarnan— con la heterogeneidad de sus raíces sociales. Queda así aclarado que comparamos las *concreciones históricas* de lo político y lo económico, las que constituyen *ambas* expresiones necesariamente inacabadas de relaciones capitalistas "puras". Lo que queremos decir es que las formas capitalistas se encuentran en fases desiguales de su desarrollo, originándose por consiguiente una tirantez dialéctica entre la forma de dominación y las estructuras socioeconómicas.

Es inevitable que en estas condiciones la forma política y la realidad social se obstaculicen mutuamente. Un estado constituido a la imagen de una "generalidad" abstracta no puede ser el más apto para hacer justicia a la compleja diversidad de una formación social heterogénea, ni puede ser ésta la atmósfera más idónea para que se fortalezca la forma abstracta del estado. Tendremos que indagar las circunstancias históricas y las necesidades funcionales específicas del capitalismo subdesarrollado que exigen y producen esa discrepancia entre la economía y la política.

Aquí es casi siempre en la esfera política donde el grado de desarrollo de las formas propiamente burguesas se encuentra más avanzado. Concurre para ello la influencia determinante de la parte externa del contexto reproductivo integrado al mercado mundial con sus estructuras capitalistas desenvueltas; concurre también la mayor autonomía relativa de la esfera política amparada por el principio de soberanía con respecto a la esfera económica obstaculizada en su desarrollo por el aprovechamiento desequilibrado de sus recursos. Tal como la forma

"hacia fuera" del estado nacional soberano se adelanta históricamente
al grado de internalización del contexto reproductivo, así también la
constitución de un estado en la forma "hacia dentro" de una esfera
política separada se anticipa al grado alcanzado por la generalización
de las relaciones mercantiles.

Podemos, pues, partir en lo subsiguiente de la conformación típica
para la periferia capitalista de que es la esfera estatal la que lleva la
delantera en el desarrollo capitalista con respecto a las demás estructuras sociales. Existe, sin embargo, a manera de excepción, también
el caso opuesto de que los elementos no burgueses de las formas de
dominación resultan tan fuertes que son ellos los que se "retrasan"
con respecto al desarrollo socioeconómico y lo frenan. En el pasado
fue esto lo que muchas veces dio origen a guerras de liberación contra
una ocupación colonialista. Circunstancias análogas se encuentran hoy
en países en que aún subsisten restos de colonialismo (por ejemplo
Rodesia), en que formas precapitalistas de dominación siguen teniendo alguna vigencia (por ejemplo, el musulmán, el hindú; la organización tribal) o cuyas formas políticas se estancan en un nivel relativamente primitivo y deformado de dominación burguesa (por ejemplo
Haití). Finalmente, la conquista del poder estatal por parte de fuerzas
extremadamente retrógradas puede provocar una reversión histórica
de las formas políticas que detiene el desarrollo socioeconómico capitalista de un país o incluso lo vuelve hacia atrás por varias décadas
(Chile, Uruguay, Uganda).

4.3 LAS FUNCIONES DEL ESTADO EN LA PERIFERIA CAPITALISTA

Resumamos lo que encontramos como problemas constitutivos del estado periférico: en su forma externa tanto como en la interna se atiene
a principios constructivos que presuponen unas condiciones constitutivas lógicas muy alejadas de la realidad histórica de países económicamente subdesarrollados: no representa a un capital surgido de una
acumulación interior en su paso al mercado mundial como competidor
internacional, que sería la base para un estado nacional soberano, ni se
refiere a una sociedad capitalista de clase plenamente desenvuelta que
correspondería a su apariencia como instancia política separada y
neutral "por encima" de las clases.

Al examinar estos dos principios formales cada vez terminamos
preguntándonos por las razones de esa discrepancia: parece que hay
exigencias funcionales ineludibles que el estado sólo puede cumplir a
través de formas que contradicen la realidad de su sociedad. La res-

puesta tiene que surgir del análisis de las *funciones* del estado en la periferia capitalista.[132]

Al recapitular la discusión sobre la teoría del estado vimos que una deducción y una sistematización lógicas de las funciones estatales no existen todavía y quizá tampoco puedan existir en el futuro. La selección, la dominación y la sistematización de las funciones estatales siguen siendo necesariamente subjetivas y provisionales.

Siguiendo a los intentos clasificatorios de Altvater y Läpple, que discutimos más arriba, examinaremos los siguientes campos de acción estatal: a) la relación con el mercado mundial, que llamaremos "garantía de la inserción al mercado mundial", b) la garantía de reglas generales de intercambio, que rebautizamos "imposición de las reglas generales de mercado", c) la garantía de la disponibilidad de fuerza de trabajo, y d) la garantía de las condiciones generales materiales de producción. El porqué de las denominaciones divergentes que acabamos de introducir surgirá del argumento siguiente.

4.3.1 Garantía de la inserción al mercado mundial

a] La esencia de la función. ¿Cómo puede el estado cumplir con su funcionalidad básica de "mantener las condiciones generales exteriores de la reproducción capitalista",[133] si los bienes producidos dentro del espacio económico nacional distan de ser suficientes para la reproducción de la base material de la vida social y precisan forzosamente ser complementadas a través de intercambio con el mercado mundial? ¿Cuáles son las consecuencias para el accionar estatal del hecho de que elementos tan decisivos para la dinámica social de la economía local como el desarrollo tecnológico, la formación de capital productivo, el control social de inversiones, técnicas de producción, modelos de consumo, etc., no se encuentran en el propio espacio económico, sino total o primordialmente en las metrópolis?

---

[132] Para la tesis de una contradicción entre forma y función del estado periférico, que sustenta buena parte del argumento que pensamos desarrollar, debemos importantes indicaciones a los siguientes autores: por un lado a Gerstenberger [105] y su análisis de las funciones burguesas del estado absolutista (que a su vez se basa en claras observaciones de Marx al respecto, por ejemplo en *Der Bürgerkrieg in Frankreich* [del año 1871, MEW 17, p. 336]: "El poder estatal centralizado [...] data de los tiempos de la monarquía absoluta, cuando sirvió a la sociedad burguesa naciente como arma poderosa en sus luchas contra el feudalismo"); por otro lado, a Claus Offe, especialmente su trabajo "Tauschverhältnis und politische Steuerung. Zur Aktualität des Legitimationsproblems", en su antología [143], pp. 27-64.

[133] Friedrich Engels, *Anti-Dühring*, MEW 20, p. 260.

Evidentemente sólo ese contexto reproductivo integrado al mercado mundial puede entonces constituir aquella "reproducción" a que se refiere la funcionalidad del estado. En condiciones de inserción periférica al mercado mundial la función básica del estado capitalista asume pues la variante: garantía de las condiciones generales de reproducción *dependiente del mercado mundial*.

Parece una constancia simple, y sin embargo conlleva consecuencias amplísimas. Si la vinculación con el mercado mundial constituye el cordón umbilical sin el cual el metabolismo económico de la sociedad periférica no podría subsistir, entonces tiene que ser tarea esencial de su instancia política garantizar esta conexión con las economías centrales. Ninguna de las demás funciones estatales puede ya definirse únicamente con base en las necesidades del aparato productivo local y sus agentes sociales haciendo abstracción de esa inserción al sistema internacional. Recordando lo que dijimos sobre la "base" históricomaterialista del estado periférico, la conclusión de que su funcionalidad trasciende el marco nacional para orientarse primordialmente por el contexto reproductivo global no constituye ninguna sorpresa, sino una consecuencia directa. Si el universo socioeconómico del cual el estado periférico recibe sus determinaciones sociales esenciales es un conjunto integrado al mercado mundial, entonces el estado periférico "es" en cierto sentido el estado de ese contexto reproductivo global. Y eso no por alguna magia conceptual, sino muy concretamente a través de la materialización que asume la orientación externa de la economía en sus sectores hegemónicos con sus respectivos efectos concéntricos sobre el resto de la economía, sus personificaciones sociales y su articulación en las instancias políticas locales.

La función del estado burgués de representar el capital nacional hacia fuera frente a otros competidores en el mercado mundial se invierte entonces: la "garantía de la existencia y de la expansión del capital nacional en el mercado mundial"[134] pasa a ser: garantía de la existencia y de la expansión de los intereses del capital extranjero en el espacio económico periférico. Mientras que en el caso de los países de desarrollo capitalista originario la función externa del estado siguió a la conformación histórica de un contexto reproductivo nacional, en los países de desarrollo capitalista secundario es la garantía de esta vinculación con el mercado mundial la que con su orientación revertida "hacia dentro" origina y guía los comienzos de una reproducción capitalista en el seno de estas sociedades.[135]

[134] Altvater [75], p. 9.
[135] Ahí radica la diferencia decisiva con respecto a casos de una industrialización "tardía" realizada, sin embargo, con base en el capital nacional. Véanse, por ejemplo, Gerschenkron [26] y Senghaas [59].

Esta orientación contrapuesta de la relación con el mercado mundial —"hacia fuera" en el caso del capitalismo originario, "hacia dentro" en el secundario— no es expresión de dinámicas distintas, sino, al contrario, de una racionalidad única del capitalismo como sistema mundial: a la *expansión* del capital a partir de las metrópolis y a través del mercado mundial corresponde como otra cara de la misma moneda su *penetración* en aquellas regiones del mundo que se incorporan como periferias al mercado mundial en el transcurso de este proceso.

Sin embargo, para los dos "tipos" de sociedades el significado social de este proceso histórico único es completamente distinto: mientras en el caso de las metrópolis la expansión por el mercado mundial aparece como consecuencia y emanación de un dominio del capital ya establecido en su interior, en el caso de las periferias la internalización de los requerimientos del sistema económico internacional tiene por consecuencia establecer ahí el dominio de las relaciones capitalistas de producción.

Con esto podemos ya conceptualizar con más precisión el contenido de la función representativa externa: por su esencia histórica la garantía de la inserción en el mercado mundial significa: *imposición de los mecanismos capitalistas de reproducción.*

Y eso en el fondo no es otra cosa que la funcionalidad básica del estado capitalista de garantizar las condiciones generales de reproducción capitalista, *traducida* a la dinámica histórica de un desarrollo capitalista *secundario.* Se cierra el círculo: vemos que la función representativa externa del estado se convierte en la garantía de la inserción al mercado mundial y confluye con la funcionalidad básica del estado capitalista ahí donde la *garantía* de la reproducción capitalista a causa del grado precario de desarrollo capitalista significa su *imposición* en circunstancias y *a partir de la existencia acabada del capital a nivel del mercado mundial.*

Dijimos arriba que la constitución del estado periférico como estado nacional soberano tiene un asidero social tambaleante por causa de su interrelación escindida con las estructuras socioeconómicas. Ahora nos percatamos de que esta ambigüedad del fundamento social, que hasta ahora parecía una *debilidad* empírica contingente, en realidad constituye la esencia de su *función* social de insertar el espacio económico nacional al sistema capitalista mundial y propagar de esta manera la imposición de relaciones capitalistas de producción.

b] *La contradicción con la forma del estado nacional soberano.* Lo que hasta aquí tenía que parecer una mera deficiencia, ahora se revela como contradicción intrínseca: la contradicción entre el principio formal de constituir un estado nacional soberano y el principio formal de garantizar una reproducción capitalista dependiente del mercado mundial. ¿Por qué esta contradicción entre una forma que conlleva el postulado de una independencia económica y política en el marco nacional, y una función que niega este postulado? ¿No estaría más acorde con esa función una forma de dominio externo abierto?

Efectivamente, durante mucho tiempo estas formas de dominio político directo por parte de las metrópolis eran las estructuras estatales más difundidas en las regiones periféricas del mercado mundial. La forma del estado nacional soberano es de implantación bastante reciente: en América Latina hace un siglo y medio, en África y Asia (abstracción hecha de raros remanentes) durante las últimas décadas. Así que se concreta históricamente la pregunta por la razón de la mencionada contradicción: ¿Cuáles fueron las causas que obligaron a abandonar la forma de dominio colonial aparentemente más acorde con la función de garantizar una subordinación económica internacional y adoptar otra forma en contradicción con esa función subsistente?

Son dos las explicaciones posibles: o la necesidad de una organización nacional estatal puede haber surgido "desde dentro" en el transcurso del desarrollo capitalista en el interior de la sociedad periférica y como expresión de un grado alcanzado de complejidad social que ya no era compatible con un ejercicio externo abierto del poder, o esa forma del estado nacional se allegó a la sociedad periférica "desde afuera" como consecuencia histórica de la internacionalización de las relaciones capitalistas de producción y como consecuencia política de un cambio en las condiciones del mercado mundial.

De hecho ambos factores deben de haber ido unidos, condicionándose e influyendo uno sobre otro. No obstante, la motivación *externa* nos parece claramente la primaria. La complejidad creciente de las articulaciones sociales —a que nos referiremos todavía con más detalle— en sí sólo fundamenta la necesidad de un aumento *gradual* de autonomía de las estructuras políticas que podría ser previsto sin mayores inconvenientes dentro del marco de un dominio externo flexible ("*indirect rule*", "provincia de ultramar", "Commonwealth"). Además, entonces la creación de estados "nuevos" en América Latina, África y Asia debería estar ligada al "tamaño" del respectivo país y su grado de complejidad socioeconómica alcanzado, y esparcirse históricamente a todo lo largo de los siglos xix y xx. En realidad, la emancipación de los países coloniales se produjo en dos "arranques" históricos separados entre sí por más de un siglo y prácticamente independientes del grado de desarrollo capitalista alcanzado por dichos países.

Tenemos que buscar, pues, las razones de la forma externa del estado capitalista periférico en primer lugar en las condiciones "exteriores" del mercado mundial.

Al resumir la polémica sobre la teoría del estado vimos que la explicación lógica de esta forma externa del estado burgués hasta ahora no ha recibido suficiente atención.[136] No podemos reparar esta laguna aquí; tendremos que guiarnos por unas tesis basadas en la plausibilidad y la analogía:

Tal como la generalización de las relaciones mercantiles en el interior de una sociedad produce la figura del propietario de mercancías libre e igual en abstracto, las formas de intercambio en el mercado mundial se basan en la competencia de capitales nacionales considerados en forma abstracta como iguales. Y tal como del propietario de la mercancía se desdobla la figura del ciudadano libre e igual, el capital nacional que se presenta en el mercado mundial conoce su transfiguración política en el principio de soberanía, en la igualdad y libertad abstractas de los estados.

También históricamente las primeras formulaciones del principio de soberanía (Vitoria, Bodin) coinciden con las formas mercantiles primarias de un mercado mundial en expansión. Como piedra angular está el derecho internacional, que no es otra cosa que una forma embrionaria de estructuras estatales supranacionales, que —para completar la analogía— deberían surgir como condensación de los intereses generales del conjunto de los capitales nacionales, tal como el interés general de los propietarios individuales privados se resume en el estado burgués. Reformulando la conocida cita de Engels,[137] se podría decir: la comunidad jurídica de estados nacionales soberanos es la organización que se da el mercado mundial para asegurar las condiciones generales externas de la reproducción capitalista a escala mundial.

De ser así, el surgimiento de "nuevos" estados soberanos en la periferia capitalista estaría relacionado con la expansión del mercado mundial y la generalización de las relaciones mercantiles a nivel mundial como forma adecuada de intercambio internacional. El paso de las colonias a la independencia sería entonces expresión política de que los privilegios comerciales coloniales llegaron a ser tan incompatibles con un mercado mundial basado en la competencia libre de capitales nacionales como son las relaciones de dependencia personal con una producción capitalista de mercancías.

De modo abstracto esta relación parece correcta; sin embargo, su

---

[136] Un intento en esta dirección es la investigación de Diner/Schmitt-Egner [94], que lamentablemente no pudimos ver hasta después de finalizado este trabajo.

[137] *Loc. cit.*, en la nota 133.

manera de imponerse históricamente dependía mucho de circunstancias históricas concretas. Al comienzo la expansión del mercado mundial no tuvo el efecto de impulsar la creación de estados nacionales soberanos, sino, muy por el contrario, iba acompañada de la sumisión de amplias regiones del orbe al yugo colonial.

El principio de soberanía tuvo desde el comienzo una función ambivalente: al reconocer la autonomía de los "pueblos civilizados", la negaba a los que no se consideraban como tales. Mientras aseguraba a las burguesías en control de capitales nacionales el principio de la "transacción libre, sin violencia de ninguna parte",[138] sancionaba al mismo tiempo la opresión y la expoliación de aquellos países no organizados todavía según el modo capitalista. Uno de los escritos más tempranos acerca de la cuestión de la soberanía, considerado como una de las obras fundadoras del derecho internacional contemporáneo, lleva a manera de resumen involuntario el título contundente: "De iure belli Hispanorum in barbaros" (Vitoria, *ca.* 1538). También aquí cabe el paralelismo con los principios constitutivos internos de la sociedad burguesa, donde bajo la apariencia del intercambio de equivalentes se encubre la desigualdad material entre trabajo y capital.

El principio de soberanía no se impone entonces en la periferia capitalista gracias a alguna lógica abstracta formal del mercado mundial, sino por causa de intereses de competencia muy concretos. Los dos "arranques" históricos a partir de los cuales se produjo la independencia de los estados periféricos están relacionados con el surgimiento de una nueva potencia hegemónica mundial y el respectivo cambio de las estrategias de penetración económica. La independencia de América Latina a comienzos del siglo XIX refleja el ocaso del imperio mercantilista de las metrópolis ibéricas España y Portugal y el auge del nuevo imperialismo inglés. La independencia formal de América del Sur facilitaba a Inglaterra la incorporación de esta región geográfica a su sistema de división internacional de trabajo basado en la exportación de sus productos industriales a cambio de materias primas. Que su apoyo a la independencia política de los países latinoamericanos no fue sino el medio para establecer ahí una dependencia económica se expresa en forma característica en la siguiente nota del diario del canciller británico Canning, de 1823: "Spanish America is free. And if we don't mismanage our affairs, it will be British" [Hispanoamérica es libre; y si nosotros no desgobernamos tristemente nuestros asuntos, es *inglesa*].[139] Era además el medio de segunda elección:

---

[138] Karl Marx, *Grundrisse*, p. 156 [t. 1, p. 182].
[139] Galeano [24], p. 198 [*Las venas abiertas de América Latina*, México, Siglo XXI, 1971, p. 269].

antes habían fracasado dos intentos de establecer un dominio inglés directo (invasiones en Buenos Aires, 1806 y 1807).

Y al mismo tiempo que Inglaterra se convertía en el adalid del libre comercio para América Latina, se apropiaba un imperio de colonias en África y Asia, en competencia abierta con las demás "culturas occidentales". La independencia de estos países siguió a un segundo "arranque", desencadenado por la segunda guerra mundial pero causado por el traspaso de la hegemonía mundial de Inglaterra a los Estados Unidos. Las colonias de las potencias europeas resultaban un escollo para la internacionalización de la producción y la circulación capitalistas capitaneada por los grandes consorcios norteamericanos. Se añadieron a ello consideraciones políticas necesarias originales por la guerra fría con la Unión Soviética.

El surgimiento del estado soberano en la periferia capitalista no corresponde, pues, al proceso de una acumulación que cobra impulso en el marco nacional que originariamente produce y fundamenta esta forma. Aunque las estructuras capitalistas se hayan extendido y diferenciado en el seno de estas sociedades, no llegaron todavía al punto de conformar un capital nacional capaz de presentarse en el mercado mundial como competidor de los grupos financieros transnacionales de los países industriales. (Hasta muy recientemente, mucho después de la independencia y sólo en algunos países económicamente fuertes del "tercer mundo" no observamos el surgimiento de algo que podría llamarse "capital nacional".) Es así como ya en la misma génesis histórica de la emancipación de estas antiguas colonias está inscrita la contradicción de que su independencia política formal sirvió para los fines de una dependencia económica material.

Esta génesis explica también el "adelanto" de la autonomía política con respecto a la económica, la discrepancia entre forma política y realidad socioeconómica. El establecer estructuras estatales burguesas sin tomar en cuenta el grado de desarrollo de las relaciones capitalistas de producción y reproducción en el seno de estas sociedades pone de manifiesto que para ellas las relaciones mercantiles con el mercado mundial antecedieron histórica y funcionalmente a las relaciones mercantiles en su interior. Lo que la teoría de la modernización estructural-funcionalista designa como *nation building* no es otra cosa que una expansión subsecuente de los mercados internos.[140]

---

[140] Para muchos otros: Deutsch [93]. Hay bastante acierto en el título de un libro del entonces corresponsal de la *Neue Züricher Zeitung* para América Latina, Carl H. Hillekamps: *Lateinamerika - Staaten suchen ihre Nation* (literalmente: estados en la búsqueda de su nación), Stuttgart, 1963. (Hay versión castellana: *Transición de estados a naciones en Latinoamérica*, Buenos Aires, Ed. Pleamar, 1965.)

c] La articulación entre los requisitos del mercado mundial y los requisitos de la producción local como materialización de la función. Hasta aquí consideramos la función de la inserción al mercado mundial sólo desde el punto de vista de los requisitos del mercado mundial: la definimos como la imposición de relaciones capitalistas de producción a partir de la existencia acabada del capital a escala mundial; la forma del estado nacional soberano que parecía contradecir esta finalidad resultó que también depende de las exigencias cambiantes del mercado mundial. Las sociedades periféricas mismas sólo aparecieron como objetos pasivos de estas presiones externas.

Pero en realidad sus estructuras internas constituyen un muro social contra el cual las exigencias externas del mercado mundial se estrellan, obligándolas a someterse a un proceso de adaptación al ambiente local. La imposición de relaciones capitalistas de producción no es un acto único y monolineal, sino un proceso trabajoso y contradictorio en cuyo transcurso las exigencias del capital metropolitano en expansión deben *articularse* una y otra vez con las realidades y necesidades sociales de la sociedad periférica respectiva.

Para comenzar, la reproducción dependiente del mercado mundial significa en lo económico: inserción en un sistema de división de trabajo internacional a fin de hacer funcionales los recursos internos para las estrategias internacionales de acumulación de las metrópolis. Aquí los intereses globales del sistema capitalista mundial en una explotación racional y a largo plazo de sus periferias económicas entran muchas veces en conflicto con los intereses de los capitales individuales operantes en determinados países que quieren obtener ganancias máximas a corto plazo. Pero el apoderamiento no mediatizado del aparato productivo periférico por parte de intereses inmediatos conlleva el peligro de perjudicar o destruir las precondiciones para un aprovechamiento a más largo plazo por parte del mercado mundial —la historia conoce suficientes ejemplos.

En el nivel económico se impone, pues, una mediación entre las fuerzas productivas superiores de las metrópolis y las condiciones productivas del espacio económico periférico. El estado de la periferia capitalista sólo puede cumplir con su cometido primario de garantizar la inserción funcional del espacio económico local al mercado mundial, si en alguna medida también lo *protege* de influencias tendencialmente destructoras del mercado mundial.

Una ojeada retrospectiva a la formación histórica de las funciones estatales en América Latina puede servir para ilustrar esta aseveración: ya el primer acto de presencia de un poder estatal —después de la conquista, organizada en gran medida como latrocinio privado— se explica por esta lógica contradictoria: con las "Leyes de Indias" la corona

española procuró impedir a los conquistadores que destruyeran, con
su afán de enriquecimiento inmediato, los fundamentos para la producción de un excedente en el futuro. Los indígenas de Santo Domingo
fueron exterminados por las condiciones de trabajo asesinas a que
fueron sometidos.[141]
Durante la época colonial el poder estatal de la "madre patria"
delegó como representantes directos a virreyes, gobernadores, audi-
tores, etc., cuya función como agentes de los intereses metropolitanos
no podía ser otra que velar por la manera más beneficiosa de la explotación de las colonias —pero precisamente su explotación *a largo plazo*.
Y ya por entonces esta función sólo podía cumplirse de modo contradictorio, adaptando los mandatos abstractos de la corona a la realidad
social de la colonia: ante la resistencia infructuosa o la tolerancia
cómplice de los funcionarios peninsulares se pervirtieron instituciones
de protección al indio que se convirtieron en mecanismos de dominio
personal, se burlaron restricciones comerciales y se eludieron tributos.
El proverbial "se acata pero no se cumple" denota por un lado una
traba a los requerimientos metropolitanos, pero por otro lado su *manera necesariamente mediatizada de imponerse*.
La constelación básica de aquel conflicto entre peninsulares y criollos se puede trazar en formas cambiantes hasta el presente. Un ejemplo
actual: las consecuencias ruinosas de la política económica de la junta
militar chilena ilustran cómo el aprovechamiento *inmediato* del apa-
rato·productivo nacional para los intereses de capitales individuales
externos y sus aliados nacionales termina por poner en peligro las bases
para la apropiación del plusvalor también por parte de estas fracciones imperialistas del capital; la crítica creciente a que el gobierno
militar se ve expuesto en las esferas políticas de Washington demuestra
cómo los intereses *generales* de este capital imperialista se inquietan
por el abuso.[142]
Cuanto más complejo el aparato productivo que se va a insertar
en el mercado mundial, tanto más necesaria y multifacética la articulación. La internacionalización de las relaciones capitalistas de producción pone en marcha un desarrollo —aunque obstaculizado y
deformado— de fuerzas productivas también en las regiones periféricas,
que en su tendencia histórica conducen a la conformación de órganos

---

[141] Respecto a este conflicto, véase el libro esclarecedor de Severo Martínez
Peláez, *La patria del criollo*, Guatemala, Ed. Universitaria, 1970.
[142] Véase, por ejemplo, la crítica del Banco Mundial a la política económica del gobierno militar chileno en *The Observer*, 15 de diciembre de 1974.
Kissinger, premio Nobel de la paz, la persona con la mayor responsabilidad
individual por la cruenta represión en Chile a partir del golpe de estado
en 1973, dos años más tarde se mostraba preocupado por los derechos humanos en Chile (*Süddeutsche Zeitung*, 1 de octubre de 1975).

cada vez más extendidos y completos de la vida económica en la misma periferia. En correspondencia se amplifica y diversifica el cuerpo social que mueve este aparato productivo. Ya no se trata sólo de articular los intereses globales a largo plazo con los intereses particulares inmediatos del capital metropolitano. Los componentes locales de las clases dominantes dejan de ser meras prolongaciones de las burguesías metropolitanas y comienzan a construirse una base de acumulación propia con capital productivo nacional. Las clases dominantes se abren en un abanico de fracciones diferentes; surgen clases medias urbanas a partir del comercio, la administración y el artesanado. La función originaria de adaptar el aparato productivo a las exigencias externas se convierte así en una tarea cada vez más compleja de articulación social entre sus diferentes agentes sociales.

En el promedio de intereses de todas estas fuerzas sociales a que el estado sirve como "capitalista global ideal" las clases y fracciones locales adquieren un peso creciente. Lo que en épocas coloniales todavía era un acto de transformación dirigido "hacia dentro" en forma casi exclusiva, ahora se presenta como mediación también en el sentido de una búsqueda permanente de compromisos y equilibrios siempre precarios y conflictivos.

Siendo que las partes internas y externas de las clases dominantes componen conjuntamente la expresión social de este contexto reproductivo integrado al mercado mundial, cuyas condiciones de producción y distribución se debaten en esta mediación, sus intereses divergentes en principio no son otra cosa que pugnas de competencia, y la tarea de la mediación en el fondo no difiere de la que se da en el seno de una sociedad capitalista entre fracciones competidoras del capital.

Sin embargo, el hecho de que estas fracciones pertenezcan a diferentes formaciones sociales con grados de desarrollo distintos confiere a esta lucha de competencia contenidos específicos originados justamente en esta diferencia entre las condiciones productivas locales y las internacionales, contenidos que a su vez exigen formas específicas de mediación política. El contexto reproductivo del cual estas fracciones en cierto modo forman "la" clase dirigente se distingue precisamente de un contexto reproductivo surgido históricamente en el marco nacional por el hecho de componerse de dos partes estructuradas de manera completamente desigual. Mediar entre ambas significa hacer compatible lo que apenas es comparable.

El interés de las fracciones internas por promover el desarrollo de los recursos locales, o por lo menos por mejorar la distribución de sus rendimientos en favor de las clases dominantes locales, agrega a esta lucha competitiva internacional aspectos de políticas de desarrollo, de comercio exterior y de envoltura ideológica nacionalista que están normalmente ausentes en las pugnas entre competidores de un mismo mercado nacional.[143] El resultado de esta lucha depende de una correlación histórica de fuerzas en que tampoco cuenta sólo el menor costo de la producción; hay desigualdades económicas mucho más pronunciadas que las comunes dentro de una economía capitalista desarrollada, pero también hay —precisamente— factores sociales y políticos que derivan del hecho de que esta plaza de competencia se compone de más de un mercado nacional.

La fracción externa puede por ello valerse de su superioridad tecnológica y financiera, de su control de los elementos indispensables del círculo reproductivo y del apoyo de su respectivo aparato estatal metropolitano, y por lo tanto está en condiciones de determinar el contenido esencial del resultado —el "qué". Las fracciones internas tienen la ventaja de que controlan la economía y la organización del aparato productivo local y en general su "proximidad" en el sentido de la vinculación social estrecha con el contexto social periférico, con lo cual normalmente logran influir si no en las grandes direcciones de las estrategias económicas, sí en su puesta en práctica concreta —su "cómo".

Estos contenidos específicos de una lucha de competencia entre los agentes sociales externos e internos de un contexto reproductivo integrado al mercado mundial exigen también formas de expresión específicas. Si ya dentro de una economía basada en un capital nacional los mecanismos de competencia de por sí no bastan para garantizar la reproducción del sistema global, mucho menos un proceso tanto más complejo de mediación puede quedar librado a la mera ley del más fuerte.

Con la diversificación creciente de la sociedad periférica se acentúa también el papel de las clases *dominadas* en un sentido cuantitativo y cualitativo. La separación progresiva de sectores cada vez más amplios de productores de sus medios de producción y subsistencia y las exigencias crecientes en la calificación de la mano de obra convierten a la reproducción de la fuerza de trabajo en una tarea que ya no puede dejarse en manos de la misma fuerza de trabajo o de la previsión capitalista privada.

A medida que se complican y se entrelazan las articulaciones sociales necesarias cobran también más relevancia y autonomía las ins-

---

[143] Así, por ejemplo, la fracción externa tiene interés en materias primas baratas, la interna en precios altos para su principal producto de exportación (véase la discusión sobre el nuevo orden económico internacional). La burguesía doméstica puede insistir en una ampliación del porcentaje de insumos nacionales, mientras que para la externa resulta más económica la importación de los productos semielaborados, etcétera.

tancias políticas a través de las cuales se realizan estas articulaciones. El pacto de dominación entre las fracciones externas e internas de las burguesías está plagado de contradicciones muy intrincadas, las funciones "comunes" se han vuelto tan amplias y complejas que para su regulación se precisa un órgano político plenamente desenvuelto con todas las atribuciones necesarias de decisión y realización. La disponibilidad de fuerza de trabajo en la cantidad y calidad requerida ya no queda asegurada por la mera represión, hacen falta estructuras políticas que contengan también mecanismos de integración, con inclusión de las apariencias necesarias para ello.

Resumiendo, la función de la inserción en el mercado mundial sigue siendo la misma, pero las formas necesarias para su puesta en práctica desarrollan cada vez más vida propia. A medida que se complican las articulaciones económicas, sociales y políticas tiene que cobrar más autonomía la esfera política en la cual los intereses en juego se confrontan y se resuelven.[144]

La contradicción entre la autonomía formal del estado capitalista periférico —su soberanía política— y su subordinación real a un contexto reproductivo integrado al mercado mundial —su funcionalidad económica— recibe pues una explicación complementaria "desde dentro": la autonomía relativa del estado frente a su ambiente socioeconómico —y también frente al mercado mundial— es una premisa necesaria para el cumplimiento de su función de garantizar la inserción de la economía local en el mercado mundial.

La relación ambigua del estado periférico con un contexto socioeconómico bipolar que al principio parecía una peculiaridad casi patológica se revela ahora como la razón esencial de su existencia. Su posición *intermedia* entre una sociedad parcial externa que lo determina históricamente sin estar sometida a su vez a su control político, y otra sociedad no menos parcial dentro de su espacio económico nacional que controla políticamente pero de la cual no recibe sus orientaciones socioeconómicas básicas, se comprende ahora como posición *mediadora* entre exigencias económicas externas y condiciones de producción internas.

d] *La dinámica de la contradicción entre forma y función.* Pero el hecho de pasar por esa mediación estatal da también una dinámica específica a aquel conflicto entre los intereses propios de las estructuras socioeconómicas locales y su función primaria de servir a los desig-

---

[144] Es la tesis central del libro de Cardoso/Faletto [12], que verifican a través de sucesivas fases de acumulación.

nios de una división internacional del trabajo. Ya dijimos que la lucha de competencia entre las fracciones burguesas externas e internas no se distingue de la competencia dentro de un marco nacional en su esencia, pero sí en sus formas por causa de la barrera del estado nacional que las divide: justamente por realizarse no sólo en el mercado, sino muy en particular también a través y *dentro* del estado.

En ese segundo escenario la lucha competitiva adquiere la forma de exigencias políticas rivalizantes. Y las políticas estatales siempre implican también una toma de partido dentro de esa pugna económica. Esto queda evidenciado empíricamente por el enorme peso de los ministerios económicos y demás agencias económicas estatales en la vida sociopolítica de cualquier país periférico y la viva inquietud con que los medios de comunicación de masas siguen a la política económica. Y el hecho de que sean precisamente las cuestiones de economía (y en general de política) *exterior* las que más sensibilidad política susciten —muchas veces muy por encima de cuestiones de política interna— recuerda que ahí se encuentra la transfiguración política de aquella competencia entre burguesías externas e internas que constituye el meollo de la dinámica socioeconómica de la sociedad periférica.[145]

A este respecto, las fracciones externas de las clases dominantes en la gran mayoría de los casos cuentan con los suficientes medios a su favor. Su modo principal de influir en las políticas estatales de un país periférico es al mismo tiempo el menos visible: las condiciones dominantes en el mercado mundial, que se imponen a la dinámica socioeco-

---

[145] Como ejemplo de tales *items*, en los cuales el papel mediador del estado se vuelve práctico y que por consiguiente están en el centro del conflicto político de estos países, se podrían nombrar:
En el campo económico:
—política de importación, de exportación y de aranceles
—inversiones extranjeras (fomento o restricción, encauzamiento y regulación, control, impuestos)
—política cambiaria y de divisas
—relación con organizaciones e instituciones internacionales económicas y financieras (FMI, Banco Mundial, UNCTAD, OPEP, etc.)
—relación con agrupamientos económicos regionales (en América Latina: ALALC, MCCA, Pacto Andino, Cuenca del Plata, del Amazonas, SELA, etc.)
—políticas con respecto a tecnología, investigación y publicidad.
En el campo político:
Relaciones diplomáticas, militares, políticas en general con las metrópolis, con el "tercer mundo", con el "campo socialista", con los países limítrofes —con la particularidad de que muchas de estas relaciones no se realizan tan sólo en un ámbito internacional, sino con más insistencia dentro del mismo marco nacional con los diversos representantes de intereses políticos foráneos ahí presentes: embajadas, misiones militares, servicios secretos, fundaciones políticas, misiones de apariencia cultural o religiosa, delegaciones extranjeras, proyectos de "ayuda al desarrollo" de algún organismo oficial metropolitano, etcétera.

puede sustraerse —y estas condiciones económicas dominantes interna-nómica periférica cual ley natural y se inscriben en su misma textura social, ejercen desde ahí un poder condicionante al que el estado no cionalmente ya se sabe que no son sino las condiciones impuestas por los que internacionalmente dominan.

En comparación, las formas de influencia política directa son secun-darias, pero no por eso menos usuales y eficaces; las burguesías externas cuentan también con el apoyo de sus estados metropolitanos.[146] Estas formas de intervención diplomática, secreta o militar pueden ser las formas más llamativas de "dependencia", pero en realidad sólo cumplen un papel suplementario de ocasionales reparaciones dentro de una trabazón sociopolítica en que la salvaguardia de sus intereses por parte del estado local ya es automática.

Si las fracturas e incoherencias en la constitución del estado perifé-rico encuentran así su explicación teórica, esto no es garantía de que encuentren también una *solución* adecuada al sistema en la práctica. Una cosa es puntualizar las contradicciones, y otra muy distinta resol-verlas. No es fácil cumplir con un principio funcional negándolo en el principio formal.

Para *facilitar* el acceso de las burguesías externas a los recursos internos en lo económico, es menester *dificultarlo* en lo político por medio de la valla interpuesta del estado nacional. Se erige esta barrera política del estado soberano, pero con la función primaria de hacerse permeable al máximo a todos los fines económicos, con lo cual retro-activamente queda socavada también en lo político. "Mediar" signi-fica dar paso a ciertos intereses por medio de su negación parcial; así, este término de apariencia tan apacible y armónica revela un contenido sumamente conflictivo.

No hay ninguna garantía de que en la práctica estas contradic-ciones se sorteen siempre por el camino que mejor sirve a la raciona-lidad socioeconómica original. Al ser imprescindibles funcionalmente, las estructuras formales políticas cobran una realidad propia también fuera de este contexto funcional. Desarrollan una dinámica relativa-mente autónoma que puede resultar una amenaza para la función de origen, en casos extremos hasta para la misma inserción en el sistema capitalista mundial.

Así, bajo ciertas circunstancias históricas la pretensión *formal* del estado periférico de ser un apoderado independiente y plenipotenciario de los intereses nacionales surgido del contexto social local puede inde-pendizarse de la función subyacente contrapuesta en el sentido de que

---

[146] Esto lo demostró Marx valiéndose del caso de la East Indian Company; véase *Die Ostindische Kompanie, ihre Geschichte und die Resultate ihres Wirkens*, MEW 9, pp. 120ss.

el estado periférico comienza de verdad a defender los intereses de las fuerzas sociales locales de una manera contraria con los intereses de las burguesías metropolitanas. Vemos así cómo capitales nacionales de países del "tercer mundo" entran en el mercado mundial como competidores de los países industrializados, se forman consorcios de países productores de materias primas con la pretensión insólita de decidir ellos mismos los precios de sus productos, en las Naciones Unidas cunde una "tiranía de las mayorías", etc. Estos intereses locales descontrolados también pueden entrar en conflicto con los designios metropolitanos por ser disfuncionalmente *retrógrados*; así, la "Alianza para el progreso" (léase: para la expansión fluida del capital industrial norteamericano) fracasó entre otras causas por la resistencia de las oligarquías tradicionales agrarias.

Viceversa, tampoco la forma política es inmune a ser traspasada en circunstancias especiales por la *función*. Es el caso cuando las burguesías externas, para asegurar sus intereses económicos, se sobreponen a la autonomía política concedida por el medio directo de una intervención militar o instalando un gobierno títere que guarda penosamente las apariencias.[147]

Y, finalmente, la referencia formal al marco nacional crea inevitablemente una brecha ideológica aprovechable para movimientos revolucionarios que sepan demostrar que el grado de autonomía que pueden alcanzar las burguesías locales no supera la subordinación al sistema económico mundial, y que una emancipación *nacional* real presupone la emancipación *social* de estas burguesías en el seno de la sociedad.

Así, el estado que debe asumir y tratar estas contradicciones se convierte en el foco de todo conflicto social. La contradicción básica entre las condiciones socioeconómicas internacionales y locales se transforma en una lucha por el control del estado.

e] Consecuencias para los límites de acción del estado. De todo ello se deduce una primera determinación general de los límites de acción en el estado periférico: frente a la parte externa de su conjunto reproductivo determinante y a sus formaciones internas, sus facultades de intervenir se topan de inmediato con las resistencias que las burguesías

---

[147] Aquí también, entre paréntesis, encontramos la analogía nada casual con contradicciones internas de una sociedad burguesa, "clásicamente" expresadas por Marx en aquella cita en que se refiere a la ambigüedad de las formas políticas democráticas en la república burguesa: "De las unas [las clases dominadas] demanda que no avancen de la emancipación política a la social, de las otras [las clases dominantes], que no retrocedan de la restauración social a la política" (*Die Klassenkämpfe in Frankreich 1948 bis 1950*, MEW 7, p. 43).

Sirve a esta finalidad todo el sistema del derecho civil, que garantiza la observancia de las reglas de mercado por parte de las partes contratantes y cuida de que no haya bienes que se salgan de la circulación capitalista; sirve también a esta función todo el sistema estatal de coacción, con el cual por medio de la "fuerza pública" se reencauzan actitudes que se desvían de los cánones del comportamiento mercantil (derecho penal, "salvaguardia del orden público", "lucha antisubversiva", "pacificación" de indígenas, etcétera).

Siguiendo a Engels, hay quienes designan esta función como la "garantía de las condiciones generales *externas* de producción", queriendo con eso expresar que en el capitalismo el carácter de mercancía de los bienes y las relaciones sociales se impone "normalmente" de manera automática, a través de los mismos mecanismos reproductivos sin necesidad de una intervención extraeconómica.[149] Pero justamente este mecanismo "normal" tiene que fallar en sociedades estructuralmente heterogéneas cuya característica es la generalización incompleta y desequilibrada de las relaciones mercantiles.

Bajo estas condiciones, un papel de mero vigilante externo del intercambio económico ya no basta para asegurar la observancia de las reglas generales de mercado. Más todavía, ni siquiera puede haber tales reglas *generales* en el sentido de tener efectos similares en una variedad de situaciones. Entonces, la circulación capitalista depende en gran medida, para su continuidad y consolidación, de la intervención directa de las instancias estatales en el intercambio económico, intervención que ya no se limita a reencauzar, sino que debe coadyuvar a *impulsar* la reproducción capitalista.

La *garantía* de las reglas generales de mercado asume entonces, en sociedades de desarrollo capitalista secundario, el significado de su *imposición*. Con ello, esta función estatal resulta *idéntica* por su esencia a la función ya considerada de la inserción en el mercado mundial. La imposición de reglas capitalistas de mercado es la "prolongación hacia dentro" de la subordinación al sistema económico del capitalismo mundial.

Dijimos que por causa de la posición social ambigua entre las fuerzas sociales externas de un grado de desarrollo capitalista avanzado y fuerzas internas subdesarrolladas el estado de la periferia capitalista siente su funcionalidad básica de *garantizar* las condiciones generales

---

[149] Es cierto que incluso en los centros industriales el capitalismo ya no "funciona" sin la intervención estatal: pero otra vez queda una diferencia importante de grado. Por otro lado, véase también la tesis de Wirth [165], p. 39, de "que el estado [en la Alemania Federal de posguerra], desde una perspectiva más global, desempeñó un papel mucho menor en la reproducción del capital de lo que podrían sugerir las apariencias de sus acciones en la superficie".

externas pueden oponerle al controlar componentes esenciales del contexto reproductivo internacional. Frente a la propia economía local esta presión de intereses metropolitanos se traduce en una ampliación de las fuerzas interventoras del estado *siempre y cuando* el estado haga eco a estas presiones externas y las articule frente al conjunto de fuerzas locales, contando para ello con el apoyo de la superioridad económica y política de las burguesías externas.[148] En esa dirección la debilidad relativa de estos agentes sociales locales le permite al estado avanzar bastante más lejos, tendencialmente hasta el límite donde se pone en peligro la existencia misma de estos agentes y con ello el fundamento para la apropiación del plusvalor; o sea, en esa dirección los límites de acción convergen teóricamente con los límites del sistema. Esto significa una desfiguración específica de los límites de acción en el sentido de desplazarse "hacia dentro" —en beneficio de los intereses capitalistas mundiales y en perjuicio del aparato productivo local y sus agentes sociales.

4.3.2 Imposición de reglas generales de mercado

a] *El contenido de la función.* Una de las funciones esenciales del estado burgués consiste en proveer el marco general para que todos los bienes sociales adopten en lo posible la forma de mercancías y todas las relaciones sociales se desarrollen en la forma del intercambio de equivalentes entre propietarios de mercancías.

---

[148] Créditos, tecnología, *know-how*, pero también recursos políticos, científicos e ideológicos. Por costumbre ya estamos insensibilizados para ponderar este flujo permanente de recursos que se realiza día a día ante nuestros ojos. Quizá para resensibilizarse haya que recurrir a aquella película feminista danesa que visualizaba la práctica diaria de dominio masculino, nada más que invirtiendo los papeles tradicionales: imaginemos, por ejemplo, una delegación de expertos guatemaltecos elaborando el plan energético de los Estados Unidos; un grupo de investigadores nigerianos haciendo encuestas en el sur de Alemania para establecer las costumbres de consumo de la población bávara; el gobierno hindú ofreciendo becas de capacitación para líderes sindicales británicos; la economía francesa firmemente en manos de inversores de Haití, Mali y principalmente **Argelia**; Italia traduciendo los manuales de economía de Etiopía, etcétera. Recuérdese el escándalo que se suscitaba cuando este mundo al revés cobraba **algún resquicio** de realidad con la política de precios de la OPEP o con la compra de un paquete accionario de la Krupp por parte del cha de Irán. La importancia de este respaldo que reciben los estados capitalistas del "tercer mundo" por su relación con las burguesías metropolitanas se revela más claramente por otro tipo de inversión: es el caso del conflicto que surge cuando las metrópolis retiran su apoyo y lo entregan a fuerzas opositoras, que por eso mismo se vuelven poco menos que intolerables para el poder estatal establecido —la caída del gobierno UP en Chile es un ejemplo, otro sería la de Nkrumah en 1966 con la "ayuda" de la Fundación Friedrich Ebert alemana.

de reproducción capitalista en la variante de tener que *imponerlas* activamente. Ya podemos precisar esto: tal como el contexto reproductivo a que se refiere esta funcionalidad está atravesado por la valla del estado nacional, desdoblándose por consiguiente su análisis en los dos aspectos de·la reproducción dependiente del mercado mundial y la heterogeneidad de las estructuras sociales internas, así también esta funcionalidad básica se bifurca en dos direcciones complementarias: la garantía de la inserción en el mercado mundial se refiere a la dinámica capitalista global como eje histórico determinante de la expansión de las relaciones capitalistas de producción; la imposición de reglas generales de mercado, en cambio, se refiere a la articulación y concreción de esta dinámica en el seno de la sociedad periférica.

b] La contradicción con la forma del estado burgués. Pero a raíz de esto surge una discrepancia con la forma burguesa del estado: si no puede garantizar el sistema social capitalista meramente con las condiciones *generales externas* al quehacer económico, ¿por qué entonces lo hace en forma de una *generalidad separada*? ¿No estaría más acorde con su tarea de impulsar activamente las reglas capitalistas de mercado una forma estatal que no tratara de disimular el carácter de clase de la sociedad que se va a establecer, sino que lo postule precisamente por medio de jerarquías políticas abiertas? No faltan ejemplos históricos al respecto: está ahí el estado absolutista con sus estamentos sociales a través del cual se impusieron por vez primera relaciones capitalistas de mercado;[150] está ahí el estado de la Antigüedad con sus derechos de ciudadanía escalonados correspondientes a una sociedad *parcialmente* productora de mercancías,[151] o también las sociedades esclavistas del "nuevo mundo" con su desdoblamiento del principio *that all men are created equal*.[152] Quizás el sistema político que más fielmente reflejaría la realidad socioeconómica de un país periférico sería algún tipo flexible de dominación externa con una discriminación jurídica de sus súbditos, tal como existió por ejemplo en la colonia hispanoamericana: arriba los peninsulares, por debajo los criollos y por último los indios y negros.

De hecho, restos de estas expresiones formalmente sancionadas de desigualdad subsisten en las estructuras políticas de varios países africanos y asiáticos en forma de restricciones políticas para los miembros de ciertas castas, religiones, tribus o grupos étnicos (*apartheid*). Ni

---

150 Véase Gerstenberger [105].
151 Véase Müller [135].
152 Declaración de Independencia de los Estados Unidos (1776). Para un análisis de la constitución del estado norteamericano, véase Gerstenberger [104].

hablar de discriminaciones de hecho que a pesar de contradecir ya el precepto legal de la igualdad siguen funcionando en la práctica social con tanto rigor como si tuvieran rango de ley (discriminación de la mujer; *"apartheid* social", muchas veces relacionado con diferencias étnicas; en su forma más abierta: el racismo).

Como la explicación más fructífera que encontramos para la forma externa del estado nacional soberano resultó ser la histórica a partir de las condiciones cambiantes del mercado mundial, comenzaremos también la búsqueda de una explicación para su forma "hacia dentro" esencialmente burguesa indagando en las circunstancias históricas de las respectivas sociedades al tiempo de adoptarse esta forma.[153] Tenemos que preguntarnos: ¿cuáles fueron las fuerzas sociales que establecieron este estado o lo heredaron de los anteriores amos coloniales, y cuáles fueron los intereses sociales por los cuales en la mayoría de las veces le dieron a este estado una forma republicana y no monárquica, aristocrática, corporativa u otra no burguesa? Aquí nuestras posibilidades de generalización sin un análisis de los casos concretos están evidentemente reducidas. Sin embargo, parece plausible que en estas sociedades los "padres fundadores" de los tiempos de la independencia pertenecieran a fuerzas sociales que en su momento resultaban dominantes precisamente por representar el más alto grado de desarrollo capitalista. Si estas fuerzas no dominaban el conjunto de la vida social, de todos modos eran ellas las que mantenían el vínculo con las antiguas o nuevas metrópolis y los que se beneficiaban por ende del apoyo material, político e ideológico de las burguesías externas. Gracias a su posición superior lograron entonces imponer una forma de estado que correspondía a las formas de intercambio social ya transformadas en relaciones mercantiles que usaron entre sí y en su trato con las metrópolis.

Podemos entonces concretar la tesis del "adelanto" del estado con respecto a las demás estructuras sociales: vemos ahora que no se trata de un desfase histórico fortuito, sino de una contradicción intrínseca a la existencia misma del estado capitalista periférico. Si las sociedades periféricas se caracterizan por la *transición obstaculizada* al capitalismo en la cual los elementos del impulso transicional mantienen una relación dialéctica con los elementos de la perseverancia, entonces el es-

[153] Nos referimos al momento de la independencia nacional sólo en un sentido indicativo. La separación del dominio político de las relaciones económicas puede comenzar mucho antes de la independencia formal (las provincias de Nueva Inglaterra), pero también seguir sin iniciarse siquiera hasta mucho después (Brasil en la época del imperio). El indicio pierde todo sentido en el caso de aquellos países cuya independencia formal nunca quedó interrumpida por un lapso históricamente decisivo (Etiopía, Persia).

tado en el promedio de los casos históricos pertenece a los elementos que expresan y propalan la dinámica de la *transición*. Esto no excluye que contenga también elementos expresivos de la *obstaculización* social de esta tendencia (por ejemplo formas de dominación personalizadas; continuismo de fracciones históricamente caducas de las clases dominantes en el poder, etc.) que subsisten históricamente como remanentes de fases anteriores no completamente superadas, estructuralmente como compromiso inevitable con fuerzas sociales obsoletas pero todavía relevantes en la propia sociedad.

Vemos entonces que en la *tendencia* histórica no hay tal contradicción entre la forma y la función: ambas se sintetizan en la dinámica del *desarrollo capitalista*. La contradicción existe como necesaria y esencial sólo en lo que se refiere al accionar concreto del estado forzado a adaptarse a la *realidad actual* de una formación social *heterogénea*. La forma corresponde a la tendencia histórica hacia un capitalismo más *desarrollado*, la función, a la tarea actual de *desarrollarlo*.

c] *La articulación entre componentes sociales capitalistas y no capitalistas como materialización de la función*. Vimos que los elementos no capitalistas en una sociedad periférica por una parte obstaculizan la expansión de las relaciones capitalistas de producción, pero por otra parte constituyen también el "ambiente" social necesario para el avance capitalista en situaciones de desarrollo capitalista secundario. O están directamente al servicio de la acumulación capitalista en los sectores modernos y entonces sólo representan *formas* no capitalistas para contenidos esencialmente capitalistas; o cumplen un papel de reserva económica que en el proceso de una acumulación originaria va absorbiéndose al intercambio capitalista por medio de la fuerza o del intercambio desigual; o constituyen remanentes históricos de una de estas dos maneras de relacionarse con los polos de crecimiento capitalista que subsisten de fases anteriores de acumulación, y pertenecen hoy a aquellos elementos sociales que han sido eliminados del proceso productivo pero cuya subsistencia exige algún tipo de atención social mínima. De todos modos, la expansión de las relaciones capitalistas de producción no puede pasar por alto estos sectores, sino que tiene que tomar en consideración su existencia y sus intereses precisamente para los fines de una generalización de las relaciones mercantiles más completa y a más largo plazo.

La instancia política que encarna lo supuestamente "general" de este conjunto heterogéneo y que debe velar por las condiciones generales de su reproducción tiene que garantizar también en cierta medida la subsistencia de estos componentes sociales no (plenamente) capitalistas.[154]

El carácter contradictorio de su fundamento social se trasmite, pues, al estado en forma de un encargo contradictorio: como expresión política de una sociedad *en transición* al capitalismo debe fomentar la expansión de las relaciones mercantiles y favorecer así la descomposición de estas estructuras no capitalistas. Por otro lado, como estado de una sociedad existente, *estructuralmente heterogénea* y con una *simbiosis indispensable e indisoluble para el futuro previsible entre elementos capitalistas y no capitalistas,* justamente tiene que impedir la descomposición de estos últimos en la medida en que sean inherentes a este tipo específico de acumulación capitalista.

Lo que se pide de la esfera política es entonces nada menos que garantice a la vez el apoyo a las relaciones capitalistas de producción y su negación. Para asegurar la acumulación capitalista en el conjunto de la sociedad, debe obstaculizarla en algunas de sus partes. Para secundar a las "leyes naturales" de la economía, tiene que frenarlas.

Por un lado, como cualquier estado capitalista, ha de apoyar la transformación de las relaciones de trabajo en relaciones mercantiles, al imponer políticamente la proletarización de las masas trabajadoras; por otro lado, tiene que tolerar y hasta proteger relaciones no capitalistas de trabajo en tanto que sigan siendo indispensables para el funcionamiento del conjunto, dadas las circunstancias históricas de desarrollo capitalista secundario e incompleto; volveremos a este aspecto con más detalle en el punto siguiente.

En cuanto a la relación de los capitales individuales y de las fracciones de capitales entre sí, el estado tiene que arbitrar las reglas de la libre competencia; pero en la medida en que haya sectores no competitivos que sean funcionales para la reproducción del conjunto social, debe protegerlos precisamente de la competencia.

En síntesis, el estado debe velar por un *equilibrio* —siempre precario y conflictivo— entre los componentes heterogéneos de su sociedad, por ser ésta la única manera como puede garantizar la reproducción

---

[154] Con toda claridad, este carácter contradictorio queda expresado en el texto de un llamamiento del concurso para un puesto de la FAO en M'babane-Swazilandia: "El principal objetivo de la política agraria del gobierno consiste en ayudar a los agricultores swazi a realizar la transición de una agricultura de subsistencia a una de tipo comercial [capitalista]. Para alcanzar este objetivo principal, proyectos de desarrollo y programas de planificación para el sector agrícola tienen que tomar en consideración los valores sociales y las aspiraciones [no capitalistas] de la población *para asegurar plena aceptación*" (FAO Vacancy Announcement AGO/ESH/196, 25 de abril de 1975; corchetes y cursivas mías).

capitalista del conjunto. Su función como mediador entre las exigencias del mercado mundial y las condiciones socioeconómicas internas tomadas en su conjunto, que consideramos en el punto anterior, se prolonga pues "hacia dentro"; también es mediador entre los segmentos capitalistas y no capitalistas dentro de su sociedad periférica.

Más precisamente, la *misma* función mediadora, que en un principio presentamos de manera sumamente simplificada como una articulación entre lo "externo" y lo "interno", es la que ahora se desdobla en el seno de la sociedad periférica en una multitud de articulaciones necesarias entre los diferentes segmentos rurales, mineros, industriales y de servicios más "cercanos" y más "lejanos" de los sectores hegemónicos, que a su vez sólo por medio de una burda simplificación podemos reducir a la fórmula "capitalista-no capitalista".

Se trata en última instancia de una sola tarea mediadora entre las formas más desarrolladas del capitalismo internacional, en un extremo, y los sectores menos desarrollados en el interior de la propia sociedad, en el otro, *pasando por todos los escalones y variantes intermedios del desarrollo capitalista,* independientemente, en esencia, de su carácter externo o interno, que pesarán en esta tarea mediadora y su probable resultado en la medida en que su respectivas expresiones sociales incidan por su fuerza social en la dinámica del conjunto. Y, en consecuencia, también las dos contradicciones entre la dependencia del mercado mundial de la base reproductiva y la forma del estado nacional soberano por un lado, entre la heterogeneidad estructural de la formación social y la forma del estado burgués por el otro, representan en última instancia una sola contradicción entre una economía de menor grado de desarrollo capitalista y estructuras estatales expresivas de relaciones sociales de un desarrollo capitalista más avanzado cuya función consiste precisamente en implantar estas relaciones en las demás estructuras sociales.

Al constatar esta identidad "en última instancia" entre lo externo y lo interno, nos percatamos de que la frontera nacional que los separa tiene un significado muy relativo que cambia enormemente según el contexto analítico: es mayor en el nivel político que en el económico; hace más a las formas que a las funciones; domina los fenómenos empíricos, pero apenas existe en su dinámica intrínseca. Distinguir entre el aspecto "externo" de la reproducción dependiente del mercado mundial y el "interno" de la heterogeneidad estructural social es apenas un resorte heurístico; desde luego, el contexto reproductivo abarca desde Wall Street hasta el último agricultor indígena, y la heterogeneidad que marca este contexto reproductivo incluye precisamente el componente internacional como "heterogeneizante" del conjunto. Se entiende entonces —y con esto volvemos al tema de las funciones esta-

tales— que la tarea del estado de garantizar el equilibrio de todo
este conjunto reproductivo externo/interno en esencia no puede ser
más que una —lo que no excluye que se manifieste en dos vertientes
funcionales diferenciables justamente por estar influidas por lo político, lo formal y lo empírico.

Ya dijimos que la figura de "vigilante nocturno" del estado que se
limita a un papel de garante externo de reglas generales de mercado
presupone el tipo ideal de un capitalismo competitivo autorreproduc-
tivo, del cual las realidades sociales de la periferia capitalista constituyen el opuesto diametral. Las tareas necesarias de articulación entre
los elementos desigualmente desarrollados de su sociedad exigen del
estado una intervención permanente y activa en el proceso económico. Esto significa que su manera de regular la sociedad no puede
tomar la apariencia de expresar un interés general abstracto "por
encima" de intereses particulares, como correspondería a su forma de
estado burgués, sino que debe dar la cara de una política *concreta*
en favor y en perjuicio de intereses sociales determinados.[155] Es un
aspecto en relación con el cual tendremos que volver al analizar los
medios y formas institucionales del estado.

El acto de equilibrismo entre fomento y freno a la racionalidad
capitalista que debe realizar el estado periférico sólo puede lograrse
por medio de una *actividad* incesante, nunca con la sola abstención
pasiva. Es el estado de intervención en permanencia. Estas intervenciones tienen que ser no sólo permanentes, sino además permanentemente contradictorias. Frente a la heterogeneidad de la sociedad que
hay que regular cada medida tiene un efecto fracturado difícil de
predecir en detalle. Una medida que "en principio" corresponde a la
racionalidad capitalista (por ejemplo derogar una ley de arriendo
forzoso) no necesariamente obra uniformemente en la dirección de una
ampliación de las relaciones mercantiles: en condiciones de un desarrollo capitalista retrasado y deformado puede ser precisamente la acción
desenfrenada de la competencia la que cree relaciones no capitalistas de
trabajo e intercambio (en nuestro ejemplo: los pequeños agricultores
arrendatarios desprovistos ahora de protección legal no son echados
de la propiedad, pero tienen que comprometerse a un trabajo gratuito en terrenos del dueño como pago de arriendo de su parcela.
creándose una forma de trabajo asalariado semidependiente, pervertido en su forma).

No se puede aseverar entonces que el estado fomenta siempre la
dinámica capitalista al insistir en una aplicación formalmente "gene-

_____
[155] Con respecto a problemas análogos de dominio estatal en los centros
capitalistas, véase Offe [143], especialmente pp. 36s.

ral" de las leyes de mercado —y tampoco se concreta siempre la salvaguardia de segmentos no capitalistas necesariamente por un acto inhibitorio de estas reglas de mercado. El que un determinado comportamiento estatal obre en una u otra dirección depende de la situación empírica concreta.

Pero en estas condiciones tampoco es de fiar la correspondencia "normal" entre la imposición de reglas de mercado formalmente igualitarias y la garantía de condiciones generales de reproducción capitalista. La tarea de salvaguardar y afianzar a largo plazo los fundamentos de la reproducción capitalista puede muy bien entrar en conflicto con un impulso momentáneo de relaciones mercantiles.

En resumen: no sólo el estado de la periferia capitalista se enfrenta con la tarea contradictoria de propulsar las relaciones capitalistas de producción e intercambio y de amparar al mismo tiempo en cada momento de este proceso la existencia necesaria de sectores no capitalistas; para el cumplimiento de esta tarea tampoco puede valerse sino con suma cautela de su facultad de influir en las reglas generales de mercado; y, cuando lo hace, éstas no tienen el resultado "general" deseado. Este efecto fragmentado de la acción estatal también tendrá su importancia al analizar más abajo sus medios de acción.

La necesidad de perseguir continuamente fines contradictorios con instrumentos de doble filo pone al estado en el apuro de tener que aplicar de manera *conjunta o cíclica* medidas contradictorias, con las cuales apoya a veces a los sectores modernos en su impulso expansivo, a veces a las necesidades de supervivencia de los sectores retrasados, ora los intereses globales de la sociedad, ora intereses particulares de determinados sectores, hoy finalidades de largo plazo y mañana urgencias del momento contrapuestas.

La misma medida puede originar toda una serie de efectos imprevistos, que obligan a una secuela de intervenciones correctivas. Así, por ejemplo, la creación de un impuesto a la tierra puede tener el efecto deseado de obligar a los grandes terratenientes a hacer un uso más productivo de sus tierras; pero puede también tener los efectos secundarios indeseados: de empujar a los sectores latifundistas más retrasados a formas todavía menos intensivas de producción al podar los pocos recursos financieros que se destinaban a la inversión; de arruinar a minifundistas; de aumentar los precios de comestibles en el sector urbano, etc. Todas las medidas necesarias para compensar estos efectos secundarios pueden sumarse hasta dejar prácticamente sin efecto la presión modernizadora del impuesto sobre la tierra.

Como resultado, su función de mediador social entre los diferentes componentes heterogéneos de la sociedad condena al estado a la "*incoherencia inherente*" de un intervencionismo permanente y contradictorio. Por el carácter ambivalente de la correspondiente sociedad en situación de transición duraderamente obstaculizada, se reúnen en él las obligaciones intervencionistas de la acumulación originaria con las del capitalismo monopolista. Mientras por un lado el poder estatal aparece como "partero de cualquier sociedad vieja que anda embarazada de una nueva",[156] la superposición de unidades productivas ultramodernas "procrea en esferas determinadas el monopolio, provocando así la intromisión estatal".[157]

Marx formuló para el caso del capitalismo originario con su historial de transiciones "puras" lo siguiente:

Mientras el capital está débil, busca él mismo las muletas de modos de producción pasados o que pasan con su aparición. En cuanto se siente fuerte, tira las muletas y se mueve de acuerdo con sus propias leyes. En cuanto comienza a sentir y a tomar conciencia de que se está convirtiendo en obstáculo del desarrollo, se refugia en formas que, pareciendo la culminación del dominio del capital, al poner freno a la libre competencia resultan el presagio de su superación y de la disolución del modo de producción basado en él.[158]

En el caso del capitalismo periférico se reúne la primera con la última fase. Ya no están separadas históricamente, sino funcionalmente correlacionadas. Sigue vigente que en las condiciones históricas del subdesarrollo el capitalismo no puede tirar sus muletas.[159]

d] La dinámica de la contradicción entre forma y función. Ahora bien, que el estado resulte involucrado en el movimiento económico no implica que éste pierda su dinámica propia. La competencia no está abolida; pasa que ya no se realiza sólo en el plano económico sino también en el político como pugna por medidas estatales beneficiosas. De la competencia de los capitales individuales deriva así la lucha política de las diferentes fracciones del capital *en* el estado —y con ello también *por* el estado.

Los intereses económicos ya no se ventilan sólo en el mercado, sino a través de relaciones radiales con el estado. Las condiciones de la plaza que deciden su existencia y supervivencia ya no resultan sólo del

[156] Karl Marx, *Das Kapital*, t. 1, p. 779 [t. 1/3, p. 940].
[157] *Ibid.*, t. 3, p. 454 [t. 111/7, p. 565].
[158] Karl Marx, *Grundrisse*, pp. 544s [t. 2, pp. 168s].
[159] También cabe aquí la analogía con el intervencionismo permanente del estado en los centros capitalistas, eje de toda la polémica sobre los monopolios. Sin embargo, no son idénticos los obstáculos a la libre competencia causados por los monopolios a la fragmentación del mercado como resultado de la heterogeneidad estructural de la formación social, y tampoco son idénticas las "muletas" de la compensación estatal.

promedio de los factores productivos, sino que están distorsionadas en forma múltiple por incentivos fiscales, regímenes cambiarios, franquicias aduaneras, primas de fomento, controles de precios, subvenciones, créditos oficiales, encargos públicos, etc. Con esto, tales medidas estatales se convierten para todas las fracciones del capital en "cuestiones de tenedor y cuchillo"[160] vitales.

En condiciones de heterogeneidad estructural, la ley de valor, con sus efectos de compensación y distribución, no deja de funcionar, pero lo hace a través de un doble filtro que fragmenta sus efectos: una vez por la heterogeneidad de las condiciones productivas que trastorna la libre competencia, y otra vez por las intervenciones del estado.

Sin embargo, la lucha por los favores estatales no es una lucha entre iguales. Los sectores hegemónicos detentan una ventaja casi imposible de superar por causa de su mayor potencial económico; además, cuentan en su favor con el apoyo político de las metrópolis y la "dependencia estructural" ya inscrita en el aparato reproductivo de la sociedad periférica. La historia de cualquiera de estos países abunda en ejemplos de cómo estos intereses hegemónicos instalan y derriban gobiernos, compran presidentes y ministros, imponen leyes, obligan a gastos estatales en su favor, etcétera.[161]

---

[160] Karl Marx, *Der 18. Brumaire des Louis Bonaparte,* MEW 8, p. 202.

[161] Hasta 1943, en Argentina se observaba la tradición de dar a conocer al candidato presidencial del partido gubernamental (invencible, desde luego) en ocasión de la comida anual de la Cámara de Comercio Anglo-Argentina —o sea ante la instancia representativa de los intereses económicos hegemónicos de la época y en presencia de integrantes representativos de las burguesías externas. De las declaraciones que hicieron los hermanos Born, del mayor consorcio argentino, Bunge y Born, durante su cautiverio en manos de la organización político-militar Montoneros, se desprende que el soborno de ministros, generales, órganos de prensa y dirigentes sindicales formaba parte rutinaria del quehacer gerencial, independientemente de si el gobierno en turno fuera uno civil o militar (*La operación "mellizas": Bunge y Born ante la justicia popular, Evita Montonera,* suplemento especial, Buenos Aires, Movimiento Peronista Montonero, 1975). Cuando en la época del presidente transitorio Levingston se cortaron los créditos del banco central para Bunge y Born, en un día intercedieron 15 generales en favor de la empresa ante el gobierno (Evers [212], p. 142, n. 399). Son demasiado conocidos los casos de la participación de la United Fruit Company en el derrocamiento del gobierno Arbenz en Guatemala en 1954, como también de la ITT y otras empresas extranjeras en la preparación del golpe de 1973 en Chile; véase por ejemplo US Senate, *Hearing on Covert Action in Chile 1963-1973,* Washington, US Government Printing Office, 1975. Empresas especializadas en el asesoramiento de inversionistas extranjeros ("consulting") suelen llevar una lista de riesgos potenciales en determinados países; muchas veces encontramos ahí expresamente el renglón "facilidad de acceso a las instancias políticas" como factor atenuante del riesgo; véase, por ejemplo, Jack N. Berham, *Decision Criteria for Foreign Direct Investment in Latin America,* Nueva York, Council of the Americas, 1974. Respecto a las incesantes oportunidades de influencia de los consorcios trans-

Si el estado puede cumplir su función de garantizar las reglas "generales" de mercado sólo a través de continuas injerencias directas en la economía, y si, viceversa, la sociedad traslada su competencia económica a la esfera política, entonces no puede dejar de resentirse el principio formal del estado como encarnación de un supuesto interés general "por encima" de los intereses particulares. Su "separación" de la sociedad sólo puede lograrse parcialmente; en lugar del "desdoblamiento" postulado entre sociedad y estado habrá una *interpenetración mutua*.

Con cualquiera de los actos que realiza en cumplimiento de sus funciones, el estado necesaria y visiblemente beneficia o perjudica intereses concretos, negando así parcialmente su pretensión formal de representar al "bien común". Como estado constituido pretende ser el "capitalista general ideal"; como estado actuante se revela como comité político de ciertas fracciones del capital. El "desdoblamiento" incompleto puede manifestarse en cualquiera de sus dos aspectos: o bien la función vacía a la forma, cuando el estado aparece como mero instrumento anexado a determinados intereses ("privatización del estado"), o bien la forma ahoga a la función, al convertirse el estado en un Leviatán omnipresente que se entromete hasta en los detalles de la vida económica y privada de sus súbditos ("estatización de lo privado"). Y ya no nos extraña que ambos casos, en apariencia excluyentes mutuamente, puedan darse al mismo tiempo en parcelas distintas de la vida social.

La interpenetración de lo económico y lo político se encuentra hasta en las relaciones sociales del individuo, en el cual también se mezclan dimensiones económicas y políticas. Quedando inconcluso el "desdoblamiento" entre estado y economía, tampoco puede haber una separación nítida entre el "*bourgeois*" y el "*citoyen*", el propietario privado de mercancías y el ciudadano. Comenzando con el conquistador, pasando por el encomendero, el hacendado, los "reyes" (!) del estaño hasta el gerente de un gran consorcio extranjero, siempre se unen funciones económicas con funciones políticas en los representantes de las clases dominantes. Y viceversa los funcionarios del estado siempre están también "metidos" en intereses económicos. Es evidente que este compromiso económico del estado tiene que reflejarse en su estructura orgánica —tema aparte al que volveremos a su tiempo.

La dialéctica entre intereses generales y particulares conduce con el tiempo a un movimiento cíclico: cualquier punto de equilibrio alcanzado en algún momento entre ambos es inexorablemente provisorio y preciso al poco tiempo de compensación y complementación. Al privatizar al estado, las fracciones dominantes del momento lo incapacitan

nacionales sobre los estados del "tercer mundo", véanse los artículos de Tetzlaff y de Elsenhans en Senghaas/Menzel [60], pp. 145*ss* y 170*ss*, respectivamente.

tendencialmente para seguir garantizando los intereses globales de la reproducción capitalista, con lo cual también su control pierde valor. Por sus propios intereses o impulsadas por fracciones rivales, las partes dominantes de las clases dominantes se ven obligadas a reconocer, al menos parcialmente, los intereses de otros sectores. Y en el caso contrario de llegar el estado a la expresión de intereses más auténticamente generales, esa elevación por encima de lo particular sólo puede durar mientras varias funciones tengan alguna tarea común que cumplir a través del estado (por ejemplo desmovilizar a un movimiento obrero amenazador); una vez cumplida, sale otra vez a la luz la diferencia de sus intereses en todo lo demás, comienza la pugna entre las fracciones hasta hace poco aliadas por el control del estado y con ello su paulatina reprivatización.

Ahora bien, el estado no está dotado de ninguna lógica superior gracias a la cual sepa en cada momento, sin peligro de error, interpretar los signos del desarrollo capitalista para deducir de ahí todos los pasos necesarios de esta contradanza de intervenciones estatales. Más aún, de todas estas necesidades compensatorias sólo se entera por los reclamos de fuerzas sociales para las cuales los intereses y menesteres del sistema en su conjunto no son precisamente los suyos. ¿Hasta dónde es inevitable en cada momento esta tendencia al particularismo, y dónde comienza a convertirse en un peligro? ¿De dónde ha de saber el estado hasta qué punto tiene que respetar los elementos no capitalistas de su sociedad, y a partir de qué punto estas consideraciones atentan contra su función original de imponer relaciones capitalistas de producción? Una adaptación temprana o demasiado rápida a condiciones modificadas del comercio internacional puede suscitar tensiones sociales peligrosas, pero también una adaptación excesivamente retrasada y reticente.

El estado de intervención permanente es entonces también el estado de *crisis* incesante. Podemos distinguir, con fines analíticos: aquellos conflictos que se derivan de las incoherencias irresueltas e irresolubles en el futuro previsible de una sociedad fragmentada y deformada pueden rotularse como crisis política *permanente*; se expresa en ella aquel aspecto del carácter ambiguo de estas formaciones periféricas que atañe a su relativa autonomía como sistema social estructuralmente heterogéneo con sus formas específicas de reproducción capitalista y a la *obstaculización* de su transición al capitalismo. Pero, por cuanto estas mismas formaciones, con la otra cara de su ser, representan también sociedades en *transición* hacia relaciones de clase más nítidas, los cambios sociales que este proceso implica se expresan en crisis políticas *agudas*, en las que las nuevas formas de penetración capitalista se enfrentan con la resistencia de todas aquellas fuerzas sociales para las que este nuevo avance capitalista significa —según su posición de clase— alguna desmejora de su situación social.[162]

A este respecto, la crisis política aguda muchas veces se expresa en una forma abierta y explosiva por tratarse de una reacción de los sectores no hegemónicos contra intereses minoritarios pero poderosos que los amenazan en su existencia, mientras que la crisis política permanente se expresa más bien como larga y confusa querella de fracciones y como proceso de descomposición generalizada. Al mismo tiempo, el avance de la penetración capitalista muchas veces va aparejado con un auge de tendencias autoritarias en el estado —expresivas de la superioridad de los intereses metropolitanos, pero también como única "salvación" del estado para no perder su funcionalidad para el sistema capitalista en su conjunto al hundirse en un marasmo de particularismos contrapuestos—, mientras la crisis aguda abre un cauce representativo de los intereses secundarios postergados, dando lugar muchas veces a formas más democrático-burguesas.

En su transcurso "típico ideal" hay entonces, por un lado, un movimiento cíclico que va desde una fase de empuje expansivo de las relaciones capitalistas de producción a otra fase en que este avance se estanca de vuelta a un nuevo "arranque" de penetración capitalista, y por otro lado un movimiento pendular entre tendencias autoritarias y democráticas como expresión de una gama más estrecha o más amplia de intereses que en cada momento logran el apoyo estatal.

A manera de esquema, este movimiento doble se presenta así:

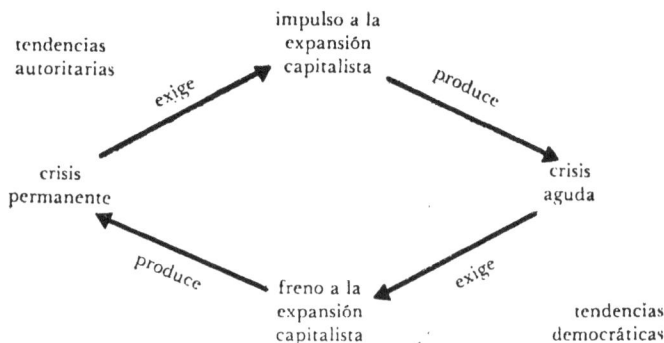

[162] La diferenciación entre crisis política aguda y crisis política permanente, y su modo de sobreponerse una a la otra, son explicadas por Mandel [295], p. 16. Para el concepto de "crisis política", véase Portantiero [146], basándose en Gramsci [108], pp. 282ss, y en Poulantzas [151], pp. 58ss.

Se entiende que este esquema no puede pretender ser aplicable directamente a procesos reales; las tendencias se pueden entrelazar y anular mutuamente de las más variadas maneras o pueden quedar eclipsadas por otros factores. Sin embargo, creemos que esta dinámica tiene alguna plausibilidad en su favor, y de todos modos puede servir como instrumento heurístico. Para demostrarlo, trataremos de ilustrarlo sucintamente con el ¡emplo de los últimos 20 años de historia argentina que efectivamente l ι seguido un tal movimiento cíclico: durante el gobierno de Frondizi (. 958-62) se "liberalizan" las condiciones para las inversiones extranjer.ιs, instalándose en el país una cantidad de grandes consorcios extranjeros, especialmente del sector automovilístico (*impulso de expansión capitalista*). Como consecuencia, hay una serie ininterrumpida de huelgas de los trabajadores de aquellas industrias (especialmente alimentaria y textil) que ahora son relegados a un segundo plano en defensa de sus anteriores salarios de punta, así como una resistencia enconada de la oligarquía tradicional agroexportadora y de los medianos y pequeños empresarios locales, representados políticamente por la Unión Cívica Radical del Pueblo (UCRP) y por el peronismo. En 1962 cae Frondizi por la acción conjunta de estas dos fuerzas antagónicas abriéndose un interregno militar disfrazado, caracterizado por una lucha abierta entre generales de orientación tradicional oligárquica-agraria y otra fracción nueva "industrial" dentro de las fuerzas armadas (*crisis aguda*).

En 1963 se elige presidente al candidato de la UCRP Illia. Su gobierno anula contratos petroleros, reconoce la autonomía de los sindicatos y reinstaura las paritarias, concede una amplia participación política a las tradicionales élites del interior con la consiguiente recuperación económica, y afianza la situación social de la pequeña burguesía urbana a través de una extensa red de favores oficiales e inoficiales, política distribucionista que va acompañada de un respeto estricto de las formas democrático-burguesas (*freno de la expansión capitalista*). Sin embargo, esta orientación económica termina por dejar insatisfechos a todos por igual al carecer de una perspectiva de crecimiento económico y por quedar cada vez más enredada en sus contradicciones inherentes; en consecuencia, hay inflación, una ola de huelgas cada vez más agresivas y una resistencia sorda del gran capital extranjero y nacional. El país se siente a la deriva, sin perspectiva y sin gobierno (*crisis permanente*).

En 1966 Illia es sustituido por un gobierno militar encabezado por el general Onganía, que en lo subsiguiente impone condiciones óptimas para el gran capital: mientras baja el salario real, el producto bruto social alcanza tasas de crecimiento "brasileñas", se reduce notablemente la inflación. Muchas empresas extranjeras utilizan sus ganancias para comprar empresas nacionales, progresando así el control externo de la economía argentina. La oligarquía agraria y los intereses del interior se ven marginados del proceso político y sometidos a una fuerte presión fiscal. Se cierran empresas estatales deficitarias, se retiran subvenciones para industrias privadas no competitivas y se levanta la estabilidad laboral, creándose un desempleo masivo. Todo eso necesariamente se acompaña con formas de dominación rígidamente autoritarias (*impulso de la expansión capitalista*). Las tensiones creadas estallan en 1969 en forma de un amplio movimiento de protesta social propulsado por una alianza espontánea entre trabajadores, pequeña burguesía y hasta burguesía mediana, especialmente del interior ("cordobazo"). De esta experiencia política se origina el *come back* del peronismo, pero también el surgimiento de sindicatos clasistas de base y de organizaciones armadas de la izquierda revolucionaria (*crisis aguda*).

Por no haber sabido controlar estas crisis, Onganía cae en 1970; en 1971 asume el gobierno el general Lanusse, que inicia una liberalización política y una política económica más proteccionista. Los peronistas logran unir casi todas las fuerzas de la burguesía local, de la pequeña burguesía y de las masas trabajadoras en un frente electoral amplio, Frente Justicialista de Liberación, cuyo candidato Cámpora obtiene una abrumadora victoria en las elecciones de 1973. Su corto gobierno transitorio, caracterizado por libertades políticas casi absolutas y una política económica de fuerte orientación social, marca el punto culminante de este movimiento pendular compensatorio en favor de los intereses no hegemónicos (*freno de la expansión capitalista*). A fines de 1973 el mismo Perón retoma el gobierno en respuesta a presiones de derecha, proclamando una política que dice poder armonizar absolutamente todos los intereses internos y externos, al hacer compatible una expansión capitalista liderada por la gran industria extranjera-nacional con una protección del capital local mediano y pequeño y con la salvaguardia del salario real de la clase trabajadora. Sin embrgo, el "pacto social" dictado a tal efecto se pulveriza en medio de aumentos incontenibles de precios y huelgas incontroladas (*crisis permanente*).

Perón muere en julio de 1974 y el ejecutor de su política económica tiene que renunciar unos meses después. Bajo el gobierno de la viuda de Perón y su consejero íntimo López Rega la política económica abandona cualquier apariencia de equilibrio y se subordina nuevamente a los designios del gran capital transnacional. El descenso del salario real que estos intereses exigen se impone a través de una represión cada vez más abierta, ejercida no sólo por la policía, sino por la misma burocracia sindical integrada a la cúpula estatal contra su propia base, y también por organizaciones terroristas parapoliciales (*impulso de la expansión capitalista*). Esta construcción, en la cual los aparatos sindicales del peronismo oficial pasan a ocupar el papel del personal político de intereses metropolitanos, resulta demasiado contradictoria y débil para poder ganar la confianza de los sectores hegemónicos. En marzo de 1976 es sustituida por un gobierno militar bajo Videla que desde entonces está tratando de ganar una guerra de exterminio contra cualquier expresión política o sindical de todas aquellas fuerzas sociales que en los veinte años anteriores habían impedido repetidamente un rápido proceso acumulativo del gran capital industrial (*crisis aguda*).[163]

Una vez más, el movimiento cíclico que pusimos de relieve en este rápido recuento es una forma típica ideal de un proceso dialéctico cuya verificación en la práctica histórica es más la excepción que la regla. Además, en sí no dice nada sobre el contenido social de cada una de sus fases, sobre el cual tendría que centrarse precisamente el análisis.

Con el ejemplo argentino sólo se propuso dar una impresión de la realidad social que con una infinidad de variaciones posibles se esconde detrás de la fórmula abstracta "imposición de reglas generales de mercado": crisis incesantes que exigen del estado intervenciones permanentes y contradictorias, con las cuales sin embargo sólo logra llevar estas crisis a otros niveles, nunca superarlas del todo. Y cada una de estas crisis contiene también elementos potencialmente amenazadores para el sistema capitalista en sí.

e] Consecuencias para los límites de acción del estado. La parcialidad inevitable de cualquier medida estatal sugiere la conclusión de que la autonomía relativa del estado frente a estos intereses particulares no puede ser gran cosa. En realidad ocurre lo contrario, de la imposibilidad de una política auténticamente "general" resulta una *ampliación potencial* de la autonomía estatal. ¿Cómo llegamos a esta tesis aparentemente paradójica?

En una sociedad capitalista desenvuelta el grado de desarrollo de las fuerzas productivas en los diferentes sectores de la economía es, aunque no igual, por lo menos comparable; dejando de lado ciertos sectores rezagados sin peso social, los problemas del proceso de acumulación y las tareas del desarrollo productivo del momento son más o menos similares. Hay entonces cierto margen de problemas comunes que se transmiten al estado como intereses "generales". Aunque tam-

---

[163] Véase también O'Donnell [323].

poco en el capitalismo desarrollado se puede establecer con exactitud cuáles son las condiciones "generales" de reproducción capitalista en un momento dado, por lo menos se puede delimitar un campo dentro del cual éstas se mueven.

Por ejemplo, cuando el estado inglés fijó un máximo de horas diarias de trabajo, se hizo sentir un peligro común para todas las fracciones del capital: el de agotar la reserva de mano de obra en un momento del desarrollo industrial; la paulatina "juridificación" de las relaciones de trabajo a través de sucesivas codificaciones estatales de derecho laboral se correlaciona con la creciente composición orgánica del capital en su promedio nacional que exige más continuidad y previsibilidad del proceso productivo, etcétera.

Pero en formaciones estructuralmente heterogéneas esta franja de condiciones materiales comunes se estrecha para tender hacia cero: al divergir completamente la composición tecnológica y los mecanismos de reproducción del capital en los diferentes segmentos de la economía periférica, resulta imposible encontrar un denominador común a los intereses de todas las fracciones (importantes) de las clases dominantes. No hay manera de establecer cuáles son las condiciones "generales" que el estado debe garantizar; las puede haber sólo para alguna parte, nunca para el conjunto de la economía. Los intereses de los sectores hegemónicos —estén personificados por un Somoza, por 14 familias, por 100 empresas transnacionales o por 5 000 ganaderos— no pueden ser los intereses de la "generalidad". Pero tampoco lo son los intereses de capitales locales medianos o pequeños, de la producción manufacturera o artesanal, de latifundistas tradicionales o del capitalismo agrario moderno tipo agroindustrial de bancos urbanos o de usureros rurales.

Esto no quiere decir que no haya ningún interés común de todos los capitalistas; convergen al nivel más alto en el interés común de una garantía estatal de la propiedad privada. En períodos de amenaza revolucionaria al sistema se hace patente que el interés de todas las fracciones dirigentes en mantener el carácter de clase de la sociedad es reconocido y defendido como común por encima de las profundas divergencias que las separan (Chile).

Por debajo de esta garantía del sistema se llega rápidamente, sin embargo, al punto donde estas divergencias se ponen de manifiesto en forma de una ramificación de intereses particulares cada vez más irreconciliables entre sí y de los que ya no se deduce ningún marco "general".

Ahora bien, si los intereses sociales difieren tanto entre sí que la única demanda común que saben hacer al estado es la garantía de la apropiación de plusvalor, entonces toda concreción ulterior de las necesidades "generales" queda librada al libre juego de las "fuerzas vivas". Si el fundamento de clase del estado está tan fragmentado que de ahí no derivan tareas más concretas que la garantía del sistema, entonces tampoco pueden derivarse de ahí *limitaciones* a la acción del estado que supondrían un común acuerdo de lo que *no* se quiere o necesita en un momento dado.

Pero a ello se contrapone como tendencia empírica la probabilidad de que su indeterminismo teórico termine tirando al estado no hacia el lado de un fortalecimiento efectivo de su autonomía, sino hacia el lado opuesto, el de su subordinación a los intereses particulares más fuertes del momento. En la gran mayoría de los casos, el estado no saldrá de la competencia política como árbitro bonapartista por encima de las fracciones, sino como esclavo de la fracción victoriosa.

El estado periférico queda entonces tirante entre la *posibilidad teórica* de una ampliación casi ilimitada de su autonomía relativa y la *probabilidad empírica* de que esta autonomía resulte por el contrario severamente restringida. En qué punto entre estos dos polos se ubique en cada momento depende de la respectiva relación de fuerzas sociales. Y en la medida en que las fracciones ligadas a los sectores económicos hegemónicos suelan dominar en ese diagrama de fuerzas, esta instrumentación probable del estado recibe también una orientación probable.

Es más, por causa de la heterogeneidad de las fuerzas sociales ya no se excluye la atadura del estado a los sectores más fuertes del momento ni una autonomía relativamente amplia frente a los demás sectores. Y como estas fuerzas dominantes en el caso extremo pueden reducirse a la fracción externa de la burguesía, puede ocurrir que el estado se "independice" de *todas* las clases dominantes locales, sin haberse en realidad desligado de su atadura a determinados intereses sectoriales. Internamente aparece entonces como estado de una autonomía casi absoluta, porque lo relativo de esta autonomía sólo se revela desde un punto de vista más global.

Una ampliación de la autonomía relativa no depende entonces, en estados de la periferia capitalista, de algún empate de fuerzas sociales entre las diferentes fracciones de la burguesía o entre las clases dominantes en su conjunto y las clases dominadas. El estado "fuerte" del "tercer mundo" por regla general no es un árbitro bonapartista por encima de las clases, sino el brazo político ejecutor de una fracción burguesa fuerte.

Dijimos arriba que la dependencia reproductiva del mercado mundial desplaza los límites de acción del estado "hacia dentro". Podemos sintetizar esto ahora con la tensión existente entre la ampliación potencial y la restricción probable de la autonomía del estado frente a las clases: el ámbito de acción estatal está *comprimido* en relación con los componentes más *"cercanos"* al mercado mundial de su base social, y *ampliado* en relación con los más *"alejados"* de él.

4.3.3 Garantía de la disponibilidad de fuerza de trabajo

Si la funcionalidad básica de la instancia estatal en el capitalismo periférico consiste en apoyar políticamente la imposición de relaciones de producción capitalistas e impulsar la dinámica expansiva de relaciones de mercancía en el seno de su espacio económico nacional, entonces esta "razón de ser" del estado periférico tiene que trazarse como "hilo rojo" en todas las demás facetas de la actividad estatal. Veamos esto en el caso de las otras dos funciones que bajo una u otra denominación se reconocen como estatales: primero la regulación de las relaciones entre trabajo y capital, segundo la garantía de las condiciones generales materiales de producción.

La premisa para que pueda apropiarse un plusvalor es la disponibilidad de fuerza de trabajo en cantidad y calidad apropiadas al grado de desarrollo de las fuerzas productivas y en condiciones benéficas. Con la separación del productor directo de sus medios de producción queda garantizado en principio, por la "fuerza muda" de la realidad económica, que su capacidad de trabajo aparezca como mercancía en el mercado de trabajo, de manera que la disponibilidad de fuerza de trabajo se asegura en la medida en que las reglas generales de mercado están aseguradas también.

Pero al estar ligada esta mercancía al hombre vivo, surge una serie de requisitos cuya compra y consumo son indispensables para la fuerza de trabajo y en cuya producción o reproducción no interviene. Son: las condiciones generales de reproducción de la fuerza de trabajo como educación, formación profesional, salud, que lindan con tareas más propiamente políticas, como la creación de condiciones que favorecen la integración social de las clases dominadas a través de sistemas de seguridad social, "escoltados" a su vez por los mecanismos ideológicos y represivos del estado. Depende de la situación histórica (grado de desarrollo de las fuerzas productivas y de las estructuras de clase, etapa de acumulación, coyuntura del conflicto de clases) en qué medida y combinación el estado se vale de estas variantes para cumplir con su función de velar por que nunca se agote la fuente viva de plusvalor.

Ahora bien, es característica central de formaciones sociales estructuralmente heterogéneas la coexistencia de diferentes relaciones de trabajo, observándose no sólo muchas variedades de trabajo asalariado libre, sino también formas de trabajo no plenamente constituidas como tales. De ahí tienen que surgir necesariamente exigencias divergentes con respecto al accionar estatal. Veamos esto en detalle:

En algunos países del "tercer mundo" el mercado capitalista todavía no ha penetrado en todas las regiones del país. Quedan en las "periferias de las periferias" zonas fronterizas en que apenas se está efectuando la separación de los productores directos de sus medios de producción (indígenas, pequeños colonos sin título legal). No cabe hablar aún aquí de formas burguesas de acción política: la subsunción de esta fuerza de trabajo nuevo a las reglas de mercado se hace con violencia abierta sea por parte del estado, sea por parte de particulares con respaldo del estado.

En los sectores integrados ya a la economía capitalista, pero que constituyen su parte más rezagada —especialmente en la pequeña agricultura orientada hacia el mercado interno, el sector artesanal y manufacturero y en los servicios más simples—, sólo se dan márgenes de ganancia si los gastos para el capital variable se reducen al mínimo. Entonces, el efecto de ese salario mísero no basta por sí solo para garantizar la disponibilidad de una fuerza trabajadora dispuesta a dejarse explotar en tales condiciones. Se necesita algún complemento del salario, como puede ser el "pago" parcial en especie o prestaciones más o menos reales (prestación de una parcela, por ejemplo), o medios adicionales particulares de subsistencia (minifundio, trabajo adicional a costa del descanso, a veces en forma seudoindependiente, como vendedor ambulante, lustrabotas, etc.). Pero también se necesita alguna garantía social adicional, como pueden ser formas de dependencia personal (trabajo familiar, endeudamiento, "mozo colono").

En esta franja de un trabajo asalariado todavía rudimentario alguna coacción extraeconómica sigue siendo necesaria como "elemento esencial de la apropiación".[164] En correspondencia con el carácter transitorio de tales relaciones de trabajo muchas veces asumen la forma de contrato laboral, típica del intercambio de mercancías equivalentes, a pesar de que su contenido de desigualdad material queda por lo demás patente.[165] En algunos países de la periferia capitalista, espe-

---

[164] Karl Marx, *Grundrisse*, p. 400 [t. 1, p. 462]. Véase también la p. 263: "En países plenamente civilizados, el trabajador, a pesar de ser libre, depende del capitalista por ley natural; en las colonias esta dependencia tiene que instituirse por medios artificiales."

[165] Como ejemplo extremo, un "contrato" de trabajo de Bolivia de la época anterior a la revolución de 1952: "Entre nos, Hugo González, mayor de edad, nacido en Río Negro, domiciliado en Victoria, y Seiler & Co., concertamos el siguiente contrato: Yo, Hugo González, colono, me comprometo a lo siguiente: Entregar todos los productos futuros a los Sres. Seiler & Co. y no venderlos a terceros. El precio será establecido por los propietarios al comienzo de cada medio año, teniendo en consideración la fluctuación del producto en el mer-

cialmente en África y Asia, se encuentran todavía formas abiertas de dependencia y de desigualdad para algunos grupos sociales (castas, esclavos), y también en América Latina subsistieron hasta los años 40 obligaciones legales de trabajo forzoso no remunerado impuestas de modo extraeconómico a la población indígena.

Aquí, el ejercicio del poder político no se ha desligado por completo de las relaciones económicas, la fuerza no se ha constituido plenamente como pública, sino "es ella misma una potencia económica".[166] Como estas relaciones no plenamente capitalistas forman parte de una sociedad globalmente capitalista, también el ejercicio de la violencia se hace en una combinación de coacción privada y pública en la que domina la segunda: la fuerza extraeconómica ya no es ejercida exclusivamente de modo privado por parte del propietario de los medios de producción, sino que aparece —también o sobre todo— como el respaldo que le presta la fuerza pública. Pero tampoco faltan mecanismos de coacción en que predomina el aspecto particular, como capataces armados, servicios privados de "vigilancia", jurisdicción de empresa o sistema disciplinario interno con amplias facultades de penalización.[167]

Sin embargo, la mayoría de las relaciones de trabajo en los países del "tercer mundo" están ya organizadas de acuerdo con el sistema del trabajo asalariado libre, aunque con un sueldo o salario tan bajo que no puede aparecer como equivalente. Para poder acumular, los capitales que componen este "promedio" de industrias pequeñas y medianas, sectores exportadores más tradicionales, de construcción y servicios menos sofisticados, se ven obligados a coartar en lo posible la parte variable de su capital.

En estas condiciones el trabajo ya no aparece como pagado en su totalidad y se transparenta el trasfondo de explotación. El mecanismo económico es de poca confianza para garantizar por sí solo la disponibilidad de fuerza de trabajo en estas condiciones; hay recurrentes crisis

cado [...] Las mejoras que realice durante la vigencia del presente contrato en el campamento, como construcciones o plantaciones de toda índole, quedarán en posesión de los propietarios, sin indemnización alguna, en el caso de mi retiro voluntario. En cuanto a la administración, disciplina y organización de las labores, me someto a las órdenes del administrador y del capataz de la compañía, a quienes prometo obediencia y subordinación [...] En el caso de mi fuga o deserción del campamento los costos de mi búsqueda y captura correrán por mi cuenta" (Raúl Alfonso García, *Diez años de reforma agraria en Bolivia*, La Paz, Dirección Nacional de Informaciones, 1963).

[166] Karl Marx, *Das Kapital*, t. 1, MEW 23, p. 779 [t. 1/3, p. 940].

[167] En Guatemala, el ejército "presta" soldados a los terratenientes y gerentes de fábricas, quedando de hecho bajo sus órdenes: un caso de reprivatización de la fuerza coactiva del estado, declarada "fuerza legítima" precisamente con el argumento de ya no pertenecer a particulares.

sociales y huelgas, cunde una mala disciplina de trabajo y el ausentismo por enfermedad, desinterés y rebeldía latente ("A esos indígenas no hay que pagarles demasiado, cuando tienen lo suficiente para comer ya no vienen").

La presión incesante que pesa sobre las condiciones reproductivas de las masas trabajadoras no se mantiene tan sólo con la "fuerza muda" económica; necesita también del respaldo siempre visible de la fuerza explícita del estado que asegura con medios más represivos o más integradores la subordinación del trabajador a la relación social del capital también en estas condiciones abiertamente explotadoras.

Son características de este grueso de relaciones laborales las combinaciones entre algunas concesiones sociales y la represión latente. En algunos países se institucionaliza esta cabeza de Jano por medio de sindicatos oficiales controlados por el estado, que en mínima medida siguen articulando intereses reivindicadores de la clase trabajadora, pero principalmente sirven de "sistema de alerta" que comunica síntomas de posibles amenazas sociales al estado, y como mecanismo integrador forzoso dotado muchas veces de considerables facultades represivas legales o de hecho. También se sitúan en este contexto formas de paternalismo o clientelismo, tanto por parte de particulares como de funcionarios públicos, en que son más pronunciados los elementos ideológicos que los de coacción política para afianzar las relaciones de trabajo existentes.

La continua interpenetración mutua de lo económico con lo político necesariamente se refleja también en los papeles individuales de los agentes sociales; no puede funcionar (completamente) la mistificación de las relaciones de trabajo como relaciones entre propietarios privados de mercancía libres e iguales; sigue siendo visible la respectiva posición de clase (ya vimos cómo el burgués sigue siendo portador de algún resabio de supremacía política). Y menos aún puede lograrse una transfiguración completa del trabajador en ciudadano: para que siga apareciendo en el mercado de trabajo como propietario de su capacidad productiva, que dispone "libremente" de ella, es necesario restringir demasiado sus posibilidades de expresión política para que todavía pueda sentirse "libre e igual" en ese terreno.

Finalmente, en los sectores hegemónicos no sólo está fuera de duda el carácter capitalista de las relaciones entre capital y trabajo, sino ya se hacen notar las tendencias propias del capitalismo monopólico de fortalecer los mecanismos integrativos de "bienestar social" y de normación jurídica para garantizar la fuerza de trabajo necesaria: el alto valor materializado en el capital fijo y la complejidad del proceso productivo exigen imperiosamente la eliminación de errores, la continuidad ininterrumpida y la posibilidad de una planificación total del proceso como condición para la creación de valores superiores a los enormes costos inevitables. Entonces, la calificación y la disciplina de los trabajadores se vuelven decisivas para el cálculo económico: tampoco pueden ya ser remplazados sin más por otros trabajadores. Cobran entonces importancia creciente las funciones integrativas como la educación, sanidad, seguridad social, el recreo, finalmente la indoctrinación ideológica, que por su envergadura y sus enormes costos se pasan al estado como función pública. "En vista de estas condiciones, los costos de integración pesan menos, los costos de la represión más que en la fase de las pequeñas unidades de capital."[168]

Sin embargo, en situaciones de subdesarrollo económico este mecanismo funciona sólo de manera deficiente: es relativamente fácil contrarrestar su empuje hacia medidas integrativas, recurriendo a la oferta siempre sobreabundante de mano de obra que con algún entrenamiento adicional es capaz de sustituir a trabajadores rebeldes, o importando una tecnología más productiva que ahorre buena parte de la mano de obra empleada. Estos expedientes, que no se dan en las sociedades metropolitanas, permiten rebajar la necesidad de medidas integrativas hasta el punto donde su costo comienza a sobrepasar aquel de las medidas escapatorias.

Por consiguiente, se desconecta la relación necesaria en el capitalismo "originario" entre el incremento de la composición orgánica del capital y la creciente "estatización" de las condiciones reproductivas de la fuerza de trabajo. La presencia de un sector industrial moderno en un país periférico no es señal segura de que el estado tenga que abrir líneas de acción integrativa. Puede seguirse con la ambigüedad de algunas concesiones sociales más represión.

Además, como las medidas sociales todavía no son condición *general* de reproducción de la fuerza de trabajo sino sólo la de una pequeña "élite" trabajadora, muchas veces su prestación aún no ha pasado sino parcialmente a manos del estado; en parte, son todavía los capitales privados los que organizan las medidas necesarias para asegurar la calificación, disciplina y lealtad ideológica de sus asalariados. Las grandes empresas industriales, preferentemente extranjeras, suelen brindar a sus trabajadores sistemas de formación profesional, de seguridad social y de salud propios de la empresa. En cuanto estas prestaciones han quedado ya en manos del estado, su alcance se restringe muchas

---

[168] Blanke/Jürgens/Kastendiek [87], pp. 96s; véase también *ibid.*, p. 100, y Agnoli [71], p. 89, que cita los *Grundrisse*, p. 591 [t. 2, p. 226]: "A medida que va subiendo de escala [...] el capital fijo en su desarrollo [...] tanto más la continuidad del proceso de producción y el flujo constante de la reproducción se convierten en condiciones externas indispensables del modo de producción basado en el capital."

veces, formalmente o de hecho, a aquellos sectores de las masas trabajadoras cuyas condiciones de trabajo hacen ineludibles estos costos integrativos; así, la legislación laboral o de seguridad social muchas veces contiene cláusulas que limitan la vigencia de las estipulaciones respectivas a las ciudades de cierto mínimo de habitantes, al sector industrial o a empresas con un mínimo de empleados.

En muchos países de la periferia capitalista los sistemas de seguridad social, formación profesional, garantías laborales y salud conforman un agregado caótico de instituciones estatales, semiestatales, privadas, a veces también eclesiásticas y sindicales, que prestan servicios distintos según criterios divergentes a grupos de personas diversos —reflejo lógico de la heterogeneidad de las condiciones de trabajo que imposibilita una regulación "general" por parte del estado de las relaciones entre trabajo asalariado y el capital.[169]

Pero al estado no se lo "necesita" sólo para garantizar la disponibilidad de la fuerza de trabajo por medio de una combinación variable de medidas integrativas y represivas —ineludiblemente queda también involucrado en la fijación del valor de la mercancía trabajo. Los mecanismos de la competencia no bastan en vista de la heterogeneidad de las condiciones productivas para establecer un promedio del trabajo necesario como base de una medida general de su valor, de la cual podrían derivarse las diferencias salariales en las diferentes ramas productivas según su grado de complejidad. El libre juego de la ley de la oferta y la demanda podría poner en peligro la existencia física de los trabajadores en algunos sectores, la capacidad de acumulación en otros.

Por eso, en muchos países del "tercer mundo" la fijación del nivel salarial y de las demás condiciones de trabajo ha pasado a ser tarea exclusiva o compartida del estado. Por supuesto, el sentido en que ejerce esta función no queda enteramente librado al antojo de los respectivos funcionarios estatales. En última instancia, es la relación de fuerzas entre los agentes productivos que se expresa en la fijación del salario y que se transmite al estado como limitaciones económicas y políticas que sólo puede modificar dentro del margen de su autonomía relativa.

La utilización concreta de este margen se convierte entonces en materia de conflicto político. Si el estado se intercala como mediador

---

[169] Véase Hejo Heussen, *Weltmarkt und soziale Not. Über die Unsicherheit sozialer Sicherheit in Argentinien*, Berlín, tesis doctoral, mimeo., 1978. En Chile había en 1976 más de 200 diferentes sistemas de seguro social, administrados por 40 instituciones y regulados por más de 2 000 normas legales (*La Tercera*, 26 de septiembre de 1976). El periódico "olvida" mencionar que en la práctica se agregan las discriminaciones por influencias políticas.

indispensable en la relación capital-trabajo, entonces la lucha de clases tiene que pasar inevitablemente a través del estado. Lógicamente, en este "arbitraje" el estado no se desprende de su carácter de clase; es, al contrario, precisamente en la "regulación" del salario donde más patente se hace su función como órgano político de la dominación burguesa.

Sin embargo, dentro de esta determinación general queda siempre un campo amplio para políticas salariales y sociales diferenciadas entre sí. En la relación de fuerzas entre los agentes sociales antagónicos que enmarca en última instancia su autonomía relativa al respecto incide también el grado de unidad entre las diferentes fracciones de la clase dominante, unidad dificultosa en sociedades estructuralmente heterogéneas. Como vimos, esta disparidad de intereses aumenta potencialmente la autonomía relativa del estado. Pero, como también vimos, la aumenta en el sentido de una dirección probable: la de favorecer los intereses de los sectores hegemónicos, en desmedro de los demás intereses locales. Según que estos sectores tengan o no interés en gastos sociales o en cierto poder de compra a nivel de las masas trabajadoras, se inclinará entonces la política estatal.

Obra en favor de estos sectores hegemónicos no sólo su fuerza social, sino también la misma estructura productiva trasladada desde las metrópolis. Mientras ahí la composición tecnológica de los equipos se desarrolla tomando en cuenta las relaciones laborales existentes e incorporando por consiguiente el *resultado* de un proceso de luchas de clases en el diseño tecnológico del capital fijo, la importación de estas maquinarias a las periferias significa trasladar también las relaciones de trabajo que ellas suponen, pero ya no como resultado de un desarrollo social, sino como su *impulso* a cuya presión imperiosa los agentes productivos no pueden sustraerse.[170] Así, la dinámica histórica de las relaciones de clase, que se expresan a través de la "regulación" estatal, queda parcialmente desligada de las condiciones internas y sujeta a condicionantes externos a través de un contexto reproductivo dependiente del mercado mundial.

En la misma medida en que este condicionamiento de la acción estatal por parte de los intereses metropolitanos limita su autonomía en esta dirección, la amplían potencialmente en dirección a los demás sectores no hegemónicos de su espacio económico. En momentos históricos excepcionales, puede darse el caso de que el estado en su política salarial y social se "adelante" a todas las fuerzas sociales existentes en su espacio económico nacional, refiriéndose directamente al desarrollo social en las metrópolis. Fue por ejemplo el caso de los estados

---

[170] Véase Haas [235].

"populistas" en América Latina en la fase de la industrialización por sustitución de importaciones, cuando a través del poder político se implantaron regímenes de seguridad social, se abrieron áreas de consumo colectivo, se fundaron sindicatos y se instauraron formas "juridificadas" de conflicto social, que sobrepasaban lo estrictamente necesario por el nivel de desarrollo de las fuerzas productivas del momento, y también la capacidad de lucha de las organizaciones obreras preexistentes. Lo mismo el estado puede anticipar ciertas medidas de calificación o de contención de la fuerza obrera, cuidando intereses del capital antes de que ninguna fracción concreta de capital existente en el país lo exija.

En la medida en que el estado se convierte en instancia central para la fijación de las condiciones de trabajo, es lógico que esto quede reflejado también en la estructura interna, las formas de conciencia y los modos de acción de las organizaciones sindicales que tienen a este estado como interlocutor-adversario permanente. Hasta puede llegarse a la deformación de que por su propia heterogeneidad las diferentes fracciones de la clase trabajadora se acostumbren a vincularse radialmente con el estado más que directamente entre sí. Esto plantea la temática de cómo las condiciones socioeconómicas del subdesarrollo se reflejan también en las estructuras políticas de las fuerzas sociales opuestas al estado burgués —gran tema aparte del que no podremos ocuparnos en el marco del presente trabajo.

También en la garantía de la disponibilidad de la fuerza de trabajo encontramos pues una interpenetración entre lo político y lo económico; la relación económica de apropiación de plusvalor no puede prescindir definitivamente de la violencia, y tampoco puede el estado cumplir su función de garante con medios meramente extraeconómicos. También en este aspecto la constitución formal del estado queda menguada por su destinación formal. Y también aquí las contradicciones emergentes no tienen solución fácil e ideal, sino que se van sorteando de manera apenas provisional y en medio de crisis sociales.

4.3.4 Garantía de condiciones generales materiales de producción

Ciertas premisas materiales del proceso de reproducción capitalista no pueden ser proporcionadas por los mismos capitales privados expuestos a la presión de la competencia; en consecuencia, tienen que ser proporcionadas por una instancia no partícipe de la competencia. A este respecto, los tipos de estos bienes necesarios son tan variados y cambiantes según la situación histórica, como lo son también las causas por las que quedan excluidos de una producción capitalista privada.

El suministro de tales condiciones materiales de producción queda entonces como campo de acción estatal, comúnmente denominado "garantía de condiciones generales materiales de producción".[171] Esta designación, sin embargo, no es exacta:

—primero, el concepto de "condiciones generales materiales de producción" es independiente de la cuestión de si tienen que ser proporcionadas por el estado o no;

—segundo, el estado también produce bienes que no son condiciones generales de producción, sino mercancías comunes y corrientes que se producen privadamente para su venta en el mercado.

Ambos aspectos, el *suministro estatal de condiciones generales materiales de producción* y la *producción estatal de mercancías*, cumplen un papel importante en el proceso de desarrollo capitalista secundario, pero de un modo distinto.

a] *Suministro estatal de condiciones generales materiales de producción.* Algunos medios de producción indispensables para el proceso de reproducción global tienen características materiales que impiden (o por lo menos dificultan) producirlos como *valor de cambio.* Son "valor de uso necesario",[172] pero se sustraen a la venta como mercancías por ser "su modo de consumo necesariamente social por la naturaleza del bien respectivo";[173] es el caso de calles, carreteras, vías navegables, energía, agua, alcantarillado, etcétera.[174]

171 Altvater [75].
172 Karl Marx, *Grundrisse*, p. 424 [t. 2, p. 15].
173 *Ibid.*, p. 431 [t. 2, p. 22].
174 Pueden equipararse ciertas condiciones inmateriales de producción "indirectamente productivas" (Willi Semmler, *Zur Theorie des Öffentlichen Sektors*, Berlín, mimeo., 1975), en el sentido de que facilitan o abaratan los ciclos de muchos capitales privados, como por ejemplo la investigación tecnológica estatal.
Las razones por las cuales tales medios de producción no puedan incluirse dentro de la producción privada como mercancías (o sólo con dificultad) radican, por un lado, en su *forma material,* que exige un gran mínimo de capital indivisible para su elaboración e implica un largo tiempo de maduración, y por el otro lado en su *función específica* dentro del proceso social de producción, que excluye que durante el tiempo de su utilización puedan servir directamente para la producción de mercancías, quedando descartados como fuentes de plusvalor. Con respecto a una parte de tales medios generales de producción, los problemas de este tipo que se presentan no son tan insalvables que imposibiliten de plano una valorización privada: hay cantidad de ejemplos de cómo a través del derecho de uso, tarifas, peajes, etc., tales instalaciones pueden funcionar como capital privado. Esto presupone, sin embargo, la posibilidad de excluir de su uso a los que no hayan pagado el derecho correspondiente, lo que presupone costos adicionales de control, y que puede ser poco práctico, bajo la perspectiva del "interés superior" en una reproducción global fluida. Es básico para toda esta problemática el trabajo de Läpple [125].

La separación de estos medios de producción como generales sólo se debe entonces al carácter capitalista de la producción, pues el suministro de estos bienes es igualmente necesario para la reproducción económica y para parte del trabajo social, como el de aquellos medios de producción que se producen como mercancía y se incorporan a capitales particulares. La distinción entre medios de producción generales y particulares es entonces fluida y queda sujeta al grado de desarrollo de las fuerzas productivas. A medida que aumenta el carácter social de la producción, se ensancha el campo de las condiciones generales materiales de producción. También depende de la situación histórica cuándo el estado se hace cargo de su suministro a expensas del excedente social: depende (además de consideraciones políticas) del nivel de complejidad tecnológica promedio, del grado de centralización y concentración del capital y de sus condiciones medias de valorizarse.

Todas estas razones, con sus respectivos criterios, de las cuales se desprende el carácter "general" de ciertos medios de producción, presuponen entonces un mínimo de comparabilidad de las condiciones económicas que rigen para la mayoría relevante de los capitales. En sociedades estructuralmente heterogéneas, sin embargo, falta precisamente este marco de referencia objetivo común: resulta imposible determinar para todos los sectores y regiones qué es en cada momento un valor de uso imprescindible y a la vez impropio de la producción privada. Una gran fábrica extranjera de automóviles evidentemente tiene otras necesidades en cuanto a infraestructura material que un pequeño industrial local, un latifundista otras que un pequeño chacarero, un conglomerado urbano otras que una zona selvática. Y no menos distintas son sus respectivas posiciones en el mercado que deciden si estos bienes necesarios se prestan o no para una realización privada.

La línea divisoria entre condiciones materiales de producción generales y particulares se vuelve entonces fluida y amplia en extremo.[175] Al no haber un grado de desarrollo de las fuerzas productivas más o menos "general" del cual podrían desprenderse criterios objetivos para la acción estatal, la decisión concreta queda a merced de las influencias y presiones competidoras de intereses particulares, disputa que se transforma necesariamente en lucha política y en la cual los sectores hegemónicos vuelven a tener una ventaja difícil de superar.

Así, el ámbito de los bienes suministrados por el estado a expensas del conjunto social puede desplazarse considerablemente hacia obras que sólo beneficien a unos pocos capitales privados y que por consiguiente "deberían" ser tarea de ellos ("estatización de lo privado").

---

[175] Por ello a veces resulta imposible hacer una distinción empírica según criterios teóricos, como la de trabajo productivo y trabajo improductivo.

Es, por ejemplo, el caso de la exploración estatal de recursos naturales explotados después por particulares; urbanización pública de colonias de trabajadores de una empresa determinada; investigación estatal de productos, de tecnología, de *marketing*; entrega gratuita de terrenos estatales. A veces estas facilidades previstas por el estado aparecen como meras rebajas de costos, por ejemplo como precios y tarifas de subvención para el uso de ciertas instalaciones estatales de infraestructura.

Por el contrario, hay bienes que tienen claramente el carácter de medios de producción materialmente generales, y sin embargo son provistos por particulares, o porque el estado se muestra incapaz o renuente a proporcionarlos, o porque alguna distorsión del mercado permite su explotación privada ("privatización de lo estatal"). Así, por ejemplo, encontramos centrales privadas de energía; vías y medios de transporte privados (carreteras de peaje, ferrocarriles, puertos), servicios pri. de correos o teléfonos (a veces como red privada cara pero eficiente al lado de una estatal más barata pero deficiente).

Es lógico, entonces, que las necesidades atendidas por el estado se destaquen menos por su carácter efectivamente general que por la presión política que ejerzan los interesados. Así, los sectores no capitalistas muchas veces carecen de fuerza económica o política suficiente para hacerse oír. Aquí, los particulares afectados tienen que hacerse cargo en forma directa, por medio de organizaciones de "autoayuda", de aquellos segmentos de "interés general" que no tienen cabida dentro de la visión de clase del estado (por ejemplo urbanización en barrios marginados).

En el otro extremo, también los requisitos de los sectores más modernos pueden quedar sin respuesta estatal, esta vez no por falta de peso político, sino por superar sus posibilidades técnicas y financieras. Al suplir entonces la acción del estado, puede ocurrir que grandes empresas extranjeras no sólo construyan sus propias condiciones generales materiales de producción (caminos, puertos, ferrocarriles privados), sino que incursionen también en el campo de las condiciones *externas*, que "corrigen" a su favor. Así, los "pulpos" extranjeros pueden convertirse en un estado dentro del estado no sólo con su propia red de comunicaciones, sino también con un reglamento jurídico propio, sus propios cuerpos armados e incluso cárceles privadas.

La falta de marcos de referencia objetivos comunes en formaciones estructuralmente heterogéneas a veces se refleja también en situaciones esquizofrénicas en que las mismas instalaciones de infraestructura son privadas en algunas regiones y estatales en otras (por ejemplo compañías de electricidad privadas en competencia con estatales, unos puertos o ferrocarriles privados y otros estatales, etcétera).

La coexistencia de unidades de producción ultramodernas con obsoletas trae consigo que en el suministro estatal de condiciones generales materiales de producción se mezclen aquellos casos en que la intervención estatal se debe al *bajo* grado de desarrollo de las fuerzas productivas (por ejemplo centros estatales de almacenamiento y comercialización para pequeños agricultores) con aquellos casos motivados por un *alto* grado de desarrollo (por ejemplo medidas de protección del ambiente). También, los cambios de la orientación global de la economía que se imponen a través de modificaciones de la economía mundial pueden dar por tierra en poco tiempo con una demarcación penosamente establecida entre lo privado y lo estatal y exigir una completa redefinición de lo que se estima indispensable para el desarrollo capitalista pero impropio de producirse con provecho. A este respecto, aunque la tendencia histórica sea hacia una ampliación del ámbito estatal, los programas de "saneamiento" económico tipo "*shock*" que se están aplicando en varios países latinoamericanos demuestran que también puede haber fases de acumulación en que los intereses dominantes exigen la reprivatización total o parcial de ciertas prestaciones públicas, excluyendo de su uso a aquellos sectores sociales que no las pueden pagar una vez que se venden como mercancía privada con fines de lucro.

b] Producción estatal de mercancías. Pero el estado produce no sólo medios de producción generales sino también *mercancías* destinadas al consumo productivo o no y que se venden en el mercado como cualquier otra mercancía. A diferencia del caso del suministro de condiciones generales materiales de producción por el estado periférico, en que la diferencia con actividades análogas del estado capitalista desarrollado radicaba sólo en el "cuándo" y el "cómo", aquí queda afectado también el "qué": en el área de la producción estatal de mercancías se perfilan necesidades materiales que surgen del carácter secundario y dependiente del mercado mundial del desarrollo capitalista, y no tienen por consiguiente parangón en el capitalismo desarrollado.

Para llegar a ello, primero hay que clarificar la imagen confusa que ofrece en muchos países del "tercer mundo" el sector productivo estatal: compone un conglomerado caótico de ramas y empresas que pasaron a manos del estado por razones muy diversas, muchas veces más políticas que económicas. Así, encontramos actividades económicas de las cuales el estado tuvo que hacerse cargo para mantener bajos los precios de productos "socialmente sensibles", para salvar los puestos de trabajo en una empresa deficitaria o para quebrar el chantaje político de algún político opositor que derivaba su fuerza de su control de ciertos sectores claves de la economía. No van lejos los casos surgidos históricamente de la nacionalización de un monopolio extranjero, la confiscación global de propiedades de los miembros de un partido (o una etnia) perseguido, o también de los nacionales de un estado extranjero enemigo en conflicto bélico.[176] En esta aglomeración históricamente casual de actividades económicas estatales no se vislumbra ningún denominador común relacionado con las condiciones específicas del capitalismo periférico —a no ser que se la considere expresiva de la fuerte interpenetración de los intereses económicos y políticos y del carácter inconsistente y contradictorio del marco socioeconómico global en que se inserta.

Dejando de lado este conjunto "inorgánico" de producción estatal de mercancías, queda sin embargo un sector productivo estatal "estratégico" para el desarrollo capitalista, con preferencia en el área de los insumos básicos (especialmente química, metalurgia), en algunos países también de bienes de equipo. También en estos sectores la producción privada se encuentra obstaculizada por el hecho de que se exige un mínimo de capital alto de muy larga maduración. Sin embargo, en principio no es imposible la producción lucrativa de estos bienes, y efectivamente algunas de estas empresas estatales logran ganar millones.[177]

El que el estado se haga cargo de estas ramas se debe al modo específico del desarrollo productivo en economías dependientes del mercado mundial: ahí, la producción no se expande tanto por impulsos internos, sino a consecuencia de nuevas formas de penetración externa que se imponen en un contexto reproductivo que no ha generado aún todos los órganos necesarios para la nueva modalidad de acumulación. Así surgen "cuellos de botella" materiales que por un tiempo pueden sortearse a través de importaciones, pero que al poco tiempo reaparecen como crisis de la balanza de pagos, escasez de divisas e inflación.

Como estas fases nuevas de acumulación se derivan siempre de un nivel dado de las fuerzas productivas a escala mundial, sus requerimientos técnicos y materiales no demuestran un crecimiento paulatino, sino que se imponen en sucesivos "saltos"; la adaptación tiene que hacerse de una vez y hasta alcanzar el nivel productivo de las técnicas recientemente incorporadas. Esto significa que se requiere una inversión alta para una realización a muy largo plazo, lo que sobrepasa las capacidades del capital privado, o bien no le interesa por haber alternativas de realización a más corto plazo en otros sectores.

Para superar estos "saltos" con sus respectivos "estrangulamientos",

176 Véase CEPAL [193].
177 Véase Suzigan [380].

tiene que intervenir el estado. No cumple ahí ninguna función originariamente "pública" o "general" sino sólo complementa el grado de concentración y centralización alcanzado por el capital privado, lo que queda particularmente patente cuando tales actividades se establecen en forma de empresas mixtas entre capital estatal y privado. Por consiguiente, tampoco hay impedimento para que estas empresas logren ganancias o sean reprivatizadas en alguna coyuntura económica o política propicia.

A diferencia de las prestaciones estatales en el campo de las condiciones generales materiales de producción, en que se diluyen los criterios objtivos de lo que se estima una necesidad "general" en un momento histórico dado por causa de la heterogeneidad de los intereses en juego, en el campo de la producción estatal de mercancías encontramos que es precisamente la segmentación del contexto reproductivo periférico la que indica con bastante claridad las necesidades materiales del momento. Desde luego, no hay ninguna garantía de que el estado efectivamente perciba y asuma estas necesidades —interviene ahí la lucha política.

c] *Condiciones generales materiales de producción, producción estatal de mercancías y reproducción dependiente del mercado mundial.* Tal como ciertas tareas económicas del estado —tanto en el suministro de medios generales de producción como en la producción de mercancías— se imponen por la inserción del espacio económico periférico en el mercado mundial, éste también designa los medios y fija la orientación con que deben cumplirse. Las tecnologías, los métodos productivos y los modelos de los productos no precisan de ninguna investigación nueva, sino que pueden ser comprados como ' trabajo materializado, importando bienes de capital del mismo tipo que se desarrollaron en las metrópolis cuando se presentaron necesidades económicas análogas.

Esto abre la posibilidad para que el estado periférico en sus actividades económicas *anticipe* ciertas fases de desarrollo e introduzca nuevas condiciones de producción por cuenta propia, antes de que ninguna fuerza social existente en el país lo exija ya como necesidad sentida. Así, se crean industrias y se incorporan tecnologías que se adelantan a los intereses de acumulación del momento, precisamente con la finalidad de crearlos.

Este aparente "intervencionismo estatal precoz"[178] se explica porque el estado periférico no articula tan sólo el grado de desarrollo de

---

[178] Véase Meireles [304], pp. 95s.

las fuerzas productivas dentro del espacio económico nacional, sino también sus vínculos reproductivos con las metrópolis. Lo que parece un "adelanto" con respecto a la economía local, en realidad es un "retraso" con respecto a la parte externa del contexto reproductivo integrado al mercado mundial. Da la impresión de que el estado tuviera un poder de decisión por encima de la ley de valor, cuando de hecho sólo aprovecha la ampliación de sus límites de acción que corresponde a la amplitud de su base reproductiva internacional. Un Atatürk, un Perón o un Bumedién no se explican sin esta ampliación de la autonomía relativa del estado en sociedades subordinadas al sistema económico mundial, y tampoco la bomba atómica hindú o el contrato nuclear entre Brasil y la República Federal Alemana.

Referido a su propio espacio económico, el estado está entonces cumpliendo funciones históricas que en el capitalismo periférico tenían el papel de clases sociales. Más todavía, algunas clases sociales sólo emergen en algunos países del "tercer mundo" a consecuencia de tales actividades estatales. Esto plantea el problema de la "burguesía de estado" y en general de la relación entre estado y clases en el capitalismo periférico, al que volveremos con más detalle antes de finalizar este capítulo.

Esta posibilidad teórica de ampliar los límites de acción estatal está, sin embargo, expuesta a su vez a una limitación doble:

Si la facultad de "adelantarse" se deriva del "retraso" con que el desarrollo productivo periférico sigue a las fuerzas productivas superiores con que se conecta en el mercado mundial, entonces no puede haber dudas acerca de la *dirección* que debe seguir globalmente tal desarrollo inducido por el estado: tiene que tratar de aproximarse a estas condiciones predominantes internacionalmente. La *posibilidad* de incorporar tecnologías, *know-how* y productos elaborados tiene por contrapartida la *necesidad* de incorporarlos en aquella forma, y no en otra, con que se usan en los países céntricos.[170] Si el estado quisiera desarrollar formas de organización y técnicas productivas alternativas, más adaptadas a las necesidades reales de su población y más acordes con un desarrollo amplio y equilibrado de los recursos locales, tendría que prescindir de la fuerza de atracción del mercado mundial de la cual se desprendía justamente la ampliación de sus capacidades de intervención.

Es más, la experiencia histórica demuestra que las tentativas de un desarrollo secundario según otros moldes que los prefijados por las necesidades de acumulación de las respectivas metrópolis topa con

---

[170] Véase Urs Müller-Plantenberg, "Technologie und Abhängigkeit", en Senghaas [57], pp. 335-355 (hay versión francesa: "Technologie et dépendance", en *Critiques de l'Économie Politique*, 3, abril-junio. 1971, pp. 68-82).

resistencias económicas y políticas prácticamente insalvables. Mientras un país queda dentro del campo de gravitación del sistema capitalista mundial, quedan como alternativas de desarrollo sólo funciones más modernas o más rezagadas, mejores o peores condiciones de participación de las fracciones locales del capital.

Este campo reducido de alternativas reales, sin embargo, ya es más que suficiente para suscitar agrias disputas políticas. Y ahí se asoma la segunda limitación: a la posibilidad potencial de una ampliación de los límites de acción estatal se contrapone como tendencia empírica la probabilidad de su captación por intereses particulares. La misma situación de inserción periférica al mercado mundial que abre la posibilidad de una intervención estatal "anticipada" también suele crear constelaciones políticas y sociales que dificultan enormemente la utilización de esta posibilidad teórica.

4.4 LOS MEDIOS DE LA ACCIÓN ESTATAL EN LA PERIFERIA CAPITALISTA

En los párrafos que anteceden examinamos las consecuencias que se derivan para la esfera política de las condiciones económicas específicas del subdesarrollo. Vimos que en formaciones sociales de la periferia capitalista la interrelación entre lo económico y lo político se hace extremadamente compleja y fluida, y que la atención funcional que exige una economía deformada por parte de la "generalidad" extraeconómica aumenta tanto en su volumen como en su contradictoriedad.

En todo esto no hemos hablado todavía propiamente del estado, sino del marco condicionante que recibe de su "base" económica. Pero la política no se reduce a un mero objeto pasivo de la economía —es cierto que esta trivialidad parece haber caído en el olvido en algunos de los intentos de "deducir el estado"—,[180] sino constituye una esfera propia con sus propias leyes y contradicciones, su propio cuerpo social, sus medios e instrumentos y con una historia propia.

Éste sería el campo genuino de una teoría del estado propiamente dicha —a la cual se integraría entonces la interrelación entre política y economía como determinación esencial, pero no como la única y desde luego no como mecánica.

Tal teoría del estado no existe todavía, por lo menos no como teoría materialista. La discusión reciente acerca de la teoría marxista del estado por lo pronto no pretende llegar más allá de este primer

[180] Véase Arbeits-Konferenz München [81].

paso de conceptualizar esta relación esencial entre lo económico y lo político. Y en consecuencia el presente trabajo no tiene más ambición que "traducir" los resultados (provisionales) de esta discusión a las condiciones específicas de la periferia capitalista. No podemos entonces decir nada conclusivo respecto de la materialización de estos determinantes económicos en la esfera política: la manera como el subdesarrollo económico penetra las instancias estatales, qué recursos tiene para orientarse en esta maraña de imperativos contrapuestos y para cumplir, aunque precariamente, con ellos, cómo se conforma el aparato político-administrativo y qué ropaje institucional asumen los procesos políticos, para todo eso nos falta no sólo una teoría materialista de la política *strictu sensu*, sino también el análisis histórico de los casos concretos cuyas configuraciones específicas despliegan una intensa vida propia.

Sin embargo, pueden indicarse algunos aspectos en que la autonomía de la esfera política sigue siendo "alcanzada" por las condiciones económicas específicas del subdesarrollo. A pesar de toda la enorme diversidad que asumen los fenómenos estatales concretos, seguimos encontrando entre ellos algunos que demuestran cierta regularidad susceptible de una generalización histórica. Y no es casual que sean fenómenos que dejan entrever una relación bastante directa con los dos aspectos básicos del subdesarrollo: la dependencia reproductiva del mercado mundial y la heterogeneidad estructural de la formación social correspondiente. Al referirnos a estos fenómenos generalizables en lo que resta del capítulo, hacemos pues una primera incursión en el ámbito propio y concreto del estado, sabiendo que nuestro instrumental abstracto no basta para explorarlo en su totalidad, pero tratando de averiguar cómo un instrumental así puede aprovecharse para análisis más concretos.

Tales fenómenos específicos recurrentes deben encontrarse especialmente entre los *medios* con los cuales el estado opera sobre su ambiente social, reaccionando a los determinantes que recibe de él. Estos medios, con los cuales el estado responde a las exigencias funcionales que la esfera socioeconómica impone al nivel político, tienen su origen en las instancias estatales y forman parte de ellas; pero al estar dirigidos a la sociedad civil también forman parte todavía de la *interrelación* entre la economía y la política. Para ser efectivos, los medios estatales tienen que adaptarse a la realidad social, quedando reflejados en ellos los rasgos esenciales del sistema material de esta vida social.

¿Cuáles son los medios de la acción estatal?[181] Las relaciones socia-

---

[181] Que se sepa, no existe hasta la fecha una sistemática teóricamente fundada de los medios de acción estatal. Lo que sigue no pretende llenar esta laguna.

les en una sociedad burguesa se organizan como relaciones mercantiles: por su lado económico-material, se presentan como relaciones
entre valores de cambio, expresados y mediados por el *dinero*; por su
lado social, la interacción entre los individuos que personifican estos
valores de cambio aparece como relación entre propietarios de mercancías libres e iguales cuyo comportamiento social se define por el derecho. Al querer influir el estado en su contorno social tiene que dirigirse
en primerísimo lugar a estos dos mediadores, dinero y derecho, que
surgen de las relaciones sociales burguesas, las expresan y las generalizan.

Sin embargo, estos *medios reguladores de la circulación* pueden
resultar insuficientes para garantizar que los individuos se comporten de acuerdo con las reglas de mercado. Hacen falta entonces *medios
de dominación directa* que se dirijan directamente a los individuos
para reencauzar su comportamiento en los cánones de las relaciones
capitalistas mercantiles. Estos medios, que trascienden y garantizan la
esfera del intercambio, pueden estar dirigidos a la conciencia de los
individuos, tratando de modificar su percepción de la realidad por
medio de la *ideología,* o finalmente pueden orientarse directamente
a su actuación, tratando de doblegarla por medio de la *violencia.*

¿Cómo, entonces, modifican las condiciones específicas del subdesarrollo la disponibilidad y la efectividad de estos cuatro medios de
acción estatal?

4.4.1 Dinero

a] *Como mediador* de las relaciones sociales, el dinero sólo puede
desplegar su función en cuanto estas relaciones ya asumen la forma
de un intercambio de equivalentes expresado en dinero. Mientras el dinero no se ha impuesto totalmente como la "comunidad real", las
intervenciones estatales que se sirven de este medio también tienen
que quedar limitadas en su alcance. El destinatario de este medio son
los propietarios de dinero; todas las relaciones sociales que no se
desarrollan entre estas personificaciones abstractas del valor de cambio
quedan pues fuera del alcance de este medio.

Así, por ejemplo, no se pueden calcular las jubilaciones con base
en el sueldo ni retener de él las contribuciones correspondientes si la
fuerza de trabajo no se paga (enteramente) en dinero. Las facilidades
impositivas no son relevantes para los agricultores de subsistencia que
no pagan impuestos. La política crediticia sólo puede tener un efecto
pleno y directo sobre aquellas partes de la economía que mantienen
a) continuas relaciones de crédito, b) en moneda nacional, c) a través

de bancos locales, sometidos al control estatal; no afecta por ende ni
a. esta amplia red del pequeño crédito particular (usura) ni a las
fuentes internacionales de financiamiento de los grandes consorcios.
Pero también dentro de los sectores conectados al medio dinero rigen
condiciones tan divergentes que los resultados de una medida de tipo
fiscal tienen que ir en direcciones muy distintas y en parte imprevisibles. Así, la creación de algún impuesto puede tener el efecto deseado
de rebajar la demanda en algunas ramas, pero al mismo tiempo puede
colocar a otras ramas al borde de la ruina, originar un boyante mercado negro, etcétera.

Finalmente, las crisis de economías subdesarrolladas que exigen la
intervención estatal sólo secundariamente se deben a desajustes entre
oferta y demanda creados por un sistema de producción caótico. Su
debilidad principal es el frágil y deformado desarrollo de las fuerzas
productivas que se expresa en "cuellos de botella" de tipo material.
Ahí, no basta con regulaciones fiscales al nivel de la circulación: para
remediar estos problemas no cabe sino la intervención directa a nivel
de la producción.

b] *Como recurso*, el dinero es el fundamento y la premisa para prácticamente todos los instrumentos y estrategias de acción estatal imaginables. El apoyo estatal al desarrollo de las fuerzas productivas, la
compensación de crisis estructurales y coyunturales, la previsión de condiciones generales materiales de producción, todas las medidas para
garantizar las reglas de mercado y la reproducción de la fuerza de
trabajo con sus respectivos aparatos burocráticos exigen medios financieros cuantiosos. Hasta los medios alternativos de intervención estatal,
derecho, ideología y violencia, cuestan también dinero.

La única manera de proveerse el estado de dinero es a través de
impuestos a costa del excedente social. Para fortalecer su potencial
financiero, tiene que debilitar el fondo social de acumulación.

Ahora bien, este fondo de acumulación ya de por sí resulta bastante
exiguo en una economía subdesarrollada: la reproducción ampliada
se realiza sobre la base estrecha fijada por el nivel bajo de desarrollo de
las fuerzas productivas; la inserción dependiente en el mercado mundial significa una continua pérdida de recursos financieros a manos de
burguesías externas; la heterogeneidad estructural de los órganos económicos significa costos y pérdidas adicionales. De lo que queda finalmente como fondo social imponible todavía una parte significativa
logra sustraerse de la contribución al estado por medio de la evasión
tributaria (en América Latina por lo menos un 50%).

Además, la dependencia de economías periféricas del mercado

mundial que fija los precios para sus principales productos de exportación origina oscilaciones imprevisibles en el monto de los ingresos fiscales, dificultando cualquier planificación a más largo plazo.[182]

Así, las mismas insuficiencias y deformaciones del capitalismo periférico que requerirían mayores gastos estatales para su corrección implican precisamente una merma tajante de los recursos financieros disponibles. El círculo vicioso —que también se observa en el capitalismo altamente desarrollado—,[183] según el cual la *superación* de crisis presupone la *ausencia* de crisis, se agudiza pues en economías subdesarrolladas hasta convertirse en una brecha insalvable entre lo indispensable y lo disponible.

Todas las estrategias alternativas que tratan de eludir este escollo en el mejor de los casos traspasan el problema al futuro y por lo común terminan por agudizarlo. Una posibilidad es el financiamiento externo a través de créditos extranjeros; los resultados se reflejan en las deudas externas astronómicas de los países del "tercer mundo". Además profundizan la dependencia económica y política de las metrópolis y ahondan así las causas estructurales de las crisis.

Otra posibilidad es la contratación de deudas fiscales en el mercado interno de capitales. Pero también así la escasez de recursos sólo se transfiere al futuro, a no ser que se trate de una forma solapada de tributación con apariencia de ahorro forzoso.

A corto plazo también pueden aumentarse los ingresos fiscales por medio de la devaluación, mejorando la posición internacional competitiva de los principales productos de exportación. Sin embargo, las posibilidades de una ampliación real del mercado se ven restringidas por el volumen absoluto de la producción local y por la rigidez de las relaciones comerciales internacionales condicionadas por tratados, cuotas y acuerdos; así, una devaluación por lo general no logra sino hinchar transitoriamente la expresión equivalente en dinero interno, dejando que un pronto proceso inflacionario lo reduzca a su valor real.

Finalmente, el estado puede recurrir directamente a la emisión de papel moneda y proveerse así de recursos financieros nominales no correspondidos por la producción real de excedente social. La inflación subsiguiente termina por obstaculizar retroactivamente el proceso de acumulación, con lo cual el proceso inflacionario se acelera; las crisis y deformaciones secundarias que esto suscita exigen recursos compen-

---

[182] "Basta con una pequeña baja coyuntural del precio internacional del café, y el financiamiento de la reforma agraria en el valle de Convención está en dificultades." (Piel [334], p. 370.)

[183] Véase Agnoli [71], p. 103: "Paradójicamente, el objetivo de la paz social tendría que estar alcanzado, para de veras restablecer la paz social." Cuando más falta hace el dinero, más escaso es.

satorios adicionales y socavan la racionalidad de la acción social en todos los demás ámbitos.

Queda finalmente como única opción el abandono o la reducción drástica de ciertas funciones estatales, presentados bajo el eufemismo de una "política de austeridad". Naturalmente, esta reducción de prestaciones siempre comienza por las condiciones generales de reproducción de la fuerza trabajadora y por el apoyo compensatorio a sectores más débiles de la burguesía, agudizando la heterogeneidad estructural de la sociedad nacional y acentuando su carácter de clase. El incumplimiento de funciones estatales significa retransferir la crisis a la sociedad, que al producirla ya dio prueba de ser incapaz de evitarla por sí sola, y dejar la "solución" precisamente en manos de aquellos mecanismos que originan la crisis.

4.4.2 Derecho

a] *Como mediador* de relaciones sociales, un derecho "común" sólo puede surtir efecto en cuanto estas relaciones se desarrollan entre propietarios de mercancías abstractamente libres e iguales. Tal como el dinero, también el derecho se fragmenta por la heterogeneidad estructural de la sociedad. En sectores en que la desigualdad y la dependencia personal siguen siendo elementos constitutivos de la apropiación de un excedente no existe este destinatario abstracto. Ahí, la ley no media: manda. Un derecho "general" prácticamente no tiene sentido para aquellos productores directos que se encuentran en relaciones de trabajo no (plenamente) capitalistas.

Por el otro extremo, las burguesías externas quedan fuera del alcance del derecho nacional. Lo que queda finalmente como "comunidad de ciudadanos libres e iguales' ante la ley" se diferencia tan profundamente en sus respectivos rasgos estructurales que cualquier ordenamiento formalmente general e igual termina profundizando de hecho las desigualdades materiales y volviéndose imprevisible en sus efectos concretos.

El principio formal del estado burgués se revela así como hueco e inoperante precisamente en su expresión más típica y deificada, el derecho común y abstractamente igual. Al producir efectos tan obviamente parciales y materialmente desiguales, la ley pierde su capacidad de disimular el interés de clase que se expresa en la acción estatal.

La contradicción entre la realidad social y la pretensión de un derecho general es una constante en América Latina desde los tiempos de la colonia. A partir de la recepción del pensamiento liberal al compás de la subordinación al "libre comercio" inglés, la jurisprudencia latinoamericana constituye una secuencia ininterrumpida de intentos desesperados por construir una congruencia entre la pretendida generalidad de la ley escrita y la desigualdad material de las situaciones y relaciones reales. Más sincero es el refrán popular: hecha la ley, hecha la trampa. En el plano del derecho constitucional que formaliza las estructuras del estado la incongruencia se refleja en la coexistencia de una "constitución *de jure*", expresiva de la pretensión de un poder estatal representativo del "interés general", con una "constitución *de facto*" que resume todas aquellas estructuras estatales necesarias para realizar el interés de clase subyacente en un ambiente insuficientemente permeabilizado por los automatismos de la producción capitalista.

La superposición de sistemas de derecho diferentes en muchos países del "tercer mundo" —por ejemplo en Argelia: el nuevo derecho nacional, el anterior derecho francés, a su vez superpuesto al derecho islámico y tribal— no es entonces una desviación patológica, sino una expresión adecuada de la heterogeneidad subyacente de las relaciones sociales.

b] *Como recurso* sólo tiene valor aquel derecho que logra influir efectivamente en el comportamiento de los individuos. Leyes irrealizables —al igual que dinero inflacionado— sólo valen su papel de imprenta. El problema de las sociedades heterogéneas reside precisamente en que cualquier ley general lleva una mayor o menor carga de irrealizabilidad.

Como normas generales, las leyes muchas veces no pasan de principios programáticos, planes sin aplicación directa, vagas declaraciones de intenciones y tendencias sin contenido real inmediato y no pocas veces engañosas. Para surtir algún efecto, el derecho tiene que salirse precisamente de la apariencia de lo general y referirse en forma concreta a situaciones concretas. Pero con eso pierde paulatinamente su carácter de derecho común y se transforma en ordenanza especial y finalmente en acto administrativo. La promulgación de leyes se consustancia con su implementación, la función legislativa se une a la ejecutiva.[184] Así, encontramos en muchos países del "tercer mundo" gobiernos (especialmente militares) que han asumido expresamente la

---

[184] La junta militar chilena creó "comisiones legislativas" para ayudarla en sus funciones legislativas. "Las comisiones legislativas son cuerpos asesores en el proceso de legislación, encargados principalmente de velar que los proyectos de legislación guarden consonancia con la política y la línea de acción del gobierno." (*El Mercurio*, edición semanal internacional, 10 de octubre de 1976.) La inversión de dos siglos de pensamiento republicano según el cual es la acción del gobierno la que debe guiarse por la ley es completa (el dato es de Urs Müller-Plantenberg).

función legislativa, integrándola a su poder ejecutivo. Y como queriendo expresar el carácter híbrido de sus mandatos las llaman muchas
veces "decretos-ley".[185]

Agreguemos finalmente también que un sistema jurídico —al igual
que un sistema fiscal— nunca puede funcionar mejor que el aparato
que lo administra.

4.4.3 *Ideología*

Cuando, entonces, los mediadores del intercambio social típicos de una
sociedad burguesa resultan parcialmente inoperantes para servir como
medios de la acción estatal, para poder seguir cumpliendo sus funciones
para con esa sociedad el estado se ve obligado a echar mano en mayor
medida de aquellos medios que penetran esa esfera de una circulación
trastornada para dirigirse directamente al comportamiento social de
los individuos. Ahí, las alternativas que se presentan son en primer
lugar la de influir en la conciencia orientadora de la acción de los
individuos (ideología) o en segundo lugar intervenir directamente
en su acción, trasponiéndose también a su conciencia (violencia).[186]

Primero la ideología: ya vimos cómo los mecanismos de reproducción capitalista llevan consigo la producción de las formas de conciencia
que les corresponden. En la "superficie" de la sociedad todas las relaciones sociales aparecen como relaciones de intercambio equivalente;
la desigualdad material subyacente queda oculta, se "crea una clase
trabajadora que por educación, tradición, costumbre reconoce las
exigencias de aquel modo de producción como leyes naturales incuestionables".[187] Transferida al nivel político, en esa apariencia de libertad
e igualdad, se funda la mistificación del estado como administrador
imparcial del bien común.

Al aceptarse las estructuras económicas y las formas políticas correspondientes como naturales, la dominación burguesa se *legitima* como
la única adecuada a los intereses generales. También esta legitimidad
asume una apariencia mistificada. La legitimidad *material* originaria,
basada en una real utilidad del sistema político para la reproducción
social, se transforma en una *formal*, en la cual la conciencia de que este
sistema es el "bueno" ya no comprende sino ciertos *procedimientos*

---

[185] Este origen híbrido plantea problemas insolubles al jurisconsulto; véase
Tilman Ever , "Die 'Gesetzesdekrete' argentinischer Revolutionsregierungen",
Verfassung und Recht in Übersee, 3, 1968, pp. 333-351.

[186] Respecto al "lugar" sistemático de la ideología como medio de acción
estatal, véase, entre otros, Althusser [74].

[187] Karl Marx, *Das Kapital*, t. 1, MEW 23, p. 765 [t. I/3, p. 922].

de la transferencia del poder y de la toma de decisiones (elecciones, división de poderes, etc.), cayendo en el olvido que estos procedimientos sólo pudieron llegar a ser portadores de legitimidad por cuanto ofrecían cierta garantía de resultados *materiales* globalmente adecuados al sistema.[188] Al lado de estas formas de conciencia política surgidas de las mismas relaciones sociales la producción estatal de ideología sólo tiene la función de un correctivo posterior.

Ahora bien, todos los mecanismos a través de los cuales la reproducción capitalista procrea su "cielo" de apariencias en situaciones de subdesarrollo económico sólo pueden funcionar de un modo parcial: la generalización incompleta de las relaciones mercantiles hace patente una realidad de desigualdad y de dominación real. El carácter de clase de las relaciones entre los productores directos sale a relucir, lo mismo que la "competencia desleal" con la cual las fracciones más fuertes de la burguesía monopolizan sus cotos privados en el mercado.

Sin embargo, el hecho de que las relaciones sociales reales hayan quedado al descubierto no implica necesariamente que efectivamente se descubran: tan fragmentados como operan los mecanismos económicos, tan fragmentadas son también las formas de conciencia producidas por ellos. Por un lado, siguen asimilándose las ideas de libertad e igualdad de los individuos como "buenas" y "naturales" —en última instancia porque concuerdan con aspiraciones perpetuas del ser humano. Por otro lado, la misma sociedad que dice ser el garante de estos principios en la vida diaria depara experiencias continuas de injusticia, opresión y miseria. Para salvar esta contradicción, al hombre común muchas veces no le queda sino interpretar su mala fortuna como el resultado de circunstancias adversas o de un fracaso personal. El resultado es una escisión de la conciencia casi esquizofrénica que suprime constantemente lo real para realzar lo irreal.

A esa escisión de conciencia "vertical", debida a las deficiencias del capitalismo periférico, se agrega muchas veces otra "horizontal", originada por la subsistencia de relaciones de producción no capitalistas por debajo del modo de producción capitalista dominante. La situación social del individuo —y esto rige también para las clases dominantes— muchas veces está determinada por varias de estas relaciones de producción al mismo tiempo (por ejemplo el indio serrano, agricultor de subsistencia, que en la época de cosecha baja a la costa para trabajar como asalariado en una plantación; el miembro de una casta guerrera que va a trabajar como industrial, etc.). Se acumulan

---

[188] Véase Dieter Läpple, "Zum Legitimationsproblem politischer Herrschaft in der kapitalistischen Gesellschaft", en Ebbighausen [96], pp. 106-170.

entonces exigencias diversas y muchas veces contrapuestas a su auto-definición social.[189] En la mente de los grupos sociales esto aparece como ideologías superpuestas y entrelazadas que confluyen en sistemas cognitivos contradictorios y difusos, reflejos de una estructura de clase híbrida e informe. Ideologías más compactas sólo se dan como subsistemas insulares con marcos de referencia cambiantes que reflejan algún vínculo social específico del grupo respectivo (de tipo económico, histórico, étnico, regional, religioso; por ejemplo: las colonias alemanas, las sectas norteamericanas, etc.). Para conciliar una tal ideología homogénea con una realidad heterogénea, el comportamiento práctico de estos grupos tiene que contradecir a sus postulados ideológicos con un oportunismo muchas veces espeluznante.

Va de sí que formas de conciencia tan contradictorias ya no constituyen una garantía segura de un comportamiento social acorde con el sistema imperante. Se hacen necesarios aparatos ideológicos que apuntalan la conciencia de lo irreal proyectando imágenes de sociedades capitalistas de consumo de masas (radio, televisión, cine, propaganda), suscitando esperanzas de ascenso social (por ejemplo por medio de sistemas de educación compensatoria, bienes de prestigio comprados a plazos) o drogando las conciencias con realizaciones quiméricas sustitutivas (lotería, culto de "estrellas" de cine y televisión). Aquellos de estos aparatos ideológicos que no son administrados directamente por el estado cuentan o con su apoyo indirecto o con su tolerancia sistemática (por ejemplo juegos de azar formalmente prohibidos pero nunca perseguidos en forma efectiva).

Sin embargo, los productores de ideología no escapan de un dilema: cuanto más sugieren que el sistema burgués está intacto y es provechoso, tanto más apremiantes se hacen las demandas por una libertad e igualdad reales. La mayoría de los movimientos sociales en la periferia capitalista se guían por formas de conciencia plenamente capitalistas, aunque sus objetivos a veces resulten objetivamente anticapitalistas. Las protestas contra el *statu quo* no surgen tanto de que las masas se hayan percatado de lo ilusorio de las promesas del sistema burgués, sino, al contrario, por tomarlas al pie de la letra. No es posible proyectar una sociedad de consumo de tipo norteamericano por todos los medios de comunicación de masas sin originar una "revolución de expectativas crecientes".

---

[189] Un ejemplo registrado en São Paulo: actuaba como jefe de culto en una comunidad religiosa afrobrasileña ("umbanda") un individuo que en su vida profesional ocupaba el cargo de gerente de una estación de televisión. Respecto a las formas fragmentadas de conciencia social, véase Frantz Fanon, *Los condenados de la tierra*, México, FCE, 1963.

Se plantea así el problema de la conciencia *política*, en especial de la legitimidad de los sistemas políticos y su capacidad de aglutinar la lealtad de las masas.

Cuando los intereses sociales resultan tan dispares que ya no pueden aparecer como "generales" dentro de un sistema socioeconómico dado, se acaba cualquier posibilidad del sistema político correspondiente de satisfacer "en general" estos intereses. Por consiguiente, la legitimidad de determinadas estructuras políticas en sociedades estructuralmente heterogéneas nunca puede llegar a ser una legitimidad *general* aceptada por prácticamente todas las fuerzas sociales. En su lugar hay legitimidades *parciales* super y contrapuestas que se refieren a distintos sectores sociales, percibidos por éstos como adecuación a sus intereses reales o imaginarios por conductos cognitivos diferentes. El resultado es la "norma de la ilegitimidad",[190] más precisamente: una legitimidad siempre parcial, difusa y precaria.

Entonces, tampoco resulta concebible que la conciencia legitimadora se desprenda de los contenidos materiales de la acción estatal, contentándose con la observancia de ciertos procedimientos formales. Son demasiado divergentes los intereses sociales para que *un* procedimiento de investir ciertas instancias estatales con poder de decisión pudiera ser comprendido como el "correcto" por todas las fuerzas sociales relevantes, en el sentido de avalar decisiones materialmente concordantes con sus intereses. Donde reglas formales determinadas lograron imponerse como los "en principio" correctos (especialmente las reglas de la democracia parlamentaria, muchas veces por la presión ideológica de la potencia colonizadora y de una fracción hegemónica de la burguesía local relativamente compacta), esta conciencia social queda sujeta a reservas, resulta desmentida por la experiencia real y no logra por consiguiente refutar efectivamente las dudas que puedan surgir respecto a la utilidad material de dichas reglas.

El estado mismo, con sus diarias incursiones en la vida social, contribuye a corroer la vigencia de los principios formales de dominación burguesa que serían la piedra angular de una legitimidad general y formal. Si no logra cumplir con sus funciones frente a un proceso reproductivo fragmentado sino a través de medidas *ad hoc* abiertamente dirigidas a intereses determinados o a través de prestaciones propias en forma de valores de uso concreto, ya no pueden acallarse las preguntas acerca de la finalidad concreta de estas acciones estatales remitiéndolas a la titularidad formal de las instancias que intervienen.

Vemos, así, que la misma heterogeneidad social que socava la

190 Horowitz [243], en el título.

legitimidad de un sistema político, retroactivamente y en contradicción con ello, crea una necesidad mayor de legitimación material, al exigirse ahora una justificación material para cada medida estatal por separado.[191]

Esta necesidad acrecentada del estado de legitimarse materialmente recibe un refuerzo adicional por la exaltación de que es objeto su función central para el sistema social en la conciencia del "hombre común". Su omnipresencia conlleva que también todo se espere de él. No sólo sus acciones, también sus omisiones exigen una justificación. La fijación en el estado muchas veces se mezcla, sobre todo en la conciencia de las clases y capas dominadas, con una desconfianza producto de largas experiencias: "Sin la ayuda del gobierno no podemos hacer nada, pero ¡a nosotros no nos va a ayudar nunca!"

¿Qué posibilidades tiene el estado de la periferia capitalista de conseguir esta legitimación material? ¿En qué tendría que fundarse?

La pregunta por la razón social de una determinada política estatal pone al descubierto que en última instancia no se trata de la legitimidad de un *estado* o sus medidas, sino de la *dominación* de una clase sobre otras que él representa. En el fondo todo el problema de la legitimidad gira alrededor del problema de qué es lo que mueve a las clases dominadas a aceptar la dominación de otras clases. Para ello, la clase dominante debe acreditar que sabe garantizar ciertos intereses generales de la sociedad global, incluso en alguna medida los intereses de las clases dominadas.

Así, la dominación burguesa tiene que legitimarse por el papel histórico de la burguesía como protagonista de la revolución antifeudal y del desarrollo de las fuerzas productivas, y por su posición como personificación de los medios de producción sociales. Aparece legitimada en la medida en que logra garantizar un proceso de reproducción social fluido y que incluye la garantía de que la fuerza de trabajo puede venderse por su valor real en el mercado.

Todas estas premisas no se dan en la periferia capitalista o bien resultan inciertas. La clase dominante que conduce el proceso reproductivo y a cuya dominación tendría que referirse una legitimidad se compone de fracciones internas y externas. Una tal reproducción integrada a un sistema económico internacional no puede obviamente revestirse con la apariencia del "interés general" dentro de la sociedad periférica. La pregunta por la utilidad social de determinadas estructuras y políticas estatales se refiere siempre, consciente o inconscientemente, a la sociedad local circunscrita por el marco del estado nacional. Hasta aquellos intereses más directamente subordinados a

---

[191] Véase Offe [143], pp. 151s.

designios extranjeros para legitimarse se esfuerzan por demostrar que la salvación de la sociedad local pasa, precisamente por esa subordinación "civilizadora" o "modernizadora", a intereses extranjeros. La ideología política está estrechamente ligada al marco nacional, quizá más todavía que la misma política. La ambigüedad de las instancias superestructurales, doblemente determinadas por el contexto reproductivo integrado al mercado mundial y por la economía local, que en el nivel político queda cohesionado por la posición mediadora del estado, en el nivel ideológico conduce a una incongruencia abierta. El dominio de las burguesías externas consiste, en última instancia —por más esfuerzos que se hagan (Puerto Rico)—, en no legitimar.

Pero, por razones complementarias, tampoco se legitima el dominio de las fracciones internas, "nacionales", de la burguesía. A ellas les falta materialmente casi todo lo que podría justificar su dominio a los ojos de las clases dominadas. Administran sólo una parte de la reproducción social, una parte además que obviamente no es viable por sí sola. Su aporte histórico al desarrollo de las fuerzas productivas dentro del espacio económico local ha sido flojo y secundario. Y, finalmente, la situación económica de las clases dominadas resulta tan penosa que su dominación tampoco se justifica con base en la utilidad que presta para el conjunto de la sociedad.

La legitimación histórica de la burguesía, por su superación del feudalismo y el subsiguiente progreso social también en favor de las clases dominadas, que en algunos países centrales sigue formando parte de la conciencia política general, no tiene paralelo en la periferia del capitalismo, excepción hecha de contados casos (Revolución mexicana, Atatürk). En parte puede sustituirse por el recuerdo de la lucha de liberación contra el dominio colonial; donde este recuerdo ya no está presente de hecho, se lo evoca artificialmente por medio de una veneración ritual de los "próceres" nacionales.

En relación con las míseras estructuras socioeconómicas *actuales* no hay pues manera de legitimar la dominación burguesa en sociedades caracterizadas por el subdesarrollo. Una legitimidad material sólo puede fundarse entonces, a manera de *sustituto*, en la promesa para el futuro de que éste sería el sistema político capaz de consumir tal base material legitimadora, venciendo sus actuales deficiencias y crisis. No la situación existente del subdesarrollo sino el proceso de su superación se convierte así en objeto del "interés general", y con ello en fundamento de legitimidad material.

En los países del "tercer mundo", es legítimo entonces un régimen político que tiene visos fehacientes de poder coadyuvar a superar las causas del subdesarrollo, resumidas en los dos aspectos de la dependencia reproductiva del mercado mundial y de la heterogeneidad estructural de la formación social. Desde luego, ninguna programática burguesa llama a los causantes por estos nombres; sin embargo, estando el problema ahí, las mentes más esclarecidas del pensamiento político burgués no pueden dejar de encontrar alguna aproximación descriptiva a estas dos dimensiones básicas del subdesarrollo, ocultando siempre sus raíces en el modo de producción capitalista.

No es casual, entonces, que sean dos los conceptos legitimadores a que suelen recurrir bajo diversos nombres las ideologías oficiales: es, por una parte, el concepto de "crecimiento", entendido como desarrollo capitalista de las fuerzas productivas con el fin de disminuir la distancia que las separa del nivel productivo metropolitano; y por otra parte el concepto de "integración", con o sin el aditivo "nacional", entendido como ampliación y homogeneización del mercado capitalista interno, a fin de eliminar todos los obstáculos físicos, económicos y sociales al movimiento de capitales y de transferir todas las relaciones de trabajo en trabajo asalariado libre, resolviéndose con ello también el problema básico de la "integración", de las clases dominadas al sistema por medio de sus propios mecanismos económicos.

Estos dos conceptos se encuentran a veces por separado, a veces juntos, con denominaciones, prioridades e interpretaciones cambiantes, en los más diversos contextos, por ejemplo como el lema "Ordem e Progresso" en la bandera nacional brasileña de 1891, o como los conceptos claves "Seguridad y Desarrollo" en las ideologías de los actuales gobiernos militares latinoamericanos y como nombre de una revista correspondiente.[192]

En relación con el estado, encontramos aquí el equivalente ideológico de su funcionalidad básica: vimos que bajo condiciones de subdesarrollo esta función básica del estado ya no es la garantía de una reproducción capitalista existente, sino su imposición en un ambiente social donde no existe todavía plenamente —la misma reorientación de una situación a un proceso encontramos respecto de la legitimidad. Y los dos conceptos legitimadores "crecimiento" e "integración" no son sino el reflejo ideológico de los dos aspectos principales de esta funcionalidad, la "garantía de la inserción en el mercado mundial" y la "imposición de reglas generales de mercado". Siendo la exigencia

---

[192] Véase, por ejemplo, Edgardo Mercado Jarrín (general peruano y primer ministro del gobierno militar de Velasco Alvarado), "Reflexiones sobre la seguridad y el desarrollo en América Latina", *Estrategia*, Buenos Aires, 24, 1973, pp. 29-41, y Osiris Villegas (general argentino y secretario del Consejo Nacional de Seguridad en el gobierno militar de Onganía), *Políticas y estrategias para el desarrollo y la seguridad nacional*, Buenos Aires, Pleamar, 1969. Es notable cómo en fases de agudización del conflicto social la meta de la "integración" se reduce a la "seguridad", desnudándose en el mismo lenguaje de los dueños del poder su esencia última, la preservación del sistema.

primordial de un sistema reproductivo periférico la liberación de los males del subdesarrollo, tiene legitimidad material aquel sistema político que se revela útil para este fin.

Así, pues, distan de acabarse los problemas de los aparatos legitimadores en países del "tercer mundo". Al contrario, de la reorientación hacia el desarrollo capitalista surgen contradicciones nuevas y específicas:

Son por una parte las contradicciones que surgen entre estas dos finalidades, al tratar de conciliar en la práctica un "crecimiento" capitalista con una mayor "integración" nacional. Son reflejo de estas contradicciones la existencia de dos grupos de ideologías políticas reñidas entre sí, ambos reclamándose propulsores del "desarrollo", pero interpretándolo de modo divergente: mientras los unos proponen un crecimiento acelerado, también a costa de una mayor dependencia del extranjero y de una agudización de los desequilibrios estructurales, los otros por el contrario dan preferencia a la integración del espacio económico nacional aunque ello signifique un crecimiento más lento. En expresiones y combinaciones cambiantes este enfrentamiento atraviesa todas las pugnas ideológicas de la historia latinoamericana reciente (unitarios contra federales; liberales contra nacionalistas; *balanced vs. unbalanced growth*, etc.). Explica por otra parte coincidencias y alianzas programáticas inimaginables en sociedades capitalistas desarrolladas (por ejemplo la confluencia de pensamiento nacionalista católico con el marxista en la guerrilla urbana argentina, unidos ambos en su rechazo a un modelo de crecimiento "liberal" liderado por las transnacionales).

Por otra parte, la legitimidad material ya no sólo surge detrás de la formal, sino que se antepone a ella en una contradicción abierta. Cuando la fuente material de legitimidad de un sistema político es su capacidad de superar los problemas del subdesarrollo, resulta prácticamente imposible reconciliar la legitimidad de un estado burgués con sus principios formales. Porque no son los regímenes parlamentarios, legalistas y aferrados a determinados procedimientos, los más capacitados para la tarea del desarrollo capitalista, sino por regla general algún sistema autoritario.

Vale también la conclusión contraria: siempre que en países de la periferia capitalista se realzan criterios formales de legitimidad, existen razones para sospechar que algo anda mal con la funcionalidad del respectivo régimen para el desarrollo capitalista —sea que la formalidad tiene que justificar el estancamiento socioeconómico (la legitimación tradicionalista del trono etíope por su descendencia mitológica de la reina de Saba), sea que no es de fiar el carácter capitalista del desarrollo (el hincapié que se hizo en la constitucionalidad del gobierno de la Unidad Popular en Chile). Y, viceversa, mientras dura el éxito económico de algún régimen, le resulta relativamente fácil contener las protestas contra su forma política (Brasil).

Que a pesar de todo las demandas de un sistema más democrático nunca se acallen se debe al carácter de una sociedad productora de mercancías y por consiguiente no se puede evitar del todo. La contradicción entre legitimidad material y formal no se puede resolver definitivamente a favor de la primera —sería establecer un sistema político basado en la desigualdad formal, difícil de defender ante la presión internacional de signo burgués (África del Sur). Una aproximación la puede brindar la construcción de un "estado de emergencia" (estado de sitio, ley marcial, etc.), en el cual los criterios de la legitimación formal siguen vigentes "en principio", mientras en la práctica rigen otros criterios declarados como restricción "transitoria" y "legal" de los primeros.[193] Lógicamente, estos estados de excepción tienden a perpetuarse de hecho; sin embargo, mientras sigan declarándose y considerándose estados de excepción su legitimidad seguirá siendo abiertamente precaria, escindida entre lo que "es" y lo que "debe ser", y dependiente de continuos éxitos materiales en la superación de la presunta emergencia de origen.

En vista de todas estas adversidades estructurales conjuradas para socavar la legitimidad de sistemas políticos del "tercer mundo", al estado no le queda más remedio que tratar de apuntalar su agrietada fachada de credibilidad por medio de la producción estatal de ideología. Ahora, el problema que se presenta reside en que las mismas causas sociales que originan el déficit de legitimidad también obstaculizan la elaboración de un sustituto ideológico medianamente útil.

En vista de la fragmentación de los fundamentos de la sociedad es imposible que haya un sistema ideológico coherente. Por eso, las ideologías oficiales casi nunca se presentan como una totalidad estructurada. Por lo común se contentan con poner "parches" en puntos neurálgicos, con los que se divulgan emblemas inconexos. La función *ad hoc* correspondiente tampoco se da en la medida en que estos elementos sueltos son conciliables con la realidad o son una revisión de ella. Basta con propalar estos "spots" con tanta más intensidad y agresividad, al estilo de las agencias publicitarias que efectivamente son las que producen y divulgan estas ideologías oficiales por encargo estatal ("Argentina Potencia" – "Brasil – ame-o o deixe-o").

Tratándose de suplir las deficiencias de la legitimidad *material*, esta propaganda oficial tampoco puede dejar de referirse de alguna forma a los mismos dos conceptos "crecimiento" e "integración", resu-

---

[193] Véase Meyer-Franck/Frommann [305].

midos en la palabra mágica "desarrollo". Donde no hay un crecimiento real convincente, tiene que ir en su lugar la ilusión del mismo a través de planes, quinquenios y consejos de desarrollo o mediante proyectos de prestigio de grandes dimensiones pero aislados. Y cuando no se sabe cómo superar la heterogeneidad social en la práctica, hay que superarla mentalmente por medio del culto a símbolos y héroes integrativos. El vehículo más típico al respecto es el nacionalismo vocinglero, que sin embargo no puede evitar el suscitar demandas de emancipación nacional real y que pierde entonces la legitimidad ganada al reprimir estos movimientos auténticamente nacionales.[194] Ése también es el lugar funcional del culto a la personalidad del jefe de estado de turno, que cumple una tarea integradora más allá del afianzamiento de su poder personal.

Constituyen raras excepciones los intentos de ofrecer una ideología oficial más acabada y declarada oficialmente como el "pensamiento nacional". Se explica porque son excepcionales las circunstancias históricas que les permiten tomar cuerpo y conseguir arraigo en las masas: presuponen una expansión económica real ("crecimiento") por medio de una ampliación del mercado interno y un aumento sensible del consumo de masas ("integración"), lidereado por el capital local o con su participación relevante (portadores, carácter nacional de la ideología). Todos los ejemplos conocidos (el "justicialismo" de Perón, el Nasokom de Sukarno, etc.) caen en épocas de un primer empuje industrializador orientado hacia la sustitución de importaciones de artículos de consumo masivo. En el fondo, también estos intentos no pasan de un sincretismo empirista y contradictorio; muchas veces realzan precisamente los aspectos irracionales de la política y se vuelven en contra de teorías más cerradas ("ni capitalismo ni comunismo"). Desde aquellos sistemas ideológicos más completos hasta las apelaciones aisladas, puede trazarse una línea de mayor a menor coherencia ideológica y efectividad legitimadora, correlacionada muchas veces con la presencia, en mayor o menor grado, de las premisas históricas arriba mencionadas ("crecimiento" e "integración" real, propulsados por el capital nacional).

En consonancia con su incoherencia intrínseca, estas ideologías oficiales tampoco suelen ejercer mucha presión para que sean efectivamente aceptadas por todos. No tienen pretensión totalizadora; si no logran acaparar legitimidad, sirven siempre como indicadores de por

---

[194] Véase Alonso Aguilar, "Nacionalismo burgués y nacionalismo revolucionario", en *Problemas del Desarrollo*, 23, agosto-octubre de 1975, pp. 13-24. Ejemplos históricos son el papel del nacionalismo en la revolución cubana, o la pugna entre las diferentes fracciones del peronismo por apropiarse del nacionalismo.

dónde pasan aproximadamente los límites de la tolerancia estatal ante *actos* disconformes.

Desde luego, la sujeción de la conciencia política por medio de tales sustitutos estatales de ideología nunca puede ser digna de confianza. Queda como alternativa la de desviar las mentes hacia objetos sustitutivos, como pueden ser "enemigos" externos o internos (conflictos limítrofes, comunistas), u ofreciendo una participación sustitutiva (fútbol).

Al lado o en lugar de ello también se utiliza el expediente de tratar de impedir cualquier toma de conciencia, privando a los individuos de los medios para orientarse —sea en la forma arcaica del analfabetismo planeado o en la forma moderna de la censura. La supresión de la conciencia asume aquí la función de la fijación social, que en las sociedades precapitalistas la cumplía la religión y la sigue cumpliendo en muchos países del "tercer mundo". El condicionamiento ideológico se convierte en este caso en violencia ideológica, antesala de la física, con la cual sigue aparejada: en la combinación moderna de la censura con la tortura persiste el "A Dios rogando y con el mazo dando" de los conquistadores.

Con todo, no se puede prescindir completamente de ofrecer alguna legitimación *formal* del gobierno respectivo. El "tercer mundo" es un verdadero museo de los ejemplos más inverosímiles de cómo los aparatos ideológicos de los respectivos estados tratan de investir de algún justificativo formal a sistemas políticos obviamente basados en la violencia. Así, cuando se derroca a un gobierno electo, nunca se deja de explicar que la supresión del principio de la soberanía popular se debía precisamente a la observancia de dicho principio y obedeciendo "al reclamo de la nación entera".

4.4.4 *Violencia*

En el curso de nuestras consideraciones nos encontramos con toda una serie de contradicciones sociales, que agobian de exigencias funcionales al estado de la periferia capitalista, pero al mismo tiempo le coartan los medios para cumplir con ellas. La situación de inserción periférica en el mercado mundial confronta al estado con la tarea gigantesca de mantener funcionando a un contexto reproductivo desgarrado por innumerables fisuras y de impedir la desintegración de una sociedad incoherente. Estas mismas fisuras, por otro lado, lo obligan a acometer sus tareas por medio de intervenciones individualizadas y concretas, con lo cual se contradice a sí mismo como estado burgués; con tales medidas *ad hoc* sólo puede resolver determinados problemas creando otros nuevos; la necesidad de medidas se le transmite por conducto de una enconada lucha de competencia, en la cual las causas de las crisis resultan falseadas hasta lo irreconocible, y en la cual además se impide sistemáticamente al estado desarrollar una racionalidad por encima de intereses particulares.

Los recursos que necesitaría para resolver los problemas sociales por causa de estos mismos problemas son escasísimos y operan de manera desigual y parcial; además, su uso se dificulta por las deficiencias del aparato administrativo. Y, sin embargo, no se puede prescindir del cumplimiento de ciertas tareas so pena de poner en peligro al sistema mismo. El *último* recurso del poder estatal se convierte así tendencialmente en el *único* para cortar el nudo gordiano de los círculos viciosos.

Mientras los medios regulatorios de la circulación —dinero y derecho— tratan de modificar los parámetros del comportamiento social y de atacar con eso las *causas* de las crisis (quedando sistemáticamente fuera de su alcance las causas últimas ubicadas en la esfera de la producción), y mientras el medio de la ideología modifique, aunque no la realidad, por lo menos su percepción, la represión no intenta remediar las causas de los conflictos —opera exclusivamente sobre sus consecuencias al obligar a los agentes sociales a comportarse como si no existieran las crisis, independientemente de su continuidad. Quiere decir que la represión tiene la ventaja, en comparación con todos los demás, de ser el medio más eficaz y directo para hacer desaparecer los *síntomas* de las crisis. Por ello, la violencia asume el papel de receptáculo en el cual caen (o deberían caer) todas las exigencias funcionales no satisfechas por otros medios. Desde luego, no se trata de superar las contradicciones subyacentes, sino de suprimirlas.

Las grietas de la construcción social de una sociedad capitalista subdesarrollada son tan múltiples y profundas que el estado *necesariamente* tiene que fracasar en su intento de mediar entre todas estas contradicciones o mistificarlas eficientemente; no le queda entonces sino el recurso a la violencia. La represividad de muchos sistemas políticos del "tercer mundo", que en parte es responsable de la impresión de "estados fuertes", en realidad se debe a su *debilidad* funcional.

En ese traslado del acento hacia los medios de dominación directa en desmedro de los medios regulatorios de la circulación típicos del estado burgués se refleja también en sus modos de acción la contradicción entre su principio formal y sus exigencias funcionales. Al orientar su acción directamente hacia el comportamiento social de los grupos e individuos, ya no se refiere a ellos como propietarios de mercancías y ciudadanos abstractamente libres e iguales, sino como agentes de producción concretos, materialmente desiguales. Con eso, ya no entra en escena como encarnación del interés común, sino como representante político de un dominio de clase.

A esta tendencia general del estado capitalista periférico hacia la represividad como compensación de deficiencias funcionales se agregan otras causas más específicas de la violencia que radican en los principales focos de crisis propios del subdesarrollo económico y se relacionan por ende con sus aspectos principales, los contrastes entre diferentes niveles de desarrollo de las fuerzas productivas primero en comparación con el mercado mundial y segundo entre los distintos sectores dentro del espacio económico nacional.

1] En aquellas ramas que producen para el mercado mundial o que compiten en el mercado interno con productos extranjeros el cotejo con el superior nivel productivo de las metrópolis genera una presión permanente sobre los salarios. Para alcanzar condiciones de producción lucrativos frente a un mercado en que los precios son fijados de acuerdo con una mayor productividad media, estos capitales están forzados a mantener bajo su capital variable y a restringir correspondientemente el fondo reproductivo de la fuerza de trabajo.[195] En los sectores más rezagados, donde no hay competencia internacional, rige una presión similar por causa de lo exiguo de la masa total de plusvalor alcanzable.

Esta depresión estructural de los salarios ya no puede mantenerse tan sólo "por fuerza de las circunstancias en vez de la coacción directa, y por el mandato legal en vez del látigo".[196] Especialmente cuando las cambiantes coyunturas internacionales obligan a bajar bruscamente el sueldo por debajo de un nivel anterior (la situación actual de América Latina), la violencia abierta se hace inevitable para imponer esta privación a la clase trabajadora.[197] Falla también el mecanismo por el cual en los países centrales el paulatino aumento de complejidad del proceso productivo obliga a las burguesías a asegurar la disciplina de trabajo necesaria no tan sólo por medios represivos, sino crecientemente con medios integrativos. La supervivencia de amplios sectores rezagados hace que no se presente ahí todavía el problema, la composición orgánica del capital sigue siendo lo suficientemente baja

---

[195] Esta depresión del sueldo es entonces *consecuencia* del subdesarrollo económico, y no su causa, como lo postula la escuela "tercermundista" de Emmanuel; véase *supra* nota 49.

[196] Karl Marx, *Das Kapital*, t. 3, MEW 25, p. 803 [t. III/8, p. 1011].

[197] Obsérvese la analogía con la fase histórica de la acumulación originaria: "La burguesía emergente necesita y utiliza la fuerza estatal para 'regular' la remuneración del trabajo" (Karl Marx, *Das Kapital*, t. 1, MEW 23, p. 765 [t. I/3, pp. 922-923]).

para que la máxima del presidente brasileño Washington Luiz (1929) siga vigente: "La cuestión social es una cuestión de policía". Y en los sectores más modernos cualquier presión hacia los medios integrativos puede ser contrarrestada ya sea aprovechando la abundante oferta de mano de obra que con algún entrenamiento adicional puede tomar el puesto de trabajadores revoltosos, o bien importando medios de producción más productivos que reduzcan el total de mano de obra requerido y con ello también el problema social que representan; así, la fuerza laboral de estos sectores modernos sólo está a salvo de la represión mientras los costos de medidas integrativas queden por debajo de los costos de las alternativas mencionadas.

Como reverso de la misma moneda, cualquier reivindicación económica constituye ya una amenaza potencial a la posibilidad de apropiarse de un plusvalor, base de cualquier acumulación. Quiere decir que simples demandas salariales tocan la esencia material del derecho de propiedad y por ende los límites del sistema. En su consecuencia económica constituyen una situación objetivamente prerrevolucionaria; así se explica por qué el estado muchas veces reacciona con suma brutalidad a simples reivindicaciones laborales.[198]

2] Donde subsisten relaciones de trabajo no capitalistas, las formas abiertas de desigualdad y de dominación siguen siendo un *sine qua non* de la apropiación. Vimos que esta fuerza extraeconómica ya no es ejercida (exclusivamente) por el propietario de los medios de producción, sino que ha sido asimilada (parcialmente) a la "fuerza pública".

3] Subsiste finalmente también la violencia propia de la acumulación originaria cuando se trata de separar a pequeños productores de sus medios de producción y someterlos al sistema del trabajo asalariado, por ejemplo echando de su tierra a pequeños colonos, desalojando o embargando a pequeños artesanos arruinados, etcétera.[199]

Por más que se diferencie teóricamente aquella violencia que "abrevia a manera de incubadora las transiciones"[200] de aquella que es

---

[198] "La pugna por el acceso a las ganancias de la productividad por parte de las clases subprivilegiadas se transforma necesariamente en una declaración de lucha al sistema, y la pugna por asegurar las posibilidades de acumulación se transforma necesariamente en represión." (Oliveira [50], pp. 69s.)

[199] Véase, entre otros, Octavio Ianni, *A classe operária vai ao campo*, São Paulo, *Cuadernos CEBRAP*, 24, 1976. Véase también la novela "clásica" latinoamericana sobre la paulatina destrucción de la economía comunera indígena del autor peruano Ciro Alegría, *El mundo es ancho y ajeno*, 1941; hay varias ediciones.

[200] Karl Marx, *Das Kapital*, t. 1, MEW 23, p. 779 [t. I/3, p. 940].

"ella misma una potencia económica",[201] en su apariencia empírica estas dos causas de violencia suelen confluir en un solo poder represivo omnipresente en las regiones y los sectores más atrasados, que sistemáticamente está del lado de "los ricos" y mantiene al "hombre común" en una situación de privación de derechos que lo obliga a someterse a cualquier dictado económico.

Esto tiene también su reverso: cualquier reclamo contra estas relaciones de trabajo conlleva entonces necesariamente también una rebelión contra la fuerza extraeconómica que las garantiza, convirtiéndose en rebelión *política*, aun sin quererlo. Si los órganos del estado tildan de "subversiva" cualquier articulación organizada de intereses sociales que sus protagonistas no conciben sino como demandas más elementales de justicia dentro del sistema imperante, ambas interpretaciones encajan perfectamente con las dos caras objetivas de la misma realidad: la justicia real *es* subversiva.

Mientras la violencia siga implicada abiertamente en las funciones económicas no puede constituirse plenamente como política. Concordantemente, muchas veces tampoco se ha convertido en monopolio estatal: al lado del aparato represivo estatal en muchos países del "tercer mundo" encontramos otros órganos de coacción organizados por particulares, en forma de "servicios de vigilancia" de empresas, guardaespaldas con funciones obviamente no sólo defensivas, sindicatos de tipo mafia, guerreros tribales, etcétera.

También en su dimensión espacial, en lo tocante al territorio nacional, el monopolio estatal de la violencia resulta a veces atajado por otros sistemas de dominación no integrados efectivamente al poder estatal: dominios tradicionales o regionales, el poder incontrolable de latifundistas, zonas prácticamente extraterritoriales en manos de empresas extranjeras, zonas de intereses económicos ilegales militarizados (contrabandistas, traficantes de esclavos, productores de drogas, etc.) o de fuerzas insurgentes.

También puede darse el caso de que la fuerza política del estado vuelva a privatizarse parcialmente en situaciones de conflicto agudo, cuando la fuerza represiva del estado se revela impotente para copar por sí sola con una situación y se delega a grupos privados desligados de ataduras jurídicas o administrativas (terror blanco, bandas parapoliciales). Aquí, el dominio de clase ya no es ejercido tan sólo por el estado, sino revierte en el mismo poder social de la clase dominante.

Cuanto más numerosas las contradicciones y cuanto más entrelazadas sus apariencias en crisis sociales, tanto más inespecífica tiene que quedar la represión estatal desplegada para combatirlas en cuanto

[201] *Loc. cit.*

a sus métodos y sus destinatarios. Principios de adecuación resultan ilusorios, las víctimas de la represión muchas veces no son los mismos individuos o grupos que con su acción pusieron de manifiesto una crisis determinada, ni hablar de aquellos que la causaron. La represión se vuelve incoherente: en el medio de una represión generalizada se encuentran de repente algunas libertades insulares insospechadas o una observancia pulcra de algunos restos de un estado de derecho. Determinados actos hoy son tolerados y mañana reprimidos; la misma organización política es perseguida en una parte del territorio nacional y actúa abiertamente en otra.

Un intento de corresponder a las causas y finalidades múltiples de la represión estatal puede ser el desdoblamiento del aparato coercitivo estatal en una multitud equivalente de órganos de represión "especializados". Como resultado observamos en muchos países de la periferia capitalista todo un haz de unidades militares, paramilitares y policiacas, uniformadas o no, públicas o secretas, legales o ilegales, muchas veces embarcadas en una viva competencia entre sí.[202]

Ahora bien, si la represión debe compensar las deficiencias de todos los demás medios de acción estatal y hacerse cargo de una cantidad de problemas no resueltos, ¿de dónde consigue el estado el poderío necesario para ello? La sociedad capitalista que lo agobia de problemas ¿puede dotarlo de un poder coercitivo digno de confianza?

Las burguesías locales seguramente serían incapaces de proveer de fuerza suficiente a un órgano de represión —pero ellas no son sino una parte de las clases dominantes cuyo poder político se encarna en el estado. Sus recursos de violencia no son sólo aquellos que corresponden al bajo nivel de desarrollo productivo de la sociedad local, sino se arma también —en el sentido literal y figurativo— de los medios represivos modernos que le proporcionan las fracciones externas de la burguesía. Forman parte de este tipo de "ayuda" no sólo envíos (pagados o gratuitos) de armamento, sino también cursos de entrenamiento, sistemas de información, cooperación internacional de aparatos militares y policiacos, hasta el reaseguro que presta el aparato represivo de las mismas metrópolis, dispuestas en casos de emergencia a salvar

---

[202] En la Argentina hay por lo menos diez servicios secretos *oficiales*, sin contar los organismos y grupos eufemísticamente llamados "descontrolados". Son los servicios de información de las tres armas, ejército, marina y fuerza aérea (SIE, SIM, SIFA), de la Gendarmería Nacional, de la Prefectura Marítima, de la Guardia de la Hacienda, de la policía federal (Coordinación Federal) y de cada una de las policías provinciales, y finalmente un servicio directamente subordinado al presidente (SIDE). A esto hay que agregar los servicios secretos extranjeros, tanto de las metrópolis (principalmente la CIA), como los de otras dictaduras latinoamericanas, especialmente brasileños, chilenos y uruguayos.

"la vida y la propiedad de los ciudadanos" por medio de una intervención directa. En comparación con otros medios de acción estatal, la capacidad represiva es un recurso de transferencia relativamente simple y barato. Es la única para la cual *no* vale aquello de que se incrementa su escasez cuanto más apremiantemente se necesita. La inserción en el mercado mundial repercute aquí directamente en una ampliación del poderío estatal. Resultado de ello es un aparato represivo que por regla general se adelanta en mucho a la sociedad local en cuanto a su "modernidad". Sin embargo, la violencia no es ningún *deus ex machina*. Primero, no sabe resolver las contradicciones sociales, sino sólo suprimirlas. Y, segundo, como poder resumido de la clase dominante queda limitado por el poder contrapuesto de las clases dominadas.

4.5 LA ORGANIZACIÓN DE LA ACCIÓN ESTATAL EN LA PERIFERIA CAPITALISTA

4.5.1 El aparato del estado

La capacidad del estado de cumplir con las tareas que le son transmitidas no puede ser mejor que el aparato de que dispone para ello. Pero este aparato no es un mero instrumento, moldeable al antojo: siendo el "cuerpo" del estado, tiene que en"carnar"se en él la interrelación que éste mantiene con su sociedad de origen. Tiene que reflejarse en su estructuración la yuxtaposición de lo económico y lo político típica de la sociedad burguesa, que se expresa en un aparato burocrático y una "clase política" desligados formalmente del intercambio económico, separados de los agentes de producción y dotados con una apariencia de imparcialidad. Pero tienen que reflejarse también todas las incoherencias y contradicciones que caracterizan a esta interrelación en el caso del capitalismo periférico, dando origen a múltiples insuficiencias y deformaciones de los órganos estatales. Ya podemos pronosticar entonces que el estado periférico queda atrapado en un círculo vicioso también por lo que respecta a su funcionalidad organizativa: por un lado se confronta con una variedad de exigencias funcionales contradictorias; por otro lado, estas mismas contradicciones se reproducen en la estructura y el funcionamiento de su aparato de una manera que reduce aún más su capacidad reguladora.

Vimos que la única manera en que el estado periférico puede desempeñarse en su funcionalidad global de propulsar la generalización de las relaciones capitalistas de producción en un medio social heterogéneo es en forma fragmentada y a través de continuas intervenciones reñidas entre sí, cuyos resultados nunca concuerdan plenamente con los fines perseguidos. En los aparatos estatales de los países del "tercer mundo" estas exigencias contradictorias de acción estatal suelen repercutir en la creación de una mezcolanza de ministerios, dependencias e instancias dedicados cada cual a tareas específicas de acuerdo con criterios y preceptos propios, y cuya colaboración mutua en la persecución de fines más globales resulta más que dudosa.[203]

Prácticamente, no hay estructuras formales que puedan ser adecuadas a tanta heterogeneidad social. En consecuencia, surgen estructuras de decisión informales que cortan a través de las instancias formales, prácticas no avaladas por la estipulación legal y competencias confusas.

Pero la diversidad de las necesidades sociales por atender no sólo crea una multiplicación cuantitativa de órganos, penetra también su conformación cualitativa: el grado de "modernidad" de un órgano de estado, sus métodos específicos, hasta la ideología de los respectivos funcionarios se diferencian profundamente según el aspecto de la vida social al cual se dirige principalmente la respectiva función estatal. Así, las agencias ligadas a los sectores hegemónicos de la economía están dotadas profusamente de personal calificado, técnica moderna e ideología tecnócrata-progresista, mientras las cajas de jubilación, las oficinas de sanidad pública y en general las dependencias fuera de los conglomerados urbanos residen en barracas, tienen que hacer sus cálculos a mano y pagan de su propio bolsillo los bolígrafos que usan.

La multiplicación y heterogeneidad de los órganos estatales no es de por sí patológica; al contrario, en principio está enteramente *acorde* con sus funciones y constituye la única manera en que el estado puede realizar con fines de organización su papel de "estado de intervención permanente". Sin embargo, esta incoherencia necesaria no se mantiene en un nivel provechoso: la confusión, las contraórdenes, la duplicación de instancias con su secuela de trabajo doble, competencia y falta de coordinación tienen que terminar por crear más problemas de los que solucionan.

El intento de solución más a mano es la creación de instancias

---

[203] Fuente importante de fenómenos empíricos de contradicciones y deficiencias funcionales de los aparatos estatales en países periféricos son los trabajos de Kaplan, especialmente [261]. Sin embargo, Kaplan no tiene explicación teórica para estos fenómenos, por lo cual no pierde la esperanza de poder racionalizar el aparato en el futuro. Resume: "La administración pública aparece como una adición de grandes y pequeñas ruedas que giran separadamente en el vacío" ([253], p. 34). Metáfora impresionante pero falsa: las ruedas están conectadas por su *necesaria* contradictoriedad.

especiales dedicadas a controlar y coordinar esta multitud de agencias, por medio de nuevos órganos o consejos centrales. Pero así sólo se resuelve el problema en apariencia y a corto plazo: la "incoherencia inherente" de sus tareas obliga al poco tiempo a la instancia recién creada a abandonar su pretensión de consistencia; queda sólo una agencia, un trámite más.

Otro posible intento de cumplir con estos imperativos funcionales contrapuestos consiste en incorporar la función social respectiva al aparato de estado, con la esperanza de poder resolverla mejor una vez que quede bajo el control exclusivo del estado. Sin embargo, al poco andar suele quedar patente que no sólo se incorporó la función al estado, sino también las contradicciones sociales que le dieron origen. Cuando, por ejemplo, se nacionaliza una empresa a fin de eximirla de las asperezas de la competencia, tarde o temprano resulta que sólo se dio cabida a la competencia dentro del estado, donde estorba la funcionalidad de otros órganos, sin que se haya mejorado la racionalidad económica de la empresa incorporada. La necesidad de proveer algún seguro de desempleo puede llevar a crear puestos superfluos y disfuncionales —por ejemplo, en la empresa que acabamos de mencionar— con lo cual sólo se encubre provisionalmente el problema del desempleo, dificultando a más largo plazo la regulación de los problemas de desarrollo económico subyacentes.

Así, la materialización de las diversas exigencias funcionales en el interior de la maquinaria del estado produce una *tendencia hacia la hipertrofia y la heterogeneidad* del aparato estatal *sin que aumente por ello su capacidad reguladora.*

La única salida de este círculo vicioso consiste en fortalecer la instancia central de las decisiones. Si los órganos separados del estado ya no son capaces de operar según un criterio funcional común, entonces la cúpula del aparato tiene que poseer poderes tanto más omnímodos para poder seguir imponiendo la necesaria coherencia en lo global. De ahí resulta una *tendencia contrapuesta hacia la centralización* del poder en manos de un gobierno central absorbente y por ende en la persona de un jefe de estado o de gobierno "fuerte".

Pero tampoco así se soluciona el problema; mientras los niveles inferiores quedan anquilosados en su capacidad resolutiva, las instancias máximas se estrangulan en su propia omnipotencia. Todos los asuntos de estado dependen de la capacidad de trabajo de pocas personas. Resulta imprescindible ahorrar su tiempo asegurando una óptima preparación de los asuntos que llegan a su decisión: surgen nuevos consejos consultivos y organismos de planificación, que no tardan en independizarse y enredarse a su vez en las contradicciones de la sociedad circundante. Así, la hipertrofia y la centralización se impulsan mutuamente.

En estrecha combinación se da también la dialéctica entre privatización y burocratización del estado. Por un lado, el estado debe garantizar las necesarias condiciones *generales* de producción y reproducción; por otro lado, estas necesidades generales se le transmiten transformadas en intereses particulares no generalizables entre sí, a las cuales sólo puede dar respuestas individuales.

Por eso, la fragmentación del aparato de estado en múltiples funciones diferenciadas suele ir acompañada de una tendencia hacia la captación de los diferentes segmentos por intereses particulares. La función estatal y el interés privado se entrelazan, resulta a veces difícil discernir si una agencia determinada sigue siendo órgano de estado o ya se ha convertido en antesala de uno u otro grupo de presión y en su representación ante el estado. La constitución incompleta del estado en su forma burguesa abstracta se expresa, pues, en su "cuerpo" como segmentación y particularización de sus miembros.

También aquí, una estrecha vinculación entre el estado y los intereses privados en principio no es una anomalía, sino un supuesto de su correcto funcionamiento, que sólo así puede adecuarse a la contradictoriedad inevitable de los intereses en litigio. Hasta la corrupción como procedimiento abreviado y expeditivo para satisfacer un interés particular puede ser un método "racional" para mantener ágiles las relaciones recíprocas entre el estado y la sociedad en vista de una variedad imprevisible de casos no generalizables entre sí, que rebasan necesariamente cualquier cauce formalizado.[204]

Pero en la medida en que se instrumenta al estado en favor de intereses particulares surge por otro lado el peligro de que quede incapacitado todavía para cumplir con las funciones *generales* que siguen siendo necesarias para la salvaguardia del conjunto del sistema: su defensa contra enemigos de fuera y de dentro, la garantía de las reglas básicas de mercado, el suministro de ciertos supuestos esenciales materiales de la producción —todas son y siguen siendo tareas globales que no pueden desatenderse so pena de interrumpirse el proceso de acumulación.

Para seguir estando capacitado para estas tareas indispensables, el

---

[204] "En términos de crecimiento económico, la única cosa peor que una sociedad con una burocracia rígida, hipercentralizada y deshonesta es una con una burocracia rígida, hipercentralizada y honesta" (Huntington [245], p. 69) (nosotros diríamos "desarrollo capitalista periférico" en vez de "crecimiento económico"). Véase también J. C. Scott, "The analysis of corruption in developing countries", *Comparative Studies in Society and History*, vol. 11, pp. 315-341.

estado tiene que esforzarse por refrenar un acceso incontrolado de intereses privados. Esto se expresa en un empeño por formalizar sus relaciones exteriores, materializado en el aparato estatal como *tendencia hacia la burocratización*. De paso se realimenta también la tendencia hacia la hipertrofia, al crearse nuevas instancias por desconfianza de las anteriores que ya demostraron su permeabilidad a intereses particulares "inconfesables". Pero, ante la disparidad objetivamente irreconciliable de intereses, tampoco esta burocracia puede dejar de atender intereses concretos con cada decisión concreta que toma. Cuanto mayor el número de instancias intervinientes, tanto más accesibles son para intereses individuales. A través del "compadre" y el "amigo" en la oficina de control recién creada vuelve a filtrarse en el aparato de estado aquel favoritismo que se buscaba eliminar por medio de la creación de dicha oficina. La tendencia hacia la implantación de otras instancias de control se prolonga y vuelve a conducir al punto de partida.

La relación conflictiva entre el necesario cumplimiento de intereses globales y el inevitable enredo en intereses particulares suele inscribirse dentro del aparato de estado por algún tipo de estructura concéntrica: un *núcleo* formado por órganos de estado que siguen representando un poder estatal relativamente general y abstracto, se rodea de un halo de diversas agencias que articulan aquella generalidad abstracta con la realidad social, pasando por varios niveles de "privatización" hasta llegar a sus ramificaciones particularistas.

Típicamente, forman parte del núcleo estatal: las fuerzas armadas, el jefe de estado o de gobierno con su equipo de colaboradores inmediatos, la alta burocracia ministerial, a veces también los órganos centrales de planificación y partes de la justicia. En las esferas estatales circundantes, parcialmente privatizadas, se congregan órganos de muy distinto signo, siendo entre ellos el parlamento (si es que hay algo que se le asemeje) no necesariamente el más importante, aunque el único legitimado por la teoría liberal para una tal función transformadora. Algunas agencias han sido creadas expresamente como órganos semiestatales de autoadministración en el lindero entre la actividad estatal y la privada (empresas del estado, organismos mixtos, compuestos por representantes del estado y de las "fuerzas vivas", como pueden ser las juntas reguladoras o los organismos de fomento para ciertas ramas de producción, consejos económico-sociales, instituciones estatales con el *status* de "autarquías" o "entes autónomos", etc.). En otras, la ligazón con intereses particulares es el resultado no prefijado de una captación exitosa por parte de determinados grupos sociales que monopolizan el acceso a esta agencia o supieron colocar ahí a "su hombre"; un ejemplo muy común: el ministro de agricultura proviene de la asociación de latifundistas. Quedan finalmente los casos de instituciones formalmente privadas, pero controladas de hecho por el estado (por ejemplo, sindicatos y medios de información "verticalistas", organismos de enseñanza o de asistencia social financiados en buena medida por el estado) o que llegaron a asumir de hecho un papel dentro de las estructuras de dominación estatal existentes (por ejemplo sindicatos y medios de información "oficialistas", cámaras de comercio, asociaciones empresariales y colegios profesionales que controlan los sectores hegemónicos de la economía, etcétera).

Con esa división del trabajo entre un "centro" y una "periferia" dentro del aparato estatal se traslada el problema de la "separación de lo general" al interior del estado. Si el estado no puede "desdoblarse" enteramente de la sociedad circundante por causa de la generalización incompleta de las relaciones mercantiles, entonces él mismo tiene que "desdoblarse" en una parte exterior privatizada y una parte interior que sigue representando una generalidad abstracta. Figurativamente, el estado se repliega detrás de murallas interiores, ante la superioridad arrolladora de los intereses privados que lo sitian.

Este escalonamiento concéntrico de diferentes grados de abstracción estatal es la expresión material de la dialéctica arriba expuesta entre una *potencial* ampliación de los límites de acción del estado y su *probable* instrumentación por parte de intereses particulares, resultado del particularismo inevitable de todas las relaciones entre el estado y la sociedad.

Es obvio que en sus permanentes oscilaciones entre heterogeneización e hipertrofia, estatización y particularización, centralización y dispersión el estado tiene que producir una serie de *deficiencias funcionales secundarias*: al abrirse el aparato estatal a las contradicciones sociales, la lucha de competencia se traslada a su interior; en forma abierta como disputa entre intereses económicos contrapuestos, o en forma solapada como permanentes rencillas entre los diferentes órganos de estado. De la privatización de segmentos del estado hay sólo un paso hacia la "feudalización" de ciertos reductos oficiales. Así, muchas agencias estatales en países del "tercer mundo" ofrecen la imagen de fuentes celosamente custodiadas de caudales y poderes de un clan, una minoría étnica o regional o de una "mafia", independizándose por completo el interés por la conservación de la prebenda de la finalidad funcional originaria del respectivo órgano de estado. Instancias obsoletas, que visiblemente ya perdieron su razón de ser, subsisten por la ley de inercia y "taponan los poros de la sociedad".[205]

Un cuerpo de funcionarios engrosado significa necesariamente un

---

[205] Karl Marx, *Der 18. Brumaire des Louis Bonaparte*, MEW 8, pp. 115ss.

nivel de salarios más bajo, lo que conduce a una selección negativa entre los aspirantes al servicio público y convierte el soborno en un sobresueldo indispensable (y tácitamente computado). No alcanza el presupuesto para equipar técnicamente de manera adecuada tantas oficinas. Con las dimensiones del aparato aumentan también las pérdidas "naturales" de eficiencia como incompetencia, nepotismo, flujos de información pesados, etc. La duplicación de agencias, su impermeabilidad recíproca y su orientación exclusivamente radial hacia un lejano poder central, la sobrecarga de los trámites con lastre burocrático —todo ello tiene que redundar en adicionales deficiencias de comunicación y de acción.

Una *percepción* correcta de las crisis sociales muchas veces resulta más bien dificultada que facilitada por un tal aparato. Igualmente difícil se vuelve una *planificación* realista: los datos de base y las metas a alcanzar a veces corresponden más a un compromiso entre los intereses representados en las diversas instancias estatales que a un análisis de la realidad social. Todos los indicadores económicos de un país dependiente del mercado mundial se basan en factores tan imponderables como las fluctuaciones de los precios internacionales o de los factores climatológicos que determinan el volumen de la cosecha del producto principal de exportación. Por la heterogeneidad estructural de los diferentes sectores de producción se entrecruzan infinitas variables, cargando de un amplísimo margen de error a cualquier pronóstico global acerca de producción, sueldos, precios, importaciones y exportaciones, volumen del crédito, inversiones, etcétera.

Un aspecto capital de ello es la estabilidad monetaria, influida por todos estos factores imprevisibles. Toda planificación estatal que tiene que contar con el dinero como recurso o medio de regulación tiene entonces un asidero muy poco firme.

Estos defectos de la percepción y planificación tienen por resultado una pérdida de realismo que se hace patente en la *implementación* de las decisiones tomadas sobre estas bases: al tratar de poner en práctica determinadas medidas, éstas resultan inadecuadas, irrealizables o contraproducentes. La mencionada segmentación del aparato estatal ahora se hace presente con el efecto de retrasar o diluir estas medidas, adaptándolas a los respectivos intereses particulares.

En las condiciones sociales del "tercer mundo" hay pues límites estrechos para una regulación racional de los procesos sociales por parte del estado. Como consecuencia, tiene que acentuarse retroactivamente la tendencia represiva.

Si el aparato de estado resulta plagado de pesadez e ineficacia, ¿cómo puede cumplir a pesar de ello con su papel central en el proceso reproductivo de estas sociedades? ¿Cómo se vincula este catálogo de deficiencias funcionales con la ubicuidad de las reivindicaciones de poder por parte del estado, experimentada cotidianamente en los países del "tercer mundo"?

Pues bien, esta ubicuidad sólo significa una administración abultada; no es indicio de un estado eficaz; sino al contrario. Pero, sobre todo, sus debilidades funcionales tienen una lógica: es ineficaz y débil en aquellas áreas funcionales que serían necesarias para un desarrollo social amplio y equilibrado; es por el contrario "sobredesarrollado" en todas aquellas áreas que sirven a la imposición de las formas de penetración capitalista, sean las de la instrumentación económica (por ejemplo departamentos de comercio exterior, bancos de fomento, etc.) o sean las del resguardo político (especialmente los aparatos de represión).

Los recursos adicionales (financieros, técnicos, represivos, etc.) de que lo proveen sus burguesías externas lógicamente sirven también, casi exclusivamente, para el mejoramiento de estas funciones. Los órganos estatales equipados de acuerdo con los últimos adelantos de la técnica son éstos y no otros. Sistemáticamente, estas agencias dedicadas a las funciones centrales del estado periférico se encuentran muy próximas al "núcleo" estatal del respectivo aparato administrativo, o bien dentro de él. Ese "halo" heterogéneo, con toda su contradictoriedad y pesadez, es la materialización de todo ese penoso y conflictivo proceso de articulación que necesita la parte céntrica y eficaz de la maquinaria estatal para cumplir con su función de penetración capitalista.

4.5.2 La cuestión de las "clases sociales"

Con la expansión del aparato estatal se multiplica también la cantidad de los que trabajan en el servicio público. El estado siempre es el empleador más importante del país; entre administración, agencias semiestatales y empresas públicas suele juntarse un porcentaje significativo de la población económicamente activa total, sumando por lo común una cuarta o tercera parte de ese total.

Surge aquí la cuestión de la posición social de los empleados estatales, en un sentido doble: por una parte, por la sola cantidad conforman un elemento esencial de la estructura social que les da un papel relevante en cualquier análisis de clases; por otra parte, son ellos los que llevan a la práctica las distintas funciones del estado; en última instancia la problemática de las posibilidades y limitaciones de la acción estatal revierte en una problemática del comportamiento organizado de este grupo de individuos.

Tanto teórica como prácticamente, la determinación doble de este grupo como parte del estado, por un lado, como parte de una estructura de clases, por el otro, plantea una de las cuestiones más difíciles y al mismo tiempo capitales de la investigación social. Esto vale no sólo para las sociedades del "tercer mundo"; aunque ahí con especial énfasis a causa del papel de protagonista del estado y las interrelaciones extremadamente amplias y fluidas entre lo público y lo privado. No podemos resolver estos problemas aquí; trataremos sin embargo de señalar algunas diferenciaciones que tendrían que formar parte de un análisis más profundo.

A veces, a los empleados estatales se les designa con un término englobante como "clases del estado",[206] o "clase política".[207] Pero mientras no se distingan según su posición jerárquica dentro del aparato administrativo y según su correspondencia con las clases sociales, seguirán quedando en una combinación meramente aforística entre "estado" y "clase" que no contribuye nada a una conceptualización de la *relación* entre ambos. Un término globalizador no diferenciado tiene que conducir a adjudicar no menos globalmente determinadas cualidades y facultades a una tal "clase estatal".[208]

Al introducir un término como "clase estatal" se postula que la función social del grupo de personas así designadas no se agota con su función como personificación del estado, si no, bastaría con la expresión "empleados de estado". Esto tiene profundas consecuencias para un análisis de clase y una práctica política fundada en él; una "clase estatal" así sería entonces una *fuerza social* relativamente autónoma, capaz de tener intereses y fines históricos propios y, por consiguiente, también de formar parte de alianzas sociales, que habría que tener en cuenta para posibles frentes políticos. El problema sería entonces: ¿para cuáles?

Vamos por partes:

1] Los empleados estatales son en primer lugar agentes del estado, y como tales no son una "clase" sino una *categoría* de personas.[209] En su función oficial su comportamiento está determinado primariamente por su posición en el contexto funcional del estado; expresan los intereses de clase que el estado representa en su conjunto, no aquellos de su pertenencia individual a una u otra clase social. Su procedencia y actual posición social para su actuación como agentes del

---

[206] Elsenhans [209], en el título.

[207] Roger Murray, cit. por John S. Saul, "The unsteady state: Uganda, Obote and general Amin", *Review of African Political Economy*, 5, enero-abril de 1976, pp. 12-38, 17.

[208] Es la tendencia en el artículo de Elsenhans [209].

[209] Poulantzas [151], p. 85.

estado tiene una importancia apenas secundaria, modificadora.[210] Sin embargo, esta determinación secundaria puede pasar a un primer plano en momentos de crisis, en que el estado pierde su coherencia interna; es por eso por lo que en el estado periférico —el "estado de crisis *permanente*"— el accionar visible de los diferentes componentes de la maquinaria estatal puede aparecer por períodos prolongados marcado por su pertenencia de clase más que por su función dentro del estado ("privatización del aparato estatal").

Por otro lado, los empleados de estado también forman parte de clases, fracciones de clases y capas sociales fuera del aparato estatal, aunque estrechamente correlacionados con su posición jerárquica; interesan aquí especialmente las diversas gradaciones de la pequeña burguesía, en parte también la burguesía y los terratenientes y —en lo que se refiere a los obreros de empresas estatales— la clase trabajadora. Su función social como integrantes de estas estructuras de clase se determina en primer lugar por la posición y el interés de estas respectivas fuerzas sociales en el contexto global de la sociedad. Aquí, a la inversa, su incorporación profesional al estado es el elemento secundario, meramente modificador.

Hasta aquí no hay necesidad de tal concepto, "clase estatal"; en principio, los empleados públicos son a la vez "estado" y "clase", derivándose del respectivo contexto analítico una separación y una prioridad clara (teóricamente) de ambas determinaciones.

2] Otro es el caso de aquellas clases y fracciones de clase que surgieron históricamente a consecuencia de ciertas políticas socioeconómicas del estado y que crecieron a su amparo.[211] Mientras estas clases se ubiquen fuera del aparato estatal, no hay ningún problema teórico, aunque sí un amplio campo de investigación histórico-empírica (sería absurdo llamarlas "clases de estado" por su origen histórico).

3] Sólo se puede analizar el concepto "clases estatales" en un contexto definido que presupone una situación histórica específica: aquella situación en que el estado, dentro de un proceso de desarrollo capitalista secundario, toma a su cargo funciones históricas que, en el caso de la génesis originaria del capitalismo en Europa occidental, tenían que ser funciones de clases sociales. El problema se analiza con respecto a dos situaciones concretas:

En determinados países de África y Asia, cuya población se com-

---

[210] Esto vale especialmente para el papel político de los militares: al contrario de lo que muchas veces se intenta en la literatura (por ejemplo [317]), la procedencia social de los oficiales es un factor de segundo orden frente a su función como integrantes del órgano armado del aparato estatal burgués.
[211] "Puede decirse que en gran medida [las burguesías] tuvieron que formarse a partir del hecho estatal" (Zavaleta [67], p. 18).

pone predominantemente de nómadas, pequeños agricultores de subsistencia, sociedades tribales indiferenciadas o pequeños productores de mercancías, el estado es por el momento el único agente del desarrollo de las fuerzas productivas y de la ampliación del mercado interno. No existe todavía ni una burguesía ni una clase trabajadora sino en formas sumamente rudimentarias y embrionarias. Aquí, una *pequeña burguesía burocrática* en la función pública obra como agente y expresión de una diferenciación de clase que apenas comienza a verificarse.[212]

En países de más avanzado desarrollo capitalista cuya inserción en el mercado mundial en una primera fase se basaba principalmente en la exportación de productos primarios, las empresas estatales muchas veces constituyen el fundamento y el pivote de un desarrollo industrial. En algunos países, estas empresas han desbordado el sector considerado de "infraestructura", expandiéndose hacia el área productora de mercancías; pueden llegar a representar buena parte del total de la producción industrial, dejando amplios márgenes de ganancia y comportándose en sus decisiones económicas como cualquier gran capital privado.

Para los gerentes de estas empresas se ha propuesto la denominación de "burguesía estatal"; son empleados estatales (muchas veces militares), sin embargo en gran medida asimilados política e ideológicamente a la burguesía. En el nivel económico, por una parte, ponen en movimiento un capital de la misma manera que un capitalista privado y muchas veces también disfrutan de un nivel de vida y un *status* social correspondiente; por otra parte, se distinguen de él por no ser ellos los propietarios del capital que manejan.[213] En el proceso de desarrollo socioeconómico, estas "burguesías estatales" cumplen un papel histórico equiparable al de las burguesías industriales en el capitalismo originario. Donde el estado controla además buena parte del sistema bancario y crediticio, se agrega a ello el papel de una burguesía financiera.

Una noción de "clase estatal" no puede por consiguiente abarcar jamás la totalidad de los empleados estatales, sino que se refiere exclusivamente a aquella parte que dirigen en su conjunto aquellos segmentos de la acción estatal que sirven a su función histórica de propulsor de un desarrollo capitalista secundario.

Pero, aun con esta delimitación de su alcance, ¿no sigue siendo un concepto apenas descriptivo, extraño a un sistema teórico materialista? Hay quienes insisten en que la denominación teóricamente co-

---

[212] Véanse Saul [357] y Olivier [324], así como los artículos en el núm. 5 de *Review of African Political Economy*, enero-abril de 1976.
[213] F. H. Cardoso, "O autoritarismo e a democratização necessária", en su libro [188], pp. 11-23, 15ss.

rrecta para esa categoría de personas sigue siendo la de funcionarios o agentes del estado: según ellos, no importa el contenido histórico específico de su acción, sino el hecho de que en definitiva se trata de una acción estatal y no privada, que la función social respectiva la cumpla el estado y no una fuerza social. Esta argumentación tiene a su favor la apariencia de la ortodoxia; sin embargo, resulta impotente para dar cuenta de la ambigüedad del estado capitalista periférico, en el cual la interpenetración de lo privado con lo estatal impide precisamente una delimitación simple y precisa por medio de la fórmula "es estatal lo que hace el estado".

Además, apartarse de esta argumentación no significa apartarse de la ortodoxia, sino al contrario: en países de reproducción dependiente el estado es determinado socialmente por el conjunto de las fuerzas sociales que mantienen en movimiento este proceso reproductivo integrado al mercado mundial, o sea, también por parte de burguesías externas. Su funcionalidad primaria consiste en adecuar las condiciones productivas locales a las condiciones predominantes al nivel mundial. Al analizar la garantía estatal de las condiciones generales materiales de producción vimos que este "retraso" del estado con respecto a las exigencias del mercado mundial se transforma en la posibilidad de un "adelanto" con respecto a la sociedad local. Más allá del llamado "intervencionismo prematuro" y de la anticipación de medios generales de producción pueden darse situaciones en que el estado anticipe también la función histórica de clases sociales que en el momento dado existen sólo en la parte externa del contexto socioeconómico "base", y todavía no en la parte interna. Sólo en apariencia el estado traspasa el marco histórico de las fuerzas sociales que lo sustentan; al restringir la visión al marco nacional da la impresión de que el estado *procrea* una clase, cuando en realidad sólo articula la función social de una clase *existente* pero *externa* en el seno de la sociedad local.

Siendo así, el concepto de "clase estatal" vuelve a ser cuestionado, ahora del lado de su otro elemento definitorio: si esta categoría de personas no es en definitiva "estado sin más", ¿quizá resulte "clase sin más"? De tratarse de meros representantes locales de burguesías externas que se sirven del estado a manera de instrumento, se disolvería el ingrediente estatal del binomio terminológico como mero ropaje ajeno a una esencia de fuerza social con intereses particulares directos. Así, por ejemplo, en el análisis sobre el sector estatal en la economía brasileña algunos autores niegan la relevancia propia de este sector; según ellos, las empresas estatales no son sino un "caballo de Troya" y un abrecaminos de los consorcios transnacionales. Con esto se niega a su vez la autonomía relativa de los procesos· sociales y políticos en sociedades periféricas. El hecho de que el estado no "inventa" la función respectiva sino que la deriva del contexto reproductivo internacional no invalida el otro hecho de que dentro del marco nacional esa función está a cargo del estado, y que el modo de actuar de los agentes estatales que la personifican *también* está determinado por su posición dentro del estado.

Llegamos pues a la conclusión de que en la estructuración social de sociedades capitalistas periféricas pueden existir en determinadas circunstancias "clases estatales" que son *a la vez* agentes del estado y fuerza social.[214] Pero las causas y condiciones históricas que posibilitan su surgimiento en el seno del aparato del estado fijan límites estrechos a la validez del concepto:

1] Sólo debería hablarse de una "clase estatal" cuando el estado *efectivamente* está *cumpliendo funciones históricas* análogas a las de una clase social en el capitalismo originario. Cuando las actividades económicas del estado no participan de los sectores dinámicos sino que se limitan al ámbito de la "infraestructura" o al mantenimiento de empresas anticuadas y antieconómicas, no se puede llamar "burguesía de estado" a sus gerentes, por más que se rodeen de los atributos exteriores de una burguesía a costa de las finanzas públicas.

2] El concepto tampoco tiene sentido si el grupo a que se refiere no despliega una existencia social propia relevante en lo cualitativo y lo cuantitativo, *actuando efectivamente como fuerza social*. Simplificado: no cualquier gerente de una empresa estatal puede constituirse en un "burgués de estado".

3] La "clase estatal" es por su propia definición una *clase de transición*: su existencia presupone el desarrollo insuficiente de una fuerza social correspondiente en la estructuración social nacional fuera del estado. Pero esa fuerza social se materializa precisamente en el estado como primer paso para que pueda desarrollarse y extenderse al conjunto de la sociedad. El surgimiento de una clase estatal es entonces también el primer paso para su superación histórica (no hablamos aquí ni de plazos ni de posibles tendencias contrapuestas hacia su persistencia).

4] Así como su existencia, también su *función* se inscribe en el marco de las relaciones entre la sociedad periférica y el mercado mundial. Si el "adelanto" del estado es en realidad un "retraso" con respecto a las condiciones económicas metropolitanas, entonces una clase estatal surgida en esta brecha histórica no puede tener otra función que llenarla, o sea, *propulsar el desarrollo* de las fuerzas productivas

---

[214] En igual sentido, Poulantzas [151], p. 346, aunque sin una explicación de su argumento.

y de las relaciones de producción *hacia una adecuación a las exigencias del mercado mundial.*

Sin embargo, no hay nada de mecánico en esto: una burguesía de estado puede demostrar una gran autonomía y capacidad de conflicto con respecto al capital extranjero —tanta autonomía como el mismo estado potencialmente posee, y tanta capacidad de conflicto como puede tener una fracción de la burguesía frente a la otra. Más difícil todavía resulta el pronóstico con respecto a una pequeña burguesía burocrática: en la mayoría de los casos será una burguesía en formación, bajo la hegemonía de burguesías externas. Pero la mayor indeterminación propia de una pequeña burguesía por su posición entre las clases principales, y la peculiaridad de que se trata de estructuras sociales en una fase muy incipiente de su formación,[215] abre un campo bastante amplio de alternativas históricas. No es, por consiguiente, un mero extravío ideológico si bajo el rótulo de "Socialismo Africano" se discute la capacidad de esta pequeña burguesía burocrática de ser la portadora de un posible desarrollo no capitalista (aunque la probabilidad sea ínfima).

4.5.3 *Las formas institucionales del estado*

¿Qué formas institucionales[216] son las adecuadas para un estado que se ve en la necesidad de negar parcialmente, en cada acto concreto de interrelación con la sociedad, aquel principio formal de dominio general, abstracto e impersonal propio de su esencia como estado burgués? ¿Cuál es el sistema institucional más idóneo para que el estado de la periferia capitalista pueda hacer frente a sus tareas aumentadas con medios disminuidos? ¿Qué formas puede asumir el interés de clase representado en el estado para disimular, legitimar y en definitiva imponerse si no concurren sino muy deficientemente los mecanismos socioeconómicos que "deberían" garantizar la reproducción de estos intereses, y cuando ni siquiera terminaron de formarse con nitidez las clases cuyos intereses se trata de propulsar? La obvia imposibilidad de indicar *una* forma adecuada ya nos da una primera respuesta negativa: en vista de la multiplicación contradictoria de tareas, la forma adecuada de todos modos *no* puede ser una forma coherente, acabada y continua.

---

215 Roger Murray, cit. por Saul [357], p. 357.
216 Respecto a la diferencia entre la "forma" del estado burgués (en cuanto categoría teórica de la política económica) y sus "formas institucionales" (en cuanto ropaje del primero, de acuerdo con situaciones históricas cambiantes), véase *supra* la sección 3.2.

Más allá, no podemos dar una respuesta positiva en nuestro nivel de una teoría general: los órganos estatales que se forman, las maneras como se reclutan sus funcionarios, sus facultades y habilidades frente a la sociedad y entre sí, todo ello depende de la situación histórica y de la coyuntura del conflicto de clases en el respectivo país. Aquí sólo podemos señalar algunos problemas generales de una institucionalización política que se deducen de los condicionantes sociales básicos de una inserción periférica en el mercado mundial; con base en ello podemos finalmente trazar algunas líneas de correlación hipotética con los fenómenos institucionales más recurrentes de los estados "nuevos".

La posición del estado capitalista como "separación de lo general" frente a una sociedad de propietarios de mercancías formalmente libres e iguales conlleva algunos requisitos formales mínimos a que tiene que dar respuesta cualquier sistema institucional, incluyendo el del estado de la periferia capitalista. Cuando estado y sociedad se encuentran "desdoblados", es necesario establecer lazos entre ambos. A través de ellos tienen que trasmitirse los intereses sociales al estado; inclusive deben ofrecer una garantía de que estos intereses pueden prevalecer en momentos en que la separación de lo político amenaza con desviarse hacia una independización del estado contraria a estos intereses. Por otro lado, el estado tiene que estar dotado de órganos que le posibiliten influir en los diferentes aspectos de la vida social para poner en práctica su función de velar por las condiciones generales de reproducción capitalista y para imponerla en contra de la resistencia que pueda encontrar por parte de individuos o grupos.

Además, si lo que se materializa en el estado es lo "general" del sistema social, sus vías de comunicación con la sociedad tienen que cumplir también un papel transformador; los conductos que recogen los intereses sociales deben trasmitirlos al estado no en su estado natural, como un sinnúmero de intereses particulares dispersos, sino abstrayendo de ellos unos pocos intereses generales. Y, viceversa, los órganos de acción estatal tienen que estar capacitados para aplicar políticas generales del estado a una gran variedad de casos concretos, cuidando además de que se adecuen en lo posible a las formas de intercambio social propias de las relaciones mercantiles.

Ahora bien, ¿cómo pueden institucionalizarse estos canales necesarios para la trasmisión y transformación de intereses sociales en sociedades capitalistas periféricas?

Respecto a las clases dominantes, el problema principal reside en la extrema heterogeneidad de tales intereses. ¿Qué formas institucionales pueden servir por igual a la trasmisión de intereses tan dispares como por ejemplo los de un sector hotelero moderno para el turismo metropolitano, de latifundistas tradicionales, de una casta de sacerdotes y funcionarios y de especuladores financieros parasitarios? ¿Cómo construir los transformadores institucionales encargados de traducir intereses particulares tan divergentes en abstractos y generales? El problema se agudiza todavía más cuando se trata de las burguesías externas, que suelen constituir la fracción hegemónica de las clases dominantes. Una tarea central del estado periférico consiste precisamente en la mediación de estos intereses de la fracción externa de las clases dominantes, pero ¿cuáles pueden ser los canales institucionales que garanticen la articulación de intereses sociales cuyos portadores no residen en el país respectivo y jurídicamente no forman parte del estado nacional? En otras palabras, ¿cómo se transforma una hegemonía externa en dominancia interna?[217] Los vaivenes institucionales en muchos de esos países se explican en buena parte como búsqueda incesante de una solución a este problema.

Finalmente, ¿a través de qué mecanismos se logra la integración de las clases dominadas al sistema, si la generalización incompleta de las relaciones mercantiles impide garantizar la "libertad" del propietario de la fuerza de trabajo, a no ser que sea negando su libertad e igualdad como ciudadano?

Partidos políticos y parlamentos —los canales "clásicos" tanto para la representación del conjunto de la burguesía como para la integración de las clases dominadas—[218] obviamente no resuelven el problema. Para que los intereses divergentes de las fracciones de clase puedan "parlamentarse", tienen que ser comparables; las fracciones minoritarias tienen que tener ese mínimo de identidad de intereses con las fracciones mayoritarias que consiste en que las decisiones de éstas no ponen en peligro la supervivencia de aquéllas. Precisamente esta "cercanía" de intereses no se da en sociedades estructuralmente heterogéneas, con su fragmentación de los intereses vitales de los diferentes componentes de las clases dominantes, por una parte, y el volumen reducido de excedente que se reparte, por otra. De la misma manera en que las tasas de ganancia no pueden igualarse en la competencia, tampoco lo pueden los intereses sociales en el parlamento. La lucha política en que se transforma necesariamente la competencia económica en el capitalismo periférico es demasiado ardua para no desbordar un campo de batalla tan restringido como es un sistema parlamentario.

Muy en especial, partidos políticos y elecciones son incapaces de proveer una representación política de las burguesías externas acorde

---

[217] Lechner [282].
[218] Véase el resumen muy didáctico de la función de instituciones democrático-burguesas en Projekt Klassenanalyse [157], pp. 136ss.

con su peso socioeconómico. No es tanto el problema de que las burguesías externas no pueden participar personalmente en las elecciones; lo decisivo es más bien el hecho de que los sectores hegemónicos que ellos controlan siempre representan actividades muy minoritarias —a veces de enclave— en el conjunto de la economía local, quedando por ende su "cuerpo" social y su presencia político-ideológica muy atrás con respecto a su poder económico. Un procedimiento electoral que se abstrae de diferencias materiales tiene que terminar siempre en una infrarrepresentación de estas burguesías externas.

En sociedades periféricas, el sistema de elecciones y parlamentos tiende a marginar los intereses de la fracción más fuerte de las clases dominantes, en vez de garantizar su representación mayoritaria; quizás ésta sea la más grave de todas las causas que se han conjurado contra la democracia burguesa parlamentaria en los países del "tercer mundo". De ahí también el resultado paradójico, muchas veces observado en tales intentos democráticos: el que consigue votos no puede gobernar; el que puede gobernar no consigue votos.[219] Y de ahí también la tentación muy difundida de "corregir" esta contradicción por medio del fraude electoral: tú ganaste las elecciones, pero yo gané el escrutinio.

Por lo general, el sistema parlamentario tampoco presta los servicios que le son propios en el capitalismo desarrollado en cuanto a la integración de las clases dominadas. En parte, faltan los prerrequisitos prácticos mínimos (nivel cultural elemental, registro adecuado de la población), no habiendo fuerza política interesada en proveerlos. El reconocimiento de plenos derechos políticos a una masa trabajadora que se encuentra parcialmente todavía en relaciones de dependencia personal o en la necesidad de vender su fuerza de trabajo por debajo del costo de su reproducción puede abrir las compuertas a movimientos sociales incontrolables. Las burguesías de las economías periféricas muchas veces simplemente no son lo suficientemente ricas para poder hacer las mínimas concesiones necesarias para ligar una fuerza trabajadora a un sistema parlamentario.

Si los intereses sociales que se articulan en el estado resultan demasiado heterogéneos para poder ser transformados en "generales" a través de mediadores políticos, como partidos y parlamentos, entonces tienen que personarse en el estado en forma "in-mediata", como intereses concretos o sólo parcialmente abstractos.

En vez de partidos políticos, sirven entonces como canales de

---

[219] En Argentina, en las cinco elecciones presidenciales habidas desde 1945, siempre perdió el candidato apoyado por los "grandes" intereses económicos —y los candidatos electos siempre fueron derrocados, tarde o temprano, por un golpe de estado. En el Ecuador, el mismo juego pendular se repitió durante treinta años, hasta con el personaje político Velasco Ibarra mismo.

articulación las formas de organización directa de estos intereses particulares: grupos de interés, asociaciones, cámaras de comercio, la bolsa, colegios profesionales, grandes empresas individuales, los órganos informativos importantes, etc. Una síntesis de estos intereses en instancias preliminares no se realiza, o sólo de manera rudimentaria: todos se refieren directa y radialmente al poder ejecutivo.

En consecuencia, el aparato de estado tiene que plasmar los embragues necesarios para tales contactos directos. En principio tienen que ser tan heterogéneos en su conformación como son los intereses que se trata de asimilar, lo que dificulta enormemente su institucionalización. Los puntos de enlace entre estado y sociedad son entonces consejos asesores, "anillos burocráticos",²²⁰ antesalas, "amigos", clubes. Lo necesariamente híbrido de estas formas de acceso inmediato se refleja en los esfuerzos infructuosos de la ciencia social para dar con un concepto adecuado a estos fenómenos del "tercer mundo"; el resultado de dichos esfuerzos no pasa de aforismos como "estado clientelístico",²²¹ "cuasi-corporativismo"²²² o "estado empresarial".²²³

Cuando no hay manera de sintetizar los diferentes intereses sociales y transformarlos en pocas corrientes políticas, el partido político en su forma liberal-burguesa pierde su razón de ser. Y, efectivamente, los partidos políticos del "tercer mundo" pueden ser cualquier cosa —círculos oligárquicos, aparatos de control social, pantallas de unos pocos grandes intereses, círculos electoralistas efímeros, movimientos carismáticos, tendencias separatistas, organizaciones clandestinas, etc.— menos asociaciones de ciudadanos libre e iguales organizados voluntariamente en corrientes de opinión.

También estos partidos políticos se orientan principalmente hacia el poder ejecutivo —un trabajo parlamentario les resulta secundario o ajeno por completo. Que el personal más encumbrado del aparato estatal se reclute de estos partidos es más bien la excepción que la regla. También los partidos vencedores casi siempre tienen que compartir la dirección del estado con otro personal político reclutado por conductos informales (representantes de los grandes intereses, de los principales "factores de poder"). "Nos resta aún ver un caso claro de

---

²²⁰ Cardoso [187]; pero, independientemente, casi con la misma expresión para el caso del estado metropolitano, Hirsch [115], p. 263: "Las decisiones sobre política de investigación se toman prácticamente [con exclusión del parlamento, T. E.] en estos *círculos administrativos-industriales*" (cursivas mías.)

²²¹ Helio Jaguaribe, "Stabilité sociale par le 'colonial-fascisme' ", *Les Temps Modernes*, 257, octubre de 1967, pp. 602-623.

²²² F. H. Cardoso, "Industrialización, dependencia y poder en América Latina", en su libro [186], pp. 37-56, 52.

²²³ Cardoso [189], p. 5.

control del poder del estado sin ambigüedades por parte de un partido político en una sociedad poscolonial."[224] Viceversa, ¿en qué andadura institucional puede el estado realizar sus tareas frente a la sociedad cuando éstas tienen que tomar la forma de intervenciones concretas, permanentes y contradictorias? Obviamente, tampoco aquí se gana mucho con instancias mediadoras; el estado de la periferia capitalista tiene que reconocerse en sus formas institucionales como estado de la injerencia directa. Este tipo de acción estatal sólo puede cumplirlo un ejecutivo fuerte, ampliamente diversificado. Otros órganos de estado tienen que adecuarse necesariamente a esta institución central y se convierten tendencialmente en parte de ella: el principio de la división de poder resulta carcomido y abolido.

En ausencia de condiciones estructurales comparables, el parlamento no sólo no puede constituirse, tampoco puede actuar, porque su papel legislativo pierde significancia. Las leyes generales chocan con la diversidad de situaciones reales que se resisten a una generalización. El decreto *ad hoc* no puede desligarse de su implementación, sólo rige para el caso concreto y es entonces atributo privativo del poder ejecutivo. El parlamento "agoniza", se asimila de hecho al poder ejecutivo como un órgano consultivo entre varios o como fachada legitimadora (Brasil).[225]

Si la función legislativa se traspasa de hecho o de derecho al poder ejecutivo, entonces también la justicia se convierte en mero órgano auxiliar, dedicado a evacuar los pequeños conflictos cotidianos antes de que asuman una relevancia política. La "independencia" de la justicia se convierte en pura ficción; su función ya no es controlar sino encubrir al poder ejecutivo.[226]

Después de lo dicho se sobrentiende que las formas adecuadas para las tareas materiales del estado no pueden ser sino formas autoritarias y en gran medida arbitrarias. Si las crisis permanentes de una estructura social inconsciente restan eficacia a los medios regulatorios de la esfera de circulación y exigen para su superación medios de dominación directa, cuando ya no se puede gobernar por medio del "imperio de la ley", sino sólo a través de decretos y mandatos directos, entonces obviamente no hay lugar para que el estado se vista de estado de derecho. En el sentido de un apartamiento continuo de formalidades jurídicas efectivamente se puede llamar "estado de excepción en permanencia"[227] al estado capitalista periférico —aunque entonces hablar

---

[224] Alavi [169], p. 63 [p. 191].
[225] Véase el ejemplo citado en la nota 184.
[226] Véase también Projekt Klassenanalyse [159], pp. 92ss.
[227] Sonntag [371].

de "excepción" puede oscurecer el hecho de que se trata ya de una normalidad.

Además, la peculiaridad de un "estado de excepción" al estilo del capitalismo periférico reside en que formas autoritarias de dominación no excluyen precisamente que el estado esté estrechamente atado a intereses particulares. Muchas veces no se puede hablar de una independización descontrolada del estado también respecto de las clases dominantes, tal como lo connota el término "estado de excepción".[228] La expropiación de los derechos de los ciudadanos toca primordialmente a las clases dominadas, a veces también a la pequeña burguesía y hasta a fracciones más débiles de las clases dominantes. Pero las fracciones más relevantes de las clases dominantes no sólo mantienen su control político del estado, sino además suelen disfrutar de un amplio margen de "pluralismo" político: dentro del margen reducido que pueden tener sus divergencias, éstas encuentran todas las libertades necesarias para hacerse valer.

Pero también en períodos de crisis más agudas, cuando hasta las clases dominantes se ven forzadas a ceder sus derechos políticos al estado, éste tiene que mantenerse lo suficientemente abierto y flexible para poder seguir cumpliendo su papel mediador entre los diferentes segmentos de la sociedad y para servir como receptáculo de las tensiones políticas que asume la competencia económica. El problema a resolver por parte de un sistema institucional reside precisamente en hacer compatible un autoritarismo político con un relativo "liberalismo" en cuanto a las diferentes fuerzas económicas en pugna. El "estado de excepción" del tercer mundo no es un estado totalitario. El totalitarismo presupone un grado de organización social que no puede lograrse sin un modelo de desarrollo fundado en un concepto de autonomía reproductiva, ajeno precisamente a una economía subordinada al capital internacional.

Así, por ejemplo, el editor de un gran periódico puede estar sometido a la censura en cuanto a su papel como *opinion leader*, pero al mismo tiempo encontrar todas las puertas de los ministerios abiertas en cuanto dueño de un imperio económico. En América Latina el mejor ejemplo de cómo el estado puede cerrarse al juego político pero mantenerse abierto a la competencia económica es Brasil. El poder político y sus personificaciones son intocables, pero la política económica está a disposición de los grandes intereses para sus críticas, influencias y pugnas internas.

¿Cuáles son entonces los sistemas institucionales que puede asumir la organización del poder estatal para responder a los requisitos men-

---

[228] Poulantzas [150], pp. 57*ss* [pp. 57*ss*].

cionados? Obviamente, tienen que ser sistemas de *formas híbridas*, compuestas de varios sistemas parciales. Además, tiene que tratarse necesariamente de sistemas sólo *parcialmente formalizados*, en los que las estructuras informales pesen tanto o más que las formales. De estos conglomerados institucionales, un componente muy frecuente lo constituyen los fragmentos de la democracia burguesa —sobreviven por lo menos como reminiscencias ideológicas hasta en las dictaduras más cerradas. Son pocos los estados del "tercer mundo" que han abolido formalmente el sistema de división de poderes; prácticamente ninguno deja de clamar, de una u otra manera, por el principio de la soberanía popular, etc. Lo que exige una explicación no es que la democracia liberal parlamentaria no haya logrado imponerse plenamente en ninguna parte del "tercer mundo", sino que siguen manteniéndose pertinazmente restos y elementos de ella en las situaciones más diversas y a pesar de condiciones sociales de lo más adversas. Sin embargo, no es de extrañar; algún reflejo en el plano institucional tiene que tener el hecho de que todas estas sociedades forman parte de un solo sistema global: el capitalismo internacional. Sus ataduras económicas a países centrales organizados según principios democrático-burgueses las exponen a presiones de adaptación política. Pero, lo que es más decisivo todavía, el mismo modo de producción capitalista genera inevitablemente la tendencia hacia formas de organización política acordes con los principios rectores del intercambio económico, aunque esta tendencia se vea trastornada por tendencias contrapuestas.

Así, pueden seguir existiendo los partidos políticos, pero ya no representan sino una parte de los intereses sociales. Son por lo general los intereses de las burguesías locales más débiles y de la pequeña burguesía urbana. Y no por azar: son aquellos grupos sociales cuya existencia social se identifica más con la esfera de la *circulación* dentro del marco *nacional* —o sea con aquellos segmentos de la vida económica que se acercan más a los supuestos materiales de la democracia burguesa. Entre ellos puede el concepto de propiedad hermanarse todavía con las apariencias de igualdad y libertad; "por encima" y "por debajo" de estas capas intermedias sus contenidos de desigualdad material resultan demasiado visibles.

Si los partidos no pueden representar sino fuerzas sociales secundarias, el aparato de estado tiene que dotarse de un personal político reclutado por otros medios y capaz de representar a las fuerzas sociales más importantes. Esto nos conduce al segundo elemento recurrente de los sistemas institucionales del "tercer mundo": en la cúspide del aparato estatal se encuentra casi siempre un *conglomerado burocrático* poderoso, pero amorfo, compuesto por altos funcionarios ministeriales, expertos en planificación, militares, directores de empresas privadas y estatales y "consejeros" extranjeros. Este "círculo interno" de la burocracia estatal cumple varias funciones al mismo tiempo: en él convergen todos los canales de interrelación con la sociedad. Es el órgano en el cual se cotejan los intereses divergentes para llegar a una "generalidad" relativa. Al mismo tiempo representa el necesario poder ejecutivo "fuerte". Su configuración informe con sus amplias posibilidades de interacción tanto con el contorno burocrático como directamente con los más relevantes intereses particulares le da la flexibilidad necesaria de ser el receptor de las exigencias más variadas y al mismo tiempo ejecutor de las múltiples funciones del estado.

En esta "élite de poder", reclutada con base en todo un crucigrama de criterios, se materializa el compromiso entre la inevitable multiplicación de órganos estatales y la necesaria contrabalanza de una fuerte centralización: es la máxima centralización posible en que están todavía presentes materialmente todas las funciones más importantes del estado; el jefe de estado muchas veces no pasa de ser el *primus inter pares* o el mero portavoz de este "parlamento", que es donde de hecho tiene que conseguir una "mayoría" en su labor gubernativa diaria.

Muy en especial, este conglomerado burocrático se ofrece como el mediador más apto para los intereses de las burguesías externas. Al contener este "círculo interno" todas las funciones estatales en su esencia, el problema del acceso al estado se resuelve con el acceso a esta alta burocracia. Constituyendo una estructura informe exenta de principios formales de igualdad, la superioridad material de los intereses externos no tiene problemas para hacerse valer acorde con su peso real.[229]

Este conglomerado burocrático en la cúspide del aparato estatal es la piedra angular de las formas institucionales de los regímenes políticos contemporáneos del "tercer mundo" —esencia de las estructuras de dominación en sociedades estructuralmente heterogéneas y dependientes del mercado mundial.

El principio formal básico de este conglomerado, de acuerdo con su función, es precisamente su *informidad*. Esto quiere decir, primero, que no hay fundamentos objetivos suficientes para derivar de ahí *un* ropaje institucional adecuado para esta médula funcional; puede entonces haber una gran variedad de ropajes posibles (órganos de ase-

---

[229] "El neocolonialismo es, sin embargo, probablemente el mayor beneficiario de la relativa autonomía de la oligarquía burocrático-militar. Es precisamente tal papel relativamente autónomo el que abre el gobierno de la sociedad poscolonial lo suficiente para permitir una exitosa intromisión de intereses neocoloniales en la formulación de políticas nacionales" (Alavi [169], p. 270; [417], p. 203). En el mismo sentido, Elsenhans [209], p. 256, remitiéndose a Robinson: la "clase estatal" asumiría hoy día la función de las "élites colaboradoras y mediadoras".

soramiento, "brain trusts", comisiones interministeriales, estado mayor, "Consejo Nacional de Seguridad", Consejo de Estado, etc., más todas las combinaciones posibles). Segundo, estas estructuras precisamente no deben pasar de mero embalaje para no restringir la informidad funcionalmente necesaria.

El problema de las instituciones políticas se revela así en gran medida como problema de cómo disimular o legitimar institucionalmente esta cúspide burocrática informe, cómo se la inserta en las demás estructuras parciales y cómo se declaran los mecanismos a través de los cuales se relaciona con la sociedad. Las formas institucionales híbridas e informes, aun cuando son las únicas socialmente adecuadas, no dejan de ser inestables; no es de extrañar entonces que prácticamente todos los estados del "tercer mundo" constituyan un laboratorio de combinaciones siempre nuevas, cambiantes y provisionales.

1] Una "salida" que ofrece posibilidades de cierta estabilidad relativa puede ser la seudodemocracia, donde el conglomerado burocrático se esconde detrás de una fachada democrática lo suficientemente elaborada para servir de paragolpes político y como cortina de humo legitimadora. No deja de ser una estructuración parcial e inestable a más largo plazo, por cuanto no puede aspirar a integrar efectivamente a las clases dominadas y por cuanto tampoco suele conseguir la aceptación de todas las fracciones de las clases dominantes como el medio más apto para la articulación de sus intereses.

Salvo raras excepciones, la mayor aproximación a una democracia liberal-burguesa que se puede alcanzar en un país del "tercer mundo" es una democracia restringida oligárquica de las fracciones burguesas más fuertes, con base en una hegemonía incontestada con respecto a las demás fracciones secundarias y una exclusión efectiva de las clases dominadas. Esto presupone que la vinculación con el mercado mundial no esté en manos de una burguesía externa sino de una fuerte burguesía local, para que los intereses hegemónicos puedan apoyarse en un amplio arraigo en el contexto social. Además, presupone una debilidad histórica extrema de las clases dominadas. Cuando ante un avance potencialmente peligroso de éstas se trata por el contrario de acentuar la capacidad integradora de formas democráticas, el óptimo alcanzable suelen ser movimientos populistas que por medios manipulativos trasmiten a las masas una mera sensación subjetiva de estar integradas. Así, los movimientos populistas del "tercer mundo" se revelan como un sustituto del capitalismo periférico para los mecanismos integrativos de la democracia parlamentaria: cuando ésta puede apoyarse en la objetividad que los principios de libertad e igualdad adquieren en un intercambio social regido por relaciones mercantiles, aquéllos tienen que contentarse con la mera ilusión de libertad e igualdad, aprovechando situaciones históricas propicias en que las condiciones de acumulación permitan disimular transitoriamente la insuficiente generalización de las relaciones mercantiles.

2] Quizá la expresión más consecuente de una tal institucionalización parcial sea el partido único (el caso latinoamericano más cercano es el del PRI mexicano). Ahí, el estado mismo se "desdobla" en estado y partido; el partido sirve de trastienda, en la cual ingresan y se confrontan en su forma cruda todos los intereess sociales y ambiciones personales, antes de presentarse en forma filtrada y asimilable al escaparate del estado oficial. La heterogeneidad casi irrestricta del partido posibilita así una relativa homogeneidad del estado. Con todo, tal sistema de partido único presupone ya una considerable homogeneidad real o impuesta de los intereses sociales relevantes, además de un alto grado de autonomía relativa del estado.

3] Quedan finalmente como soluciones posibles los diferentes tipos de dictadura, como expresión abierta de una incapacidad de integrar todos los sectores sociales relevantes en un sistema político: dictaduras unipersonales o de aparatos, dictaduras como expresión directa de intereses hegemónicos, dictaduras disimuladas con el ropaje vetusto de una monarquía, etcétera.

El "estado de excepción en permanencia" no es necesariamente un *gobierno militar*, pero hay múltiples factores que lo empujan en esta dirección. Y, efectivamente, hoy por hoy la dictadura militar abierta o solapada constituye "el" sistema político en la periferia capitalista. Como violencia organizada, las fuerzas armadas concentran en sus manos el recurso más importante del poder estatal, multiplicado todavía en su primacía por las condiciones específicas del "tercer mundo". Gracias a su equipo técnico y a su formación profesional, tienen una superioridad organizativa con respecto a los demás portadores posibles del poder estatal. Casi siempre tienen con las metrópolis vinculaciones directas propias de tipo político, tecnológico, ideológico y hasta económico.[230]

Pero, por encima de todo, por su estructura organizativa rígida y cerrada las fuerzas armadas constituyen la parte más difícil de "heterogeneizar" y privatizar del estado, y por consiguiente son las más aptas (y a veces las únicas) para asumir las funciones generales necesarias para la salvaguardia del sistema, cuando los demás componentes del aparato estatal se muestran incapacitados para ello por su excesiva

---

[230] "Un hecho notable de la situación política en Pakistán ha sido la capacidad de las fuerzas armadas de sostener un trato directo con potencias extranjeras (especialmente los Estados Unidos) por encima de las cabezas del gobierno de turno" (Alavi [169], p. 67; [417], pp. 198-199). ¡Observación válida no sólo para Pakistán!

identificación con los intereses sociales en conflicto. Además, son la única institución del estado presente en todas las extensiones del territorio nacional y —más todavía— siempre en la misma forma estatal abstracta.[231]

El gobierno militar es la violencia organizada "desdoblada" del estado que asume el papel del capitalista global ideal en remplazo de otras instituciones demasiado particularizadas para un cumplimiento seguro de sus funciones. Las fuerzas militares constituyen un "estado dentro del estado", en el sentido de una dominación abstracta en medio de una concreta.[232]

Esta culminación de la abstracción estatal en las fuerzas armadas hace que suelan participar también en aquellos gobiernos en que no aparecen como el personal político principal; forman parte entonces del conglomerado burocrático, impregnándolo de aquel carácter típico de un *establishment* cívico-militar.[233] Y, viceversa, tampoco faltan casi nunca los civiles que ocupan cargos de responsabilidad en gobiernos militares —muchas veces en el ámbito de la economía, acorde con este rasgo recurrente del "estado de excepción" periférico que no suele expropiar a la burguesía de sus derechos políticos en lo que se refiere a la conducción económica.

Con todo, la forma abstracta del poder militar no deja de ser parte de la misma mistificación que envuelve al estado burgués en su conjunto; la racionalidad global que viene a defender no deja de ser la racionalidad de las clases dominantes. En su accionar concreto necesariamente revela una vinculación con intereses concretos, que suelen ser los de las fracciones hegemónicas, muchas veces idénticas a las

---

[231] Expresamente para evitar una identificación demasiado estrecha con una situación regional particular se acostumbra cambiar en forma rotativa a los comandantes de las diferentes guarniciones —en nuestros términos para mantener el carácter abstracto de la institución militar.

[232] Una descripción literaria grandiosa de esta relación entre agentes estatales militares y civiles desde la perspectiva castrense la encontramos en la novela del argentino Roberto Arlt, *Los site locos*, Buenos Aires, Fabril Editora, 1962 (1929), t. 1, pp. 282s: "El ejército es un estado superior dentro de una sociedad inferior, ya que nosotros somos la fuerza específica del país. Y sin embargo, estamos sometidos a las resoluciones del gobierno [...] y el gobierno, ¿quién lo constituye? [...] hombres elegidos por partidos políticos informes [...] ¡y qué representantes, señores! Ustedes saben mejor que yo para ser diputado hay que haber tenido una carrera de mentiras, comenzando como vago de comité; transando y haciendo vida común con pendularios de todas las calañas, en fin, una vida al margen del código y de la verdad. No sé si esto ocurre en países más civilizados que los nuestros, pero aquí es así [...] el parlamento resulta aquí la comedia más grotesca que haya podido envilecer a un país" (dato de Dieter Reichardt).

[233] Véase Alavi [169], quien habla de una "oligarquía burocrática-militar", y O'Donnell [322].

fracciones externas para las cuales las estrechas vinculaciones de las fuerzas armadas con la metrópoli ya prepararon el terreno para aceptarlas como representantes políticos. Así, los altos mandos militares se convierten en el "partido" del capital extranjero y en el instrumento de dominación interna para una hegemonía externa.[234]

Desde luego, la apariencia relativamente abstracta de un gobierno militar no puede mantenerse por mucho tiempo. En cuanto toma decisiones concretas, éstas son necesariamente particularistas, con la consecuencia de que la sociedad civil, con todos sus conflictos, comienza a filtrarse en el aparto castrense, en el baluarte de un poder estatal abstracto. Las fuerzas armadas se politizan y se fraccionan, se desgasta su capacidad operativa en favor de necesidades más generales del sistema, y llega el momento en que hay que remplazarlas por otra forma.[235]

Lo híbrido e informe de los sistemas institucionales en la periferia capitalista contribuye también a su dimensión regional y temporal. Las enormes disparidades de la geografía económica y social de sociedades estructuralmente heterogéneas tienen su reflejo político en una amalgama de formas políticas que se superponen e interpenetran mutuamente. Como primera orientación podemos atenernos a la siguiente correlación: cuanto más las relaciones de intercambio social se presentan como relaciones mercantiles, tanto más se aproximan estas formas políticas a las de la democracia burguesa. Los fragmentos del sistema democrático se encuentran más fácilmente en la capital y demás conglomerados urbanos; de todos modos, en estos polos "modernos" de la vida social el poder político puede ejercerse en forma separada del poder económico y religioso (una excepción reciente: el "etnarca" y arzobispo Macario de Chipre). Pero a medida que nos alejamos de estos centros, encontramos que la separación entre estas esferas comienza a diluirse.

Así, ya en el plano regional el poder político no se separa del poder

---

[234] Véanse, por ejemplo, Sader [355], Mires [308] y otros. Como estudio empírico también Niosi [314], que investiga exhaustivamente las conexiones entre los intereses económicos privados y las fuerzas armadas, concluyendo que los militares constituyen el sustituto de un partido conservador inexistente.

[235] Un paralelo alemán: uno de los ámbitos civiles en que el ejército alemán se está entrometiendo es el de la educación superior, con sus "universidades de las fuerzas armadas" (Bundeswehrhochschulen). No podía faltar que de rebote las conductas civiles comenzaran a filtrarse por esta institución en el comportamiento de los oficiales-estudiantes. El resultado es un conflicto continuo por el grado de "militarización" o "civilización" de estas universidades; véase, por ejemplo, la carta abierta del rector de la Bundeswehrhochschule de Hamburgo, coronel Genschel, que motivó su relevo, en *Frankfurter Rundschau*. 20 de enero de 1977.

económico; confluye en la mano de un jefe regional —cabeza de tribu, "caudillo", líder de un partido regionalista, etc.— que controla su región ya no sólo a través de los órganos impersonales del estado, sino también a través de un sistema de clientela personal profusamente ramificado. En el plano local el poder político muchas veces es expresión de un dominio personal, y se confunde en ocasiones con funciones religiosas; ahí, es el cura, el cacique, el usurero, el dueño de la única tienda o el campesino más fuerte el que representa al "estado".[236]

Todos estos escalonamientos no se entienden como meras degradaciones con respecto a la forma burguesa, sino como mediaciones necesarias. "En situaciones de articulación de diferentes modos de producción se presenta la necesidad histórica de 'intermediarios políticos' entre la clase dominante del modo de producción dominante y los grupos del modo de producción dominado. Este fenómeno general adopta características particulares según los modos de producción que se articulan entre sí."[237] Estos mediadores políticos ejercen pues, en un nivel inferior, la misma función que el estado periférico en su conjunto cumple con respecto a la articulación entre el mercado mundial y la sociedad local. Figurativamente, en el pequeño campesino indígena investido con la función más subalterna de corregidor, por ser el único en su caserío que además del quechua habla lo suficiente español para poder comunicarse con su superior, el alcalde del municipio más próximo, reencontramos en miniatura simbólica el estado capitalista periférico.[238]

---

[236] La combinación de un poder económico con un poder político en la persona de mediadores entre el poder central de la capital y el *hinterland* agrario, con sus típicas formas clientelísticas, es a tal punto un fenómeno recurrente y determinante que el folklore político no podía dejar de ponerle nombres propios: "caciquismo" en México, "gamonalismo" en Perú, "caudillismo" en Argentina, "coronelismo" en Brasil, etc. Véase también Flynn [220].

[237] Paré [327], p. 5. ["Caciquismo y estructura de poder en la sierra norte de Puebla", en Roger Bartra *et al.*, *Caciquismo y poder político en el México rural*, México, Siglo XXI, 1975, p. 34.]

[238] Estas mediaciones con las regiones que tienen una organización social no (plenamente) capitalista, a pesar de ser necesarias, no están exentas de conflictos, y a veces bastante agudos. Véase, por ejemplo, la siguiente comunicación de S. M. Haq, agregado de prensa de la embajada de Pakistán en Bonn (*Süddeutsche Zeitung*, 5 de enero de 1974): "Los Sardaris (líderes tribales) son déspotas feudales que pueden disponer de la vida y la propiedad de su pueblo como en su época los señores feudales del Occidente. Representan un anacronismo en nuestro mundo de hoy. Se aferran [...] a su poder y su autoridad a costa del progreso y del bienestar de sus pueblos [...] Es lógico que no quieran renunciar a su poder y a sus privilegios, pero su dominación se acabará inexorablemente, porque ya se están planeando y llevando a cabo reformas socioeconómicas, agrarias y educacionales que convertirán a Pakistán en una democracia progresista y próspera en poco tiempo. El modo de actuar de

La misma discontinuidad necesaria la encontramos también en el transcurso del tiempo: los cambios continuos de regímenes políticos, los golpes de estado, las constituciones efímeras, la creación y disolución de órganos representativos, etc., no son expresión de "inmadurez", sino la única manera en que el estado periférico puede estar a la altura de las exigencias sociales heterogéneas por un tiempo prolongado. Esta "inestabilidad como forma de supervivencia"[239] no significa que el sistema de dominación social estuviera en peligro; al contrario, constituye una forma de su afianzamiento. Muchas veces, estos vaivenes institucionales ni siquiera alcanzan a la composición personal de la cúspide burocrático-militar.

Tampoco es posible relacionar los distintos intereses económicos con determinadas formas institucionales: según la coyuntura política, los mismos grupos sociales pueden favorecer unas veces un gobierno militar, otras veces una seudodemocracia, o de repente un intento corporativista o populista.[240] El empirismo necesario en la conformación institucional del estado periférico puede llegar al extremo de un oportunismo descarado: las formas institucionales se hacen y deshacen según convenga en cada momento y de acuerdo con las oscilaciones políticas; la falta de principios se convierte en principio formal.[241]

De lo que se desprende que estos cambios institucionales no expre-

los Sardaris es siniestro, pero ya no continuará por mucho tiempo a pesar de representar una dificultad momentánea. Lo que pasa en Beluchistán no es una lucha política entre el gobierno central y una posible oposición, sino una lucha entre progreso y estupidez." Esto evoca la consigna "civilización o barbarie", en la cual durante 130 años la burguesía comercial de Buenos Aires sintetizó su versión de las guerras contra los caudillos del interior en favor del libre comercio (inglés); véase Hurtienne [28].

[239] Horowitz [243], p. 304.

[240] Tomando el caso de la historia argentina desde 1940, se podría demostrar que prácticamente todas las clases y fracciones importantes en esta época —oligarquía agraria, capital financiero e industrial extranjero, burguesía industrial local, pequeña burguesía urbana y hasta la clase obrera en su expresión peronista— apostaron en un momento u otro a cada una de las formas de gobierno habidas en este tiempo: seudodemocracia liberal, seudodemocracia de tinte corporativista-populista, gobierno militar. O sea, es la oportunidad y no la legitimidad la que dicta la forma de gobierno y la manera de alcanzarlo.

[241] Después de la destitución del presidente uruguayo Bordaberry los militares nombraron primero un presidente interino con la función principal de decretar la constitución de un colegio de electores para "elegir" al presidente "definitivo". Este grandioso "Consejo Nacional" quedó integrado de la siguiente manera: todos los generales en actividad (!) más civiles en número igual (!!), nombrados estos segundos por los militares (!!!).

Cuando en 1969 murió el presidente brasileño general Costa e Silva, los militares violaron la constitución que ellos mismos se habían hecho dos años antes para impedir que asumiera el cargo el vicepresidente Aleixo (un civil). Y cuando a comienzos de 1977 una minoría oposicional bloqueó en el parla-

san necesariamente mudanzas socioeconómicas relacionadas con modificaciones en las condiciones de acumulación. Pero, cuando lo hacen, los momentos de avance de las relaciones capitalistas de producción por regla general no van aparejados con un avance de formas políticas burguesas, por lo menos a corto plazo. En situaciones de un desarrollo capitalista secundario, ambas tendencias, por el contrario, suelen *contradecirse* por períodos prolongados. El impulso hacia una generalización de las relaciones mercantiles en los sectores económicos hegemónicos, altamente monopolizados, constituye una amenaza no sólo para el nivel de vida de las clases dominadas, sino también para la existencia de amplios sectores del pequeño y mediano capital local que sólo puede revestirse de formas políticas autoritarias. En contrapartida, las fases de cierto *statu quo* socioeconómico pueden facilitar un mínimo de formas democráticas. Redescubrimos en este movimiento histórico contrapuesto la contradicción entre el principio formal y la función del estado periférico. Las funciones y derechos que estos sistemas políticos asignan al individuo no pueden ser menos híbridos y ambivalentes que ellos mismos. La interpenetración entre estado y sociedad significa, a nivel de individuos, que a través de todos los posibles papeles cívicos se trasluce su pertenencia a las clases dominantes o dominadas. Tal como se combina el poder económico con el político, la desigualdad y la dependencia no pueden quedar escondidas detrás de los portones de las fábricas. Ya constituyen una excepción las fijaciones formales de desigualdad (esclavismo, castas, *apartheid*...) ; pero otros mecanismos informales garantizan con no menos eficacia la exclusión política de los sectores respectivos de la población: menores oportunidades para la mujer, discriminación étnica o racial, fraude electoral, eliminación de los analfabetos del padrón electoral, violencia "estructural" o también abierta.

Resumamos: sea cual sea el ropaje institucional que asuma el

mento los proyectos gubernamentales de una reforma constitucional y electoral, el presidente Geisel suspendió transitoriamente el congreso el tiempo necesario para decretar "revolucionariamente" las reformas deseadas, reconvocando el parlamento después para que reasumiera sus funciones legitimadoras. El corresponsal de la *Frankfurter Allgemeine Zeitung* (22 de abril de 1977) comentó: "Para un observador orientado en normas democráticas occidentales, es deprimente ver con qué frivolidad se manoseó la constitución."
Una reprimenda similar se la ganó la junta militar chilena por parte del periódico de la alta burguesía *El Mercurio* (edición aérea internacional, 30 de enero de 1977), cuando Pinochet cambió el articulado de un "acta constitucional" decretado poco antes para despojar a la oposición cristiano-demócrata de un recurso legal en el caso del cierre de su radio "Balmaceda": "La gran obra política tiene algo de una máquina que se guía por su peso propio [...] sin necesidad de interferir en su funcionamiento y cambiarlo cada vez que se presenta un caso presuntamente imprevisible."

estado de la periferia capitalista, en vista de las realidades sociales y de las tareas por cumplir nunca puede ser uno que concuerde límpidamente con su principio formal general como estado burgués. *Para poder realizar sus funciones burguesas, tiene que asumir formas institucionales parcialmente no burguesas.*[242] Esto puede aparecer como mero problema teórico, como impureza estética sin consecuencias prácticas: si no con instituciones burguesas, pues sin ellas. Pero no es tan fácil desligar el vínculo inherente entre forma y función. Descartar las formas burguesas no es gratuito.

El mismo proceso de producción y reproducción capitalista exige y produce el propietario de mercancía libre e igual. Con eso, también produce la tendencia hacia el ciudadano con "igualdad ante la ley". Todas las construcciones institucionales que interfieren con esta tendencia son, pues, fuentes de contradicciones. Al garantizar el estado el sistema capitalista, hace también que continúen surgiendo las demandas de emancipación política.

Un estado que en sus medios de acción rompe sistemáticamente la esfera de circulación renuncia con ello a la apariencia de neutralidad social. Se coloca entonces en la necesidad de justificar materialmente cada una de sus medidas; cuando no puede hacerlo, su capacidad de hacerse obedecer depende exclusivamente de su capacidad coactiva. Cualquier resquebradura en el aparato represivo amenaza entonces la existencia misma del sistema.

Sobre todo, bajo las condiciones sociales imperantes en la periferia capitalista no hay sistema político que pueda garantizar una integración duradera de la clase trabajadora y en general de las clases dominadas; éste es históricamente el problema clave del sistema capitalista en el "tercer mundo", y alrededor de él gira en gran medida el proceso político de los países que lo constituyen.

---

[242] La misma discrepancia necesaria en funciones materiales burguesas e instituciones formales no burguesas la analiza Gerstenberger [105], p. 221, en el caso del estado absolutista.

5. RESUMEN E INDICACIONES DE USO

Al finalizar nuestra exploración de las determinaciones básicas del estado en la periferia capitalista, el listado introductorio de fenómenos "anormales", así como la pregunta inicial de si se trataba de un estado "fuerte" o "débil", retrospectivamente nos parece una fase ya muy alejada de nuestro proceso de aprendizaje, caracterizado todavía por una gran desorientación. "Desde luego" —diríamos ahora— es fuerte y débil al mismo tiempo; pero ni esa respuesta nos satisface ya en vista de los problemas multidimensionales que están en la base de esta ambivalencia. Suena demasiado como una yuxtaposición fortuita del tipo "por una parte-por otra parte", cuando en realidad se trata de todo un sistema de relaciones dialécticas funcionalmente necesarias. La ambigüedad del estado de la periferia capitalista no es la indeterminación, sino la determinación *bipolar*. Tiene su causa última en la duplicidad de la infraestructura social. Vimos cómo el estado se intercala como mediador político entre las estructuras sociales subdesarrolladas del espacio económico local y las fuerzas económicas prevalecientes al nivel del mercado mundial representativas de un grado de desarrollo capitalista más avanzado, que en su conjunto forman su base reproductiva material. De este papel de mediador surge la contradicción entre un principio formal correspondiente a relaciones capitalistas plenamente establecidas, y la función de imponerlas definitivamente, desajuste constitutivo que se puede trazar a través de todas las funciones del estado, sus medios y sus formas organizativas, reapareciendo siempre en nuevas transfiguraciones y contradicciones cada vez más específicas.

Sin embargo, semejante inventario de problemas estructurales por lo que toca a los rasgos históricos más generales de las sociedades de la periferia capitalista no puede constituir por sí solo un instrumental teórico aplicable directamente a la realidad histórica como contexto explicativo. No queremos finalizar sin poner una vez más de realce esta limitación. En este nivel de abstracción, sólo puede trazarse una "matriz" heurística que *ayude* a reconocer contradicciones reales y a ubicarlas en su justa dimensión como necesarias y críticas a la vez.

El *contenido* social concreto de estas contradicciones, sin embargo, nunca puede concluirse únicamente con base en un sistema tal de determinaciones abstractas, aun cuando en algunos casos sugiere una explicación relativamente satisfactoria para ciertos fenómenos. Quien estuviera tentado de omitir por ello los pasos intermedios de concreción necesaria en realidad sólo seguiría ilustrando lo abstracto en vez de explicar lo concreto, que es lo que en definitiva importa y para lo cual el presente trabajo no es sino un paso preliminar.

¿Cuáles son esencialmente estos pasos de concreción, y cómo puede utilizarse un modelo heurístico semejante en los diferentes niveles analíticos?

1] La base de cualquier análisis de formas políticas concretas en un país del "tercer mundo" es el análisis de su *inserción económica en el mercado mundial*, sus *estructuras económicas internas* y la expresión de éstas en la *composición social* del país.

Aquí, nuestras consideraciones teóricas nos alertan a indagar muy en especial en los intereses del capital internacional que se expresan políticamente en el estado y de los cuales se deriva una profunda ambivalencia de su autonomía relativa. Estamos también preparados para encontrar una estructura de clases incoherente, en la cual coexisten clases y fracciones modernas y caducas, embrionarias y residuales, deformadas y transicionales de todo tipo, transfigurándose en extremo las apariencias de los conflictos sociales reales; en consecuencia, tampoco al nivel de los fenómenos políticos nada puede tomarse confiadamente por lo que parece, y ya no nos sorprenden alianzas y antagonismos que a primera vista parecen reñidos con la lógica.

2] Lo que no es común a todos los estados del "tercer mundo" no puede ser materia de observaciones generales. Queda entonces por hacer el análisis de la *conformación histórica concreta del estado respectivo y sus relaciones con la sociedad*. No se gana nada para el análisis concreto con una referencia general a la contradicción entre forma y función. Hay que determinar cuáles son las exigencias funcionales que se presentan al estado en un momento histórico dado, cómo el estado trata de cumplir con estas exigencias, por qué estas obligaciones funcionales lo compelen a procrear elementos formales híbridos, y cómo esta inevitable falta de coherencia repercute en su capacidad reguladora en otras áreas de acción.

Nuestras consideraciones estructurales no pueden remplazar este examen concreto, pero sí "sensibilizarnos" para comprender las contradicciones emergentes no como patológicas o como fallas de nuestro análisis, sino como expresión genuina de la "incoherencia inherente" de estos sistemas de dominación, su esencia misma que se trata precisamente de sacar a luz. Así, por ejemplo, ya no nos sorprende si un ministerio económico combina una política de *laissez-faire* con medidas abiertamente intervencionistas. Y los regímenes muy cerrados y rígidos ya no pueden impresionar como especialmente estables; precisamente su negativa de asimilar las contradicciones de la sociedad circundante son el germen de futuras crisis.

3] El poder de este instrumento de dominación que es el estado no puede llegar más allá del poder social de las clases dominantes que se encarna en él. Es entonces limitado y condicionado por la capacidad de negación, el *poder contrapuesto de las clases dominadas*. El análisis de las expresiones políticas de aquellas fuerzas sociales que constituyen una alternativa histórica a la sociedad burguesa tendría que ser parte integral de un análisis global de las formas de dominación en países del "tercer mundo". Aquí, sólo podemos dar algunas indicaciones de cómo los determinantes sociales básicos en la periferia capitalista tienen que influir también en las estructuras y estrategias de fuerzas contestatarias.

Las estructuras de clase informes y heterogéneas son un dato no menos característico para las clases dominadas que para las dominantes. Estas discontinuidades tienen que reflejarse en la *composición social*, en la *programática* política y en las formas de *conciencia* de movimientos emancipatorios. Organizaciones ideológicamente "puras" son necesariamente parciales y no pueden ser las portadoras de una alternativa viable para el *conjunto* social.

La cuestión de las *alianzas* asume un cariz nuevo cuando se incluye a las burguesías externas en el análisis de las clases dominantes, como fracción muchas veces hegemónicas. Aquí tiene un papel preponderante la respectiva forma de inserción en el mercado mundial; todo el diagrama de alianzas y antagonismos puede cambiar según sea una función más moderna y más retrasada, diversificada o monoproductora, del sector primario, secundario o terciario, la que cumple la economía nacional en el contexto de la división internacional del trabajo.

El *marco del estado nacional* tiene una importancia mucho más decisiva para contextos políticos que económicos. El análisis económico y el político no deben, por consiguiente, ni borrarse ni sustituirse mutuamente. La falta de congruencia entre ambas esferas con su secuela de desajustes sociales define también el marco condicionante de una fuerza opositora.

En este contexto cobra especial relieve la falta de identidad entre "estado" (en cuanto sistema de dominación política) y "nación" (en cuanto proyecto de desarrollo socioeconómico integral); de ahí el papel neurálgico de las reivindicaciones nacionalistas en estos países: pueden constituirse en arma ideológica importante en manos de movimientos emancipatorios, pero al mismo tiempo se prestan para su domesticación por parte de intereses burgueses locales, aparte de contener el peligro de "balcanizar" las fuerzas revolucionarias.

Finalmente, las *formas de lucha* de estas'fuerzas no pueden dejar de adecuarse en parte a los medios y formas de dominación que utiliza el estado. Así, la cuestión de la toma de conciencia política se plantea de un modo específico frente a un sistema de dominación que no logra legitimarse sino parcialmente y por medio de la "violencia ideológica". Al igual, el problema de métodos violentos de lucha se plantea de manera diferente frente a un estado para el cual la violencia constituye un medio indispensable y cotidiano para garantizar su existencia.

4] Con todo, queda por dar el paso más decisivo de concreción analítica: el de la coyuntura concreta del conflicto de clases y de la dinámica histórica que de ahí resulta.

En esto, el conocimiento de problemas estructurales básicos puede ayudar a descifrar esta dinámica histórica, penetrando las contradicciones y mistificaciones, como expresión de un proceso de internacionalización capitalista impulsado por las exigencias de un mercado mundial capitalista plenamente establecido. Está claro, entonces, que los conflictos sociales centrales —por más trastornados y mistificados que se presenten— no pueden ser otra cosa que el antagonismo entre el trabajo y el capital, antagonismo que asumirá formas cada vez más claras y crudas a medida que avance la penetración capitalista.

BIBLIOGRAFÍA

I. SOBRE LA TEORÍA DEL SUBDESARROLLO

[1] Amin, Samir, *L'accumulation a l'échelle mondiale,* Anthropos, París, 1970 [*La acumulación a escala mundial. Crítica de la teoría del subdesarrollo,* México, Siglo XXI, 1974].

[2] ———, *Le développement inégal. Essai sur les formations sociales du capitalisme périphérique,* Minuit, París, 1973.*

[3] ———, *L'échange inégal et la loi de la valeur,* Anthropos, París, 1973 [*¿Cómo funciona el capitalismo? El intercambio desigual y la ley del valor,* Buenos Aires, Siglo XXI, 1975].

[4] ———, "Accumulation and development. A theoretical model", en *Review of African Political Economy,* núm. 1, 1974, pp. 9-29.

[5] Arrighi, Giovanni/John S. Saul, *Essays on the Political Economy of Africa,* Monthly Review Press, Nueva York, 1973.

[6] Baran, Paul, *Politische Ökonomie des wirtschaftlichen Wachstums,* Luchterhand, Neuwied/Berlín, 1966.*

[7] Brandes, Volkhard/Bassam Tibi, Handbuch 2: *Unterentwicklung,* Europäische Verlagsanstalt, Frankfurt/Colonia, 1975.*

[8] von Braunmühl, Claudia, "Weltmarktbewegung des Kapitals, Imperialismus und Staat", en Braunmühl/Funken/Cogoy/Hirsch, *Probleme einer materialistischen Staatstheorie,* Suhrkamp, Frankfurt, 1974.

[9] ———, "Kapitalakkumulation im Weltmarktzusammenhang. Zum methodischen Ansatz einer Analyse des bürgerlichen Nationalstaates", en *Gesellschaft. Beiträge zur Marxschen Theorie Nr. 1,* Suhrkamp, Frankfurt, 1974, pp. 30-51.

[10] Busch, Klaus, *Die multinationalen Konzerne. Zur Analyse der Weltmarktbewegung des Kapitals,* Suhrkamp, Frankfurt, 1974.

[11] Busch/Schoeller/Selow, *Weltmarkt und Weltwährungskrise,* Bremen, 1971.

[12] Cardoso, Fernando Henrique/Enzo Faletto, *Dependencia y desarrollo en América Latina,* Siglo XXI, Buenos Aires, 1969.

[13] Córdova, Armando, *Strukturelle Heterogenität und wirtschaftliches Wachstum,* Suhrkamp, Frankfurt, 1973.*

[14] Emmanuel, Arghiri, *L'échange inégal,* Maspero, París, 1969 [*El intercambio desigual,* México, Siglo XXI, 1972].

[15] Evers, Tilman T./Peter von Wogau, "Dependencia: Lateinamerikanische Beiträge zur Theorie der Unterentwicklung", en *Das Argument,* 79, julio de 1973, pp. 404-454.

* Con el asterisco advertimos la existencia de una versión española de la obra.

[16] Feder, Ernest (comp.), *Ausbeutung und Gewalt. Lateinamerikas Landwirtschaft*, Hoffmann und Campe, Hamburgo, 1973.

[17] Fernandes, Florestan, "Klassengesellschaft und Unterentwicklung", en H. A. Steger (comp.), *Die aktuelle Situation Lateinamerikas, Athenäum*, Frankfurt, 1971, pp. 95-162.*

[18] Frank, Andre Gunder, *Kapitalismus und Unterentwicklung in Lateinamerika*, Europäische Verlagsanstalt, Frankfurt, 1969 [*Capitalismo y subdesarrollo en América Latina*, Buenos Aires, Siglo XXI, 1973].

[19] ———, Latin America. *Underdevelopment or Revolution*, Monthly Review Press, Nueva York/Londres, 1969.*

[20] ——— et al., *Kritik des bürgerlichen Anti-Imperialismus*, Rotbuch, Berlín, 1969.

[21] *Friedensanalysen: Für Theorie und Praxis 3. Schwerpunkt: Unterentwicklung*, Suhrkamp, Frankfurt, 1976.*

[22] Fröbel, Folker/Jürgen Heinrichs/Otto Kreye, *Die neue internationale Arbeitsteilung*, Rowohlt, Reinbek bei Hamburg, 1977.*

[23] Furtado, Celso, *Economic Development of Latin America: A Survey from Colonial Times to the Cuban Revolution*, Cambridge University Press, Cambridge, 1970 [*La economía latinoamericana. Formaciones históricas y problemas contemporáneos*, México, Siglo XXI, 1971].

[24] Galeano, Eduardo, *Die offenen Adern Lateinamerikas*, Hammer, Wuppertal, 1973 [*Las venas abiertas de América Latina*, México, Siglo XXI, 1971].

[25] Gantzel, Klaus Jürgen (comp.), *Herrschaft und Befreiung in der Weltgesellschaft*, Campus, Frankfurt/Nueva York, 1975.

[26] Gerschenkron, Alexander, *Economic Backwardness in Historical Perspective*, Harvard University Press, Harvard, 1962.*

[27] Hinkelammert, Franz, "Teoría de la dialéctica del desarrollo desigual", en *Cuadernos de la Realidad Nacional* núm. 6, Santiago (Chile), diciembre de 1970, pp. 15-220 (ed. especial).

[28] Hurtienne, Thomas, "Zur Ideologiekritik der lateinamerikanischen Theorien der Unterentwicklung und Abhängigkeit", en *Probleme des Klassenkampfs*, núm. 14-15, 3/74, pp. 213-283.

[29] *Industrialisierung in Entwicklungsländern-Bedingungen, Konzeptionen, Tendenzen*, Akademie-Verlag, Berlín/RDA, 1975 (esp. el cap. 4: "Die sozialökonomische Deteminiertheit der spezifischen Funktionen des Staates in den Hauptwegen der Industrialisierung", pp. 191-268).

[30] Izaguirre, Inés/Zoltan Szankay, "Klassen und soziale Schichten in Lateinamerika", en Klaus Meschkat y Oskar Negt (comps.), *Gesellschaftsstrukturen*, Suhrkamp, Frankfurt, 1973, pp. 271-293.*

[31] Jaguaribe/Ferrer/dos Santos, *La dependencia político-económica de América Latina*, México, Siglo XXI, 1969.

[32] Jalée, Pierre, *Die Dritte Welt in der Weltwirtschaft*, Europäische Verlagsanstalt, Frankfurt/Colonia, 1969 [*El tercer mundo en la economía mundial*, México, Siglo XXI, 1970].

[33] *Kapitalismus in den siebziger Jahren. Referate vom Kongress in Tilburg*

im September 1970, Europäische Verlagsanstalt, Frankfurt/Colonia, 1971.

[34] Khalatbari, Parviz, *Ökonomische Unterentwicklung. Mechanismus-Probleme-Ausweg,* Verlag Marxistische Blätter, Frankfurt, 1972.

[35] *Klassen und Klassenkampf in den Entwicklungsländern,* t. 3, Staatsverlag der DDR, Berlín/RDA, 1969/1970.

[36] Kreye, Otto (comp.), *Multinationale Konzerne. Entwicklungstendenzen in kapitalistischen System,* Hanser, Munich, 1974.

[37] Krippendorf, Ekkehart, *Internationales System als Geschichte,* Campus, Frankfurt/Nueva York, 1975.

[38] ———, "Imperialismusbegriff und Imperialismustheorien", en *Neue Politische Literatur,* cuad. 2, 1976, pp. 141-155.

[39] Leggewie, Claus/Marios Nikolinakos (comps.), *Europäische Peripherie. Zur Frage der Abhängigkeit des Mittelmeerraums von Westeuropa,* Anton Hain, Meisenheim am Glan, 1975.

[40] Lenin, V. I., *Der Imperialismus als höchstes Stadium des Kapitalismus,* Dietz Verlag, Berlín/RDA, 1970.*

[41] Nandel, Ernest, *Der Spätkapitalismus,* Suhrkamp, Frankfurt, 1972.*

[42] ———, "Die Marxsche Theorie der ursprünglichen Akkumulation und die Industrialisierung der Dritten Welt", en *Folgen einer Theorie,* Suhrkamp, Frankfurt, 1967, pp. 71-93.*

[43] Merhav, Meir, *Technological Dependence, Monopoly and Growth,* Pergamon, Londres, 1969.*

[44] Müller, P., *Die Bedeutung der Industrialisierung der unterentwickelten Länder für den deutschen Industrieexport,* Deutsches Übersee-Institut, Hamburgo, 1966.

[45] Myrdal, Gunnar, *Asian Drama,* Pantheon, Nueva York, 1968 [*La pobreza de las naciones,* México, Siglo XXI, 1974].

[46] ———, *Politisches Manifest über die Armut in der Welt,* Suhrkamp, Frankfurt, 1972.*

[47] Neusüss, Christel, *Imperialismus und Weltmarktbewegung des Kapitals,* Politladen, Erlangen, 1972.

[48] Nohlen, Dieter/Franz Nuscheler (comps.), *Handbuch der Dritten Welt,* Hoffmann und Campe, Hamburgo, t. 1, 1975, t. 2 y 3, 1976.

[49] Nun, José, "Superpoblación relativa, ejército industrial de reserva y masa marginal", en *Revista Latinoamericana de Sociología,* núm. 2, Buenos Aires, 1969, pp. 178-235.

[50] Oliveira, Francisco de, "A economia brasileira: crítica a ração dualista", *Seleções CEBRAP,* 1, 1975, pp. 5-78. Ed. esp.: *El Trimestre Económico,* abril-junio de 1973, p. 411-484.

[51] Oxaal, I./D. Booth, *Beyond the Sociology of Development,* Routledge, Kegan and Paul, Londres, 1975.

[52] Palloix, Christian, *L'économie mondiale capitaliste,* t. 2, Maspero, París, 1971.*

[53] ———, *L'internationalisation du capital. Éléments critiques,* Maspero, París, 1975.*

[54] Schmidt, Alfred (comp.), *Strategien gegen Unterentwicklung. Zwischen Weltmarkt und Eigenständigkeit,* Campus, Frankfurt/Nueva York, 1976.

[55] Schoeller, Wolfgang, *Weltmarkt und Reproduktion des Kapitals,* Europäische Verlagsanstalt, Frankfurt/Colonia, 1976.

[56] Schuhler, Conrad, *Zur politischen Ökonomie der Armen Welt,* Trikont, Munich, 1968.

[57] Senghaas, Dieter (comp.), *Imperialismus und strukturelle Gewalt. Analysen über abhängige Reproduktion,* Suhrkamp, Frankfurt, 1972.

[58] —— (comp.), *Peripherer Kapitalismus. Analysen über Abhängigkeit und Unterentwicklung,* Suhrkamp, Frankfurt, 1974.

[59] ——, *Weltwirtschaftsordnung und Entwicklungspolitik. Plädoyer für Dissoziation,* Suhrkamp, Frankfurt, 1977.

[60] ——/Ulrich Menzel (comps.), *Multinationale Konzerne und die Dritte Welt,* Westdeutscher Verlag, Wiesbaden, 1976.

[61] Sonntag, Heinz Rudolf (comp.), *Lateinamerika: Faschismus oder Revolution,* Rotbuch, Berlín, 1974.

[62] Steinhaus, Kurt, *Soziologie der türkischen Revolution. Zum Problem der Entfaltung der bürgerlichen Gesellschaft in sozioökonomisch schwach entwickelten Ländern,* Europäische Verlagsanstalt, Frankfurt, 1969.

[63] Szentes, Tamás, *Politische Ökonomie der Entwicklungsländer,* Europäische Verlagsanstalt, Frankfurt/Colonia, 1974.

[64] Tetzlaff, Rainer, "Die Ursachen von Unterentwicklung in der Dritten Welt und das Problem ihrer Überwindung. Eine Einführung", en *Friedensanalysen. Für Theorie und Praxis,* núm. 1, Suhrkamp, Frankfurt, 1975, pp. 150-181.

[65] Wallerstein, Immanuel, *The Modern World System,* Academic Press, Nueva York, 1974 [*El moderno sistema mundial,* México, Sigʹo XXI, 1979].

[66] Warren, Bill, "Imperialism and capitalist industrialization", en *New Left Review,* núm. 81, 1973, pp. 3-44.

[67] Zavaleta, René, "La burguesía incompleta", en *Problemas del Desarrollo,* núm. 24, noviembre de 1975/enero de 1976, pp. 15-18.

II. SOBRE LA TEORÍA DEL ESTADO

[68] Abendroth, Wolfgang, *Arbeiterklasse, Staat und Verfassung,* Europäische Verlagsanstalt, Frankfurt, 1976.

[69] Abromeit, Heidrun, "Zum Verhältnis von Staat und Wirtschaft im gegenwärtigen Kapitalismus", en *Politische Vierteljahresschrift,* cuad. 2, 1976, pp. 2-22.

[70] Agnoli, Johannes, "Die bürgerliche Gesellschaft und ihr Staat", en *Das Argument,* núm. 41, 1966, pp. 449-460.

[71] ——, *Überlegungen zum bürgerlichen Staat,* Wagenbach, Berlín, 1975.

[72] ——/Peter Brückner, *Transformation der Demokratie,* Europäische

Verlagsanstalt, Frankfurt, 1968 [*La transformación de la democracia,* Siglo XXI, México, 1971].

[73] Aitken, H.G.J. (comp.), *The State and Economic Growth,* Social Science Research Council, Nueva York, 1959.

[74] Althusser, Louis, "Ideologie und ideologische Staatsapparate", en *id., Marxismus und Ideologie,* vsa, Berlín occidental, 1973 ["Ideología y aparatos ideológicos del estado", en Louis Althusser, *La filosofía como arma de la revolución,* Cuadernos de Pasado y Presente núm. 4, México, 1974].

[75] Altvater, Elmar, "Zu einigen Problemen des Staatsinterventionismus", en *Probleme des Klassenkamps,* núm. 3, 1972, pp. 1-54 ["Notas sobre algunos problemas del intervencionismo de estado" en Heinz Rudolf Sonntag y Héctor Valecillos, *El estado en el capitalismo contemporáneo,* Siglo XXI, México, 1977].

[76] ———, *Monopol und Staat im hochentwickelten Kapitalismus,* i: WS 74/75, ii: SS 75, manuscritos para conferencias sin publicar, Berlín, 1964/1975.

[77] ———/Christel Neusüss, "Bürokratische Herrschaft und gesellschaftliche Emanzipation", *Neue Kritik,* 51/52, 1969, pp. 19-51.

[78] ———/Basso/Mattick/Offe *et al., Rahmenbedingungen und Schranken staatlichen Handelns. Zehn Thesen,* Suhrkamp, Frankfurt, 1976.

[79] Anderson, Perry, *Lineages of the Absolutist State,* New Left Books, Londres, 1975 [*Los orígenes del estado absolutista,* México, Siglo XXI, 1979].

[80] Apel, Hartmut, "Das Elend der neueren marxistischen Staatstheorie", *Beiträge zum wissenschaftlichen Sozialismus,* cuad. 6, enero de 1976, pp. 31-80.

[81] Arbeits-Konferenz München, "Warum scheitern Marxisten an der Ableitung des Staates?", en *Resultate der Arbeits-Konferenz,* núm. 1, septiembre de 1974, pp. 120-170.

[82] Armanski, Gerhard, "Staatliche Lohnarbeiter im Kapitalismus", *Probleme des Klassenkamps,* núm. 16, 4/74, pp. 1-16.

[83] ———/Boris Penth/Jörg Pohlmann, *Staatsdiener im Klassenkampf. Soziale Lage und Kämpfe staatlicher Lohnarbeiter in der BRD,* Politladen, Gaiganz, 1975.

[84] Basso, Lelio, *Zur Theorie des politischen Konflikts,* Suhrkamp, Frankfurt, 1969.

[85] ———, *Gesellschaftsformation und Staatsform. Drei Aufsätze,* Suhrkamp, Frankfurt, 1975.

[86] Blanke, Bernhard, "Stichwort 'Staat (aus marxistischer Sicht')", en Gert von Eynern (comp.), *Wörterbuch zur politischen Ökonomie,* Westdeutscher Verlag, Opladen, 1973, pp. 369-379.

[87] Blanke, Bernhard/Ulrich Jürgens/Hans Kastendiek, "Zur neueren Marxistischen Diskussion über die Analyse von Form und Funktion des bürgerlichen Staates", *Probleme des Klassenkampfs,* núm. 14/15, pp. 51-102.

[88] ———, *Kritik der politischen Wissenschaft. Analysen von Politik und*

Ökonomie in der bürgerlichen Gesellschaft, Campus, Frankfurt/Nueva York, 1975, t. 2.

[89] Braunmühl/Funken/Cogoy/Hirsch, *Probleme einer materialistischen Staatstheorie*, Suhrkamp, Frankfurt, 1973.

[90] v. Braunmühl, Claudia, "Die nationalstaatliche Organisiertheit der bürgerlichen Gesellschaft", en *Gesellschaft. Beiträge zur Marxschen Theorie*, núm. 8/9, 1976, pp. 273-334.

[91] Bridges, Amy, "Nicos Poulantzas and the Marxist Theory of the State", en *Politics and Society*, núm. 2, 1974.

[92] Colletti/Libertini/Maitan/Magri, *Über Lenins "Staat und Revolution"* heute, Merve, Berlín, 1970.*

[93] Deutsch, Karl W., *Nationenbildung-Nationalstaat-Integration*, Bertelsmann, Düsseldorf, 1972.

[94] Diner, Dany/Peter Schmitt-Egner, "Tauschwert und Völkerrecht", en *Gesellschaft. Beiträge zur Marxschen Theorie*, Suhrkamp, Frankfurt, 1977.

[95] Ebbighausen, Rolf (comp.), *Monopol und Staat. Zur Marx-Rezeption in der Theorie des staatsmonopolistischen Kapitalismus*, Suhrkamp, Frankfurt, 1974.

[96] ———, *Bürgerlicher Staat und politische Legitimation*, Suhrkamp, Frankfurt, 1976.

[97] Esping-Andersen, Costa/Rodger Friedland/Erik Olin Wright, "Modes of class struggle and the capitalist state", en *Kapitalistate*, núm. 4-5, 1976, pp. 186-220.

[98] Esser, Josef, *Einführung in die materialistische Staatstheorie*, Campus, Frankfurt, 1975.

[99] *L'état contemporain et le marxisme*, Maspero, París, 1975.

[100] von Flatow, Sibylle/Freerk Huisken, "Zum Problem der Ableitung des bürgerlichen Staates", en *Probleme des Klassenkampfs*, núm. 7, mayo de 1973, pp. 83-153.

[101] Frerichs, Johann/Gerhard Kraiker, *Konstitutionsbedingungen des bürgerlichen Staates und der sozialen Revolution bei Marx und Engels*, Suhrkamp, Frankfurt, 1975.

[102] Galbraith, John Kenneth, *The New Industrial State*, Penguin Books, Harmondsworth, 1974, 2a. ed.*

[103] Gerstenberger, Heide, "Elemente einer historisch-materialistischen Staatstheorie", en *Kritische Justiz*, cuad. 2, 1972, pp. 125-141.

[104] ———, *Zur politischen Ökonomie der bürgerlichen Gesellschaft. Die historischen Bedingungen ihrer Konstitution in den USA*, Fischer Athenäum, Frankfurt, 1973.

[105] ———, "Zur Theorie der historischen Konstitution des bürgerlichen Staates", *Probleme des Klassenkampfs*, núm. 8/9, 1973, pp. 207ss.

[106] ———, "Klassenkampf, Konkurrenz und Staatsfunktionen", en *Gesellschaft. Beiträge zur Marxschen Theorie*, núm. 3, 1975, pp. 7-26.

[107] Gold, David, A./Clarence J. H. Lo/Erik Olin Wright, "Neuere Entwicklungen in der Marxistischen Theorie des kapitalistischen Staates", en *Monthly Review*, núm. 7, 1975, pp. 9-36 ["Recientes desarrollos en la

teoría marxista del estado capitalista", en Heinz Rudolf Sonntag y Héctor Valecillos, *El estado en el capitalismo contemporáneo*, Siglo XXI, México, 1977].

[108] Gramsci, Antonio, *Philosophie der Praxis*, Fischer, Frankfurt, 1967.*

[109] Guggenberger, B., *Wem nutzt der Staat? Kritik der neomarxistischen Staatstheorie*, Kohlhammer, Stuttgart, 1974.

[110] Habermas, Jürgen, *Legitimationsprobleme im Spätkapitalismus*, Suhrkamp, Frankfurt, 1973.*

[111] Heinrich, Brigitte, "Intervention und Integration. Zum Verhältnis von Staat und Ökonomie", en *Kursbuch*, núm. 31, mayo de 1973, pp. 139ss.

[112] Hirsch, Joachim, "Funktionsveränderungen der Staatsverwaltung in spätkapitalistischen Industriegesellschaften", en *Blätter für deutsche und internationale Politik*, 1969, pp. 150-164.

[113] ———, "Elemente einer materialistischen Staatstheorie", en Braunmühl/Funken/Cogoy/Hirsch, *Probleme einer materialistischen Staatstheorie*, Suhrkamp, Frankfurt, 1973, pp. 199-266.*

[114] ———, "Zur Analyse des politischen Systems", en *Gesellschaft. Beiträge zur Marxschen Theorie*, núm. 1, 1974, pp. 78-131.

[115] ———, *Staatsapparat und Reproduktion des Kapitals*, Suhrkamp, Frankfurt, 1974.

[116] ———, "Zum Problem einer Ableitung der Form– und Funktionsbestimmungen des bürgerlichen Staates", en Karl Marx/Friedrich Engels, *Staatstheorie*, Ullstein, Frankfurt, 1974, pp. cxxxix-clⅢ.

[117] ———, "Bemerkungen zum theoretischen Ansatz einer Analyse des bürgerlichen Staates", en *Gesellschaft. Beiträge zur Marxschen Theorie*, núm. 8/9, 1976, pp. 99-149.

[118] Hochberger, Hanno, "Probleme einer materialistischen Bestimmung des Staates", en *Gesellschaft. Beiträge zur Marxschen Theorie*, núm. 2, 1974, pp. 155-203.

[119] Jänicke, Martin, *Herrschaft und Krise. Beiträge zur politikwissenschaftlichen Krisenforschung*, Westdeutscher Verlag, Opladen, 1973.

[120] Katzenstein, Robert, "Zum Problem einer marxistischen Staatsableitung", en *Blätter für deutsche und internationale Politik*, núm. 4, 1975, pp. 426-438.

[121] Knieper, Rolf, *Weltmarkt, Wirtschaftsrecht und Nationalstaat*, Suhrkamp, Frankfurt, 1976.

[122] Kostede, Norbert, "Die neuere marxistische Diskussion über den bürgerlichen Staat. Einführung-Kritik-Resultate", en *Gessellschaft. Beiträge zur Marxschen Theorie*, núm. 8/9, 1976, pp. 150-196.

[123] Kühnl, Reinhard, *Formen bürgerlicher Herrschaft. Liberalismus-Faschismus*, Rowohlt, Reinbek bei Hamburg, 1971.*

[124] ———, *Der bürgerliche Staat der Gegenwart. Formen bürgerlicher Herrschaft*, II, Rowohlt, Reinbek bei Hamburg, 1972.

[125] Läpple, Dieter, *Staat und allgemeine Produktionsbedingungen. Grundlagen zur Kritik der Infrastrukturtheorien*, VSA, Berlín, 1973.

[126] ———, "Staat und politische Organisation. Probleme marxistischer

Staatsanalyse", en Krysmanski/Marwedel (comps.), *Die Krise der Soziologie*, Paul-Rugenstein, Colonia, 1975, pp. 211ss.

[127] ——, "Zum Legitimationsproblem politischer Herrschaft in der kapitalistischen Gesselschaft", en R. Ebbighaussen (comp.), *Bürgerlicher Staat und politische Legitimation*, Suhrkamp, Frankfurt, 1976, pp. 106-170.

[128] Lenin, V. I., *Staat und Revolution*, Dietz Verlag, Berlín/RDA, 1970.*

[129] —— Marxismus und Staat, Dietz Verlag, Berlín, RDA, 1971.*

[130] Marx, Karl/Friedrich Engels, *Staatstheorie. Materialen zur Rekonstruktion der marxistischen Staatstheorie*, comp. por Eike Hennig/Joachim Hirsch/Helmut Reichelt/Gert Schäfer, Ullstein, Frankfurt, 1974.

[131] Mattick, Paul, *Marx und Keynes: Die Grenzen des gemischten Wirtschaftsystems*, Europäische Verlagsanstalt/Europa-Verlag, Frankfurt y Viena, 1971.*

[132] Miliband, Ralph, *Der Staat in der kapitalistischen Gesselschaft*, Suhrkamp, Frankfurt, 1975 [*El estado en la sociedad capitalista*, México, Siglo XXI, 1970].

[133] ——, *Marx und der Staat*, Merve, Berlín, 1971.

[134] Moore, Barrington, *Social Origins of Dictatorship and Democracy*, Beacon Press, Boston, 1966.*

[135] Müller, Wolfgang, "Momente des bürgerlichen Staates in der griechischen Polis", en *Probleme des Klassenkampfs*, núm. 17/18, 1975, pp. 1-28.

[136] ——/Christel Neusüss, "Die Sozialstaatsillusion und der Widerspruch von Lohnarbeit und Kapital", en *Sozialistische Politik*, junio de 1970, pp. 4-67.

[137] Murray, Robin, "Der Nationalstaat und die Internationalisierung des Kapitals", en O. Kreye (comp.), *Multinationales Konzerne*, Hanser, Munich, 1974, pp. 40-80.

[138] Narr, W.D./C. Offe (comps.), *Wohlfahrtsstaat und Massenloyalität*, Kiepenheuer & Witsch, Colonia, 1975.

[139] Negri, Antonio, *Staat in der Krise*, Merve, Berlín, 1976.

[140] Nettl, Joseph, "The State as a conceptual variable", en *World Politics*, núm. 4, julio de 1968.

[141] O'Connor, James, *The Fiscal Crisis of the State*, St. Martins Press, Berkeley, 1972.*

[142] Offe, Clauss, "Politische Herrschaft und Klassenstrukturen. Zur Analyse spätkapitalistischer Gesellschaftssysteme", en Kress y Senghaas, *Politikwissenschaft*, Fischer, Frankfurt, 1969, pp. 135ss.

[143] ——, *Strukturprobleme des kapitalistischen Staates*, Suhrkamp, Frankfurt, 1972.

[144] Paschukanis, Eugen, *Allgemeine Rechtlehre und Marxismus. Versuch einer Kritik der juristischen Grundbegriffe*, Verlag Neue Kritik, Frankfurt, 1969 (1929).*

[145] Piccioto, Sol/Hugo Radice, "Capital and state in the world economy", en *Kapitalistate*, núm. 1, 1973, pp. 56-68.

[146] Portantiero, Juan Carlos, *El concepto de crisis política*, CICSO, Buenos Aires, 1975.

[147] Poulantzas, Nicos, "The problem of the capitalist state", en *New Left Review*, núm. 58, noviembre/diciembre de 1969, pp. 67*ss*.*

[148] ———, "Klassenkampf und Repression-Einige Hauptzüge des kapitalistischen Staates", en *Kursbuch*, núm. 31, mayo de 1973, pp. 129*ss*.*

[149] ———, *Die Internationalisierug der kapitalistischen Produktionsverhältnisse und der Nationalstaat*, Merve, Berlín, 1973 ["La internacionalización de las relaciones capitalistas y el estado-nación", en *Las clases sociales en el capitalismo actual*, México, Siglo XXI, 1976].

[150] ———, *Faschismus und Diktatur*, Trikont, Munich, 1973 [*Fascismo y dictadura*, México, Siglo XXI, 1971].

[151] ———, *Politische Macht und gesselschaftliche Klassen*, Fischer, Frankfurt, 1974 [*Poder político y clases sociales en el estado capitalizta*, México, Siglo XXI, 1969].

[152] ———, *Klassen im Kapitalismus-heute*, VSA, Berlín, 1975 [*Las clases sociales en el capitalismo actual*, México, Siglo XXI, 1976].

[153] ———, *La crise des dictatures*, Maspero, París, 1975 [*La crisis de las dictaduras*, México, Siglo XXI, 1976].

[154] ———/Ralph Miliband, "The Problem of the Capitalist State", en Robin Blackburn (comp.), *Ideology in Social Science*, Fontana/Collins, Bungay (Suffolk), 1972.*

[155] ———/Ralph, Miliband/Ernesto Laclau, *Kontroverse über den kapitalistischen Staat*, Merve, Berlín, 1976.*

[156] Projekt Klassenanalyse, *Zur Taktik der proletarischen Partei. Marxsche Klassenanalyse Frankreichs von 1848-1871*, VSA, Berlín, 1972.

[157] ———, *Materialien zur Klassenstruktur der BRD*, 1a. parte, VSA, Berlín, 1973.

[158] ———, *Oberfläche und Staat, Kritik neuerer Staatsableitungen*, VSA, Berlín, 1974.

[159] ———, "Thesen zum Verhältnis von bürgerlicher Gesellschaft und Staat", en *Beiträge zum wissenschaftlichen Sozialismus*, cuad. 6, enero de 1976, pp. 81-101.

[160] Römer, Peter, "Klassenkampf, Staat und allgemeines Gesetz", en *Sozialistische Politik*, núm. 19, 1972, pp. 79-88.

[161] Ronge, Volker/Günter Schmieg, *Restriktionen staatlicher Planung*, Fischer, Frankfurt, 1973.

[162] Rowthorn, Robert E., "Die Bedeutung des Staates im modernen Kapitalismus", en *Kapitalismus in den siebziger Jahren*, Europäische Verlagsanstalt, Frankfurt, 1971, pp. 76-106.

[163] Shonfield, W.R., "The classical marxist conception of liberal democracy", en *The Review of Politics*, núm. 33, 1971, pp. 360-376.

[164] Semmler, Willi/Jürgen Hoffmann, "Kapitalakkumulation, Staatseingriffe und Lohnbewegung", en *Probleme des Klassenkamps*, núm. 2, 1/1972, pp. 1-86.

[165] Wirth, Margareth, "Zur Kritik der Theorie des staatsmonopolistischen Kapitalismus", en *Probleme des Klassenkampfs*, núm. 8/9, 1973, pp. 17-46.

[166] Yaffe, David S., "The marxian theory of crisis, capital and the state", en *Conference of Socialist Economists Bulletin*, invierno de 1972.*

III. SOBRE LA TEORÍA DEL ESTADO EN LA PERIFERIA CAPITALISTA

[167] Aguilar, Alonso/Jorge Carrión, *La oligarquía, la burguesía y el estado*, Ed. Nuestro Tiempo, México, 1973.

[168] Aguilera Peralta, Gabriel, *Militär und Gesellschaft in Mittel-amerika*, tesis, Albert-Ludwigs-Universität, Freiburg, 1974.

[169] Alavi, Hamza, "The state in post-colonial societies: Pakistan and Bangladesh", en *New Left Review*, núm. 74, 1972, pp. 59-81 ["El estado en sociedades poscoloniales: Pakistán y Bangladesh", en Son-ntag/Valecillos, *El estado en el capitalismo contemporáneo* cit.]

[170] Albrecht, Ulrich/Dieter Ernst/Peter Lock/Herbert Wulf, "Rüstung und militarisierter Entwicklungsprozess in peripheren Ländern", en *Leviathan*, núm. 4, 1975, pp. 550-576.

[171] Almond, Gabriel/James S. Coleman (comps.), *The Politics of Developing Areas*, Princeton University Press, Princeton, N.J., 1960.

[172] Altimir, Oscar/Horacio Santamaría/Juan Sourouille, "Los instrumentos de promoción industrial en la posguerra (argentina)", en *Desarrollo Económico*, seis series, núm. 21-27, 1965-1966.

[173] Anderson, Charles W., *Politic and Economic Change in Latin America*, D. van Nostrand, Princeton, 1967.*

[174] Anguiano, Arturo, *El estado y la política obrera del cardenismo*, Era, México, 1975.

[175] Círculo de Trabajo sobre Sudasia del ESG, *Indien-die grösste Diktatur der Welt?*, ed. particular, Bocnum, 1976.

[176] Ashoff, Guido, *Grundzüge und Bedeutung der peronistischen Politik in Argentinien seit 1973*, tesis FB 15, FU Berlín, Berlín, 1975.

[177] Asturias, Miguel Ángel, *El Señor Presidente*, Losada, Buenos Aires, 1968.

[178] Baer, Werner/Isaac Kerstenetzky/Annibal Villela, "The changing role of the state in the Brazilian economy", en *World Development*, noviembre de 1973, núm. 10-11, pp. 23-34.

[179] Bartra, Roger, "Peasants and political power in Mexico: A theoretical model", en *Latin American Perspectives*, núm. 5, verano de 1975, pp. 125-145 ["Campesinado y poder político en México", en Roger Bartra, Eckart Boege, Pilar Calve *et al.*, *Caciquismo y poder político en el México rural*, Siglo XXI, México, 1976].

[180] ——, "La revolución domesticada: del bonapartismo pequeñoburgués a la institucionalización de la burguesía", en *Historia y Sociedad* (México), núm. 6, verano de 1975, pp. 13-30.

[181] ——/Eckart Boege/Pilar Calvo *et al.*, *Caciquismo y poder político en el México rural*, Siglo XXI, México, 1976, 2a. ed.

[182] Bolívar, Simón, *Escritos políticos*, Alianza Editorial, Madrid, 1969.

[183] Böttger, Barbara, *700 Millionen ohne Zukunft? Faschismus oder Revolution in Indien und Bangladesh*, Rowohlt, Reinbek bei Hamburg, 1975.

[184] Briones, Álvaro, "El neofascismo en América Latina", en *Problemas del Desarrollo*, núm. 23, agosto/octubre de 1975, pp. 25-30.

[185] ———/Orlando Caputo, *Nuevas modalidades de acumulación y fascismo dependiente*, México, 1977, mimeografiado.

[186] Cardoso, Fernando Henrique, *Estado y sociedad en América Latina*, Nueva Visión, Buenos Aires, 1972.

[187] ———, "Notas sobre estado y dependencia", en *Estudos CEBRAP* (São Paulo), núm. 11, 1973.

[188] ———, *Autoritarismo e democratização*, Paz e Terra, Río de Janeiro, 1975.

[189] ———, *Capitalist Development and the State: Bases and Alternatives*, Cambridge, 1976, mimeografiado.

[190] Carrión Jorge/Alonso Aguilar M., *La burguesía, la oligarquía y el estado*, Nuestro Tiempo, México, 1972.

[191] de las Casas, Roberto Décio, "L'état autoritaire", en Anouar Abdel-Malek (comp.), *Sociologie de l'impérialisme*, Anthropos, París, 1971.*

[192] Castillo, Leonardo, *Problemas en el análisis histórico del estado dependiente*, Cambridge, 1976, mimeografiado.

[193] CEPAL, "Las empresas públicas: su significación actual y potencial en el proceso de desarrollo", en *Boletín Económico de América Latina*, vol. XVI, núm. 1, primer trimestre de 1971, pp. 1-61.

[194] Cibotti, Ricardo/Francisco Weffort, "La planificación del sector público: una perspectiva sociológica", en *Desarrollo Económico*, núm. 26, julio/septiembre de 1967, pp. 37-58.

[195] "Chile-Nachrichten: Krisen des Kapitalismus und militärische Intervention in Chile", en *Chile Nachrichten*, núm. 13, 19 de febrero de 1974, pp. 31-43.

[196] ———, "Pinochets 'Neue Demokratie' ", en *Chile Nachrichten*, núm. 40, 2 de septiembre de 1976, pp. 15-25.

[197] Cordera Campos, Rolando, "Estado y desarrollo en el capitalismo tardío y subordinado", en *Investigación Económica* (México), núm. 123, julio/septiembre de 1971, pp. 463-512.

[198] Córdova, Arnaldo, *La formación del poder político en México*, Era, México, 1972.

[199] Cotler, Julio, "Bases del corporativismo en el Perú", en *Sociedad y Política*, núm. 2, octubre de 1972, pp. 3-12.

[200] Debray, Régis, *La critique des armes*, Du Seuil, París, 1974 [*La crítica de las armas*, Siglo XXI, México, 1975].

[201] Di Tella, Torcuato, *Clases sociales y poder político*, Paidós, Buenos Aires, 1974.

[202] Dorfman, Adolfo, *La intervención del estado y la industria*, Ed. Argentina de Finanzas y Administración, Buenos Aires, 1944.

[203] ———, *La industrialización en América Latina y las políticas de fomento*, Fondo de Cultura Económica, México, 1967.

[204] Durand Ponte, Víctor Manuel, *Dependencia y poder político en América Latina*, Berlín, 1973, mimeografiado.

[205] ——, "Estado e burguesía no México", en *Estudos CEBRAP*, 12, 1975, pp. 99-148.

[206] Eckl, Jürgen, *Klassenkämpfe in Chile*, Verlag 2000, Offenbach, 1975.

[207] ——, *Populismus und autoritärer Staat in Lateinamerika. Zum Funktionswandel des Staates im Gefolge der Weltwirtschaftskrise am Beispiel Brasiliens und Mexicos-Vargas und Cárdenas*, trabajo de oposición, Universidad de Hanóver, 1977.

[208] Elsenhans, Hartmut, "Neun Thesen zum Verhältnis von Staatsapparat und Multinationalen Konzernen in der Dritten Welt", en Senghaas und Menzel (comps.), *Multinationale Konzerne und Dritte Welt*, Westdeutscher Verlag, Opladen, 1976, pp. 170-180.

[209] ——, "Zur Rolle der Staatsklasse bei der Überwindung von Unterentwicklung", en Alfred Schmidt (comp.), *Strategien gegen Unterentwicklung*, Campus, Frankfurt/Nueva York, 1976, pp. 250-265.

[210] Erber, Fábio Stéfano/José Tavares de Araujo jr., "Notas sobre a indústria de bens de capital: tecnologia e o setor público", en *Pesquisa e Planejamento Econômico*, núm. 1, marzo de 1973, pp. 117-134.

[211] "Estatização. A Filogenese das Estatais", en *Quem é Quem na economia brasileira*, Visão, 31 de agosto de 1976, pp. 82-153.

[212] Evers, Tilman T., *Militärregierung in Argentinien. Das politische System der "Argentinischen Revolution"*, Metzner, Hamburgo, 1972.

[213] Fajnzylber, Fernando, *Estrategia industrial e empresas internacionais. Posição relativa da América Latina e do Brasil, IPEA/INPES*, Río de Janeiro, 1971.

[214] "El fascismo en América Latina", en *Nueva Política* (México), núm. 1, enero/marzo de 1976, vol. mixto.

[215] Fernandes, André, *État et crises capitalistes en Amérique Latine*, París, 1976, manuscrito.

[216]——, *Estado e capital: notas sobre um debate recente*, París, 1976, manuscrito.

[217] Fernández, Raúl A./José F. Ocampo, "The Andean Pact and State Capitalism in Colombia", en *Latin American Perspectives*, núm. 6, otoño de 1975, pp. 19-35.

[218] Ferrer, Aldo, *La economía argentina*, Fondo de Cultura Económica, Buenos Aires/México, 1973, 8a. ed.

[219] Fitzgerald, E.V.K., *The State and Economic Development in Peru since 1968*, Cambridge University Press, Cambridge, 1976.

[220] Flynn, Peter, *Class, Clientelism and Coercion: Some Mechanisms of Internal Control*, Berlín, 1973, mimeografiado.

[221] Fortín, Carlos, *The State and Multinational Corporations in Latin America*, Cambridge, 1976, mimeografiado.

[222] Freyre, Gilberto, *Herrenhaus und Sklavenhütte*, Kiepenheuer & Witsch, Colonia/Berlín, 1965.*

[223] Garcés, Joan, *El estado y los problemas tácticos en el gobierno de Allende*, Siglo XXI, Buenos Aires, 1973.

[224] ———, *Allende y la experiencia chilena. Las armas de la política,* Ariel, Barcelona/Caracas/México, 1976.

[225] García, Antonio, "Las clases medias y el sistema de poder", en *América Latina: dependencia y desarrollo,* Educa, San José, 1973, pp. 509-524.

[226] Germani, Gino, *Sociedad y política en una época de transición,* Paidós, Buenos Aires, 1968.

[227] González Casanova, Pablo, *La democracia en México,* Era, México, 1965.

[228] ———, "El aparato de dominación en América Latina (su funcionamiento y las formas posibles de su fin)", en *Revista Mexicana de Sociología,* vol. XXXIV, núm. 3-4, 1972, pp. 381-409.

[229] Göthner, Karl-Christian, "Zur Rolle der Staatsfinanzen in Brasilien" en *Lateinamerika. Semesterbericht der Sektion Lateinamerika-Wissenschaften der Universität Rostock,* semestre de otoño de 1973, pp. 21-58.

[230] González Soriano, Raúl, "El estado mexicano y la crisis económica", en *Historia y Sociedad* (México), núm. 6, verano de 1975, pp. 39-44.

[231] Grabendorff, Wolf, "Militärherrschaft in Lateinamerika", en *Berichte zur Entwicklung in Spanien, Portugal und Lateinamerika,* cuad. 5, mayo/junio de 1976, pp. 23-38.

[232] Graciarena, Jorge P., *Tipos de concentración del ingreso y estilos políticos en América Latina,* CEPAL, Santiago, 1976, mimeografiado.

[233] *Grundfragen des antiimperialistischen Kampfes der Völker Asiens, Afrikas und Lateinamerikas in der Gegenwart,* Akademie Verlag, Berlín/RDA, 1974.

[234] Guillén Martínez, Fernando, *El poder. Los modelos estructurales del poder político en Colombia,* Bogotá, 1973, mimeografiado.

[235] Hass, Ulrich, *Aspekte zu einer Theorie des Staates in Entwicklungsländern. Der industriell-technologische Fortschritt in den Industrieländern und seine Auswirkungen auf die Rolle des Staates der Entwicklungsländer bei Direktinvestitionen,* tesis FB 11, FU Berlin, Berlín, 1976.

[236] Hamilton, Nora, "Dependent capitalism and the state: The case of Mexico", en *Kapitalistate,* núm. 3, primavera de 1975, pp. 72-84.

[237] ———, "Mexico: the limits of state autonomy", en *Latin American Perspectives,* núm. 5, verano de 1975, pp. 81-108.

[238] Harding, Timothy F./Hobart A. Spalding jr., "The struggle sharpens: workers' imperialism and the state in Latin America", en *Latin American Perspectives,* núm. 8, invierno de 1976, pp. 3-14.

[239] Cary, Héctor, *Der Staatsreich als Mittel der politischen Entwicklung in Südamerika,* Colloquium, Berlín, 1964.

[240] Hein, Wolfgang/Konrad Stenzel, "The capitalist state and underdevelopment in Latin America. The case of Venezuela", en *Kapitalistate,* núm. 2, 1973, pp. 31-48.

[241] Hein, Wolfgang/Georg Simonis, "Entwicklungspolitik, Staatsfunktionen und Klassenauseinadersetzungen im peripheren Kapitalismus", en Alfred Schmidt (comp.), *Strategien gegen Unterentwicklung,* Campus, Frankfurt, 1976, pp. 216-249.

[242] Hopkins, Jack W., "Contemporary research on public administration and bureaucracies in Latin America", en *Latin American Research Review*, núm. 1, 1974, pp. 109-139.

[243] Horowitz, Irving Louis, "La norma de la ilegitimidad. Hacia una teoría general del desarrollo político latinoamericano", en *Revista Mexicana de Sociología*, vol. xxx, abril/junio de 1968, pp. 299-322.

[244] ———, "Political legitimacy and the institucionalization of crisis in Latin America", en *Comparative Political Studies* (Beverly Hills, Calif.), núm. 1, 1968, pp. 45-69.

[245] Huntington, Samuel P., *Political Order in Changing Societies*, Yale University Press, New Haven/Londres, 1968.*

[246] Ianni, Octavio, *Estado y capitalismo*, Ed. Civilização Brasileira, Río de Janeiro, 1967.

[247] ———, *Estado y planificación en Brasil, 1930-1970*, Amorrortu, Buenos Aires, 1971.

[248] ———, *La formación del estado populista en América Latina*, Era, México, 1975.

[249] Ímaz, José Luis de, *Los que mandan*, Eudeba, Buenos Aires, 1965.

[250] Jaguaribe, Hélio, "Gesselschaftliche Stabilität durch Kolonialfaschismus?", en Celso Furtado (comp.), en *Brasilien heute*, Athenäum, Frankfurt, 1971, pp. 20-36 ["¿Estabilidad social por el colonial-fascismo?", en *Brasil: hoy*, Siglo XXI, México, 1968].

[251] Joxe, Alain, *Las fuerzas armadas en el sistema político de Chile*, Ed. Universitaria, Santiago, 1970.

[252] ———, "Évolution des états et des coups d'état", en *Le Monde Diplomatique*, julio de 1975, pp. 9-11.

[253] Kaplan, Marcos, "Desarrollo socioeconómico y estructuras estatales en América Latina", en *Aportes*, núm. 4, 1967, pp. 24ss.

[254] ———, "El estado empresario en la Argentina", en *Aportes*, núm. 10, 1968, pp. 33-69.

[255] ———, "Estado, dependencia externa y desarrollo en América Latina. Notas para un esquema analítico", en *Estudios Internacionales*, núm. 2, 1968, pp. 179-213.

[256] ———, "Estado y sociedad de América Latina", en *Revista Paraguaya de Sociología*, núm. 15, 1969, pp. 5-32.

[257] ———, *La formación del estado nacional en América Latina*, Ed. Universitaria, Santiago, 1969.

[258] ———, *El estado en el desarrollo y la integración de América Latina: Ensayos*, Monte Avila, Caracas, 1970.

[259] ———, "La administración pública y el desarrollo de América Latina", en *Desarrollo* (Bogotá), núm. 14, 1970, pp. 30-41.

[260] ———, *Aspectos políticos de la planificación en América Latina*, Tierra Nueva, Montevideo, 1972.

[261] ———, "Aspectos políticos de la planificación en América Latina", en *Aportes*, núm. 20, 1971, pp. 133-170.

[262] ———, "Der Faschismus in Lateinamerika", en *Berichte zur Entwic-*

klung in Spanien, Portugal und Lateinamerika, 1a. parte: julio/agosto de 1976, pp. 23-32; 2a. parte: septiembre/octubre de 1976, pp. 3-22.

[263] ———/Raúl Basaldúa, *Problemas estructurales de América Latina y planificación para el desarrollo,* Omeba, Buenos Aires, 1968.

[264] Kestin, Hakki, "Imperialismus-Unterentwicklung-Militärregierung in der Türkei", en *Probleme des Klassenkampfs,* núm. 5, 1972, pp. 49-120.

[265] Körner, Reinhard, "Unterentwicklung, Abhänzigkeit und Militärregierung", en *Neue Politische Literatur,* cuad. 2, 1976, pp. 217-225.

[266] Konlychizky, S., *L'autogestion, l'homme et l'état: l'expérience algérienne,* Mouton, París, 1974.

[267] Kossok, Manfred, "Möglichkeiten und Grenzen eines politischen und sozialen Funktionswandels der Streitkräfte in den Entwicklungsländern. Der Fall Lateinamerika", en Jürgen Graebener (comp.), *Klassengesellschaft und Rassismus,* Bertelsmann, Düsseldorf, 1971.

[268] Krippendorff, Ekkehart, *Probleme der internationalen Beziehungen,* Suhrkamp, Frankfurt, 1972.

[269] Laclau, Ernesto, *El concepto de populismo y la experiencia latinoamericana,* Cambridge, 1976, mimeografiado.

[270] Lafer, Celso, "Sistema político brasileiro: algunas características y perspectivas", en *Desarrollo Económico,* núm. 56, enero-marzo de 1975.

[271] Lamb, G., "Marxism, 'access' and the state", en *Development and Change,* núm. 2, 1975, pp. 119-135.

[272] Lamounier, Bolivar, "Ideologias em regimes autoritários; uma crítica a Juan J. Linz", en *Estudos CEBRAP,* 7, 1974, pp. 67-92.

[273] *Lateinamerika zwischen Emanzipation und Imperialismus,* Akademie Verlag, Berlín/RDA, 1961.

[274] *Latin American Perspectives. Mexico: The Limits of State Capitalism* (Riverside, Calif.), núm. 5, verano de 1975.

[275] *Latin American Perspectives. Imperialism and the Working Class in Latin America,* núm. 8, invierno de 1976.

[276] Leal, Juan Felipe, "El estado y el bloque de poder en México: 1867 a 1914", en *Latin American Perspectives,* núm. 5, verano de 1975, pp. 34-47.

[277] ———, *El estado mexicano, 1915-1973 (una interpretación histórica),* UNAM, México, 1974.

[278] ———, *En torno al estado y los sindicatos (apuntes),* UNAM, México, 1974.

[279] ———, *La burguesía y el estado mexicano,* Ed. El Caballito, México, 1975.

[280] Lechner, Norbert, *La democracia en Chile,* Signos, Buenos Aires, 1970.

[281] ———, "Sozialwissenschaftliches Krisenmanagement in Lateinamerika", en D. Danckwerts *et al., Die Sozialwissenschaften in der Strategie der Entwicklungspolitik,* Suhrkamp, Frankfurt, 1970, pp. 111-157.

[282] ———, *La crisis del estado en América Latina,* FLACSO, Santiago, 1975, mimeografiado.

[283] Lehmann, David, *Military Organization and the State in Latin America,* Cambridge, 1976, mimeografiado.

[284] Linz, Juan J., "An authoritarian regime: Spain", en Erik Allard/Stein Rokkan (comps.), en *Mass Politics*, Free Press, Nueva York, 1970, pp. 251*ss*.

[285] ———, "Totalitarian and authoritarian regimes", en Greenstein/Polsby (comps.), *Handboock of Political Science*, vol. 3: *Macro Political Theory*. Reading, Addison-Wesley, Mass., 1975, pp. 175-411.

[286] Lindenberg, Klaus, "Zur politischen Funktion des Militärs in Lateinamerika", en *Vierteljahresberichte der Friedrich-Ebert-Stiftung*, núm. 42, diciembre de 1970, pp. 401-421.

[287] ———, *Politik in Lateinamerika*, Verlag für Literatur un Zeitgeschehen, Hanóver, 1971.

[288] ———, *Wie "abhängig" sind die lateinamerikanische Militärs? Einige fremdgestimmte Faktoren seiner institutionellen Entwicklung, seines profesionellen Rollenverständnisses und seines politischen Verhaltens*, Bielefeld, 1975, mimeografiado.

[289] Lloyd Mecham, J., *Church and State in Latin America. A History of Politico-Ecclesiastical Relations*, Univ. of North Carolina Press, Chapel Hill, N.C., 1934.

[290] Lowenthal, Abraham F., "Peru's amiguous revolution", en *id.* (comp.), *The Peruvian Experiment*, Princeton Univ. Press, Princeton, 1975.

[291] Luther, Hans U., "The example of Singapore. The function of elites and westernized systems in the dependent reproduction of developing countries", en B. Dahm y W. Draguhn (comps.), *Politics, Society and Economy in the Asian States*, Harrossowitz, Wiesbaden, 1975.

[292] Maggiolo, Oscar J., "Uruguay-Tres años de dictadura", en *Nueva Política* (México), núm. 27, noviembre/diciembre de 1976, pp. 74-84.

[293] Malloy, James, "Authoritarianism, corporatism and mobilization in Peru", en *The Review of Politics*, núm. 1, enero de 1974, pp. 52-84.

[294] ——— (comp.), *Corporatism and Authoritarianism in Latin America*, Univ. of Pittsburg Press, Pittsbur, 1976.

[295] Mandel, Ernest, "Classes sociales et crise politique en Amérique Latine", en *Critique de l'Economie Politique*, núm. 16/17, 1974, pp. 6-41.*

[296] Mansilla, H.C.F. (comp.), *Probleme des Dritten Weges. Mexico-Argentinien-Bolivien-Tansania-Peru*, Luchterhand, Darmstadt/Neuwied, 1974.

[297] Mariátegui, José Carlos, *Siete ensayos de interpretación de la realidad peruana*, Amauta, Lima, 1967 (1928), 11a. ed.

[298] Mariluz Urquijo, José Ma., *Estado e industria. 1810-1862*, Macchi, Buenos Aires, 1969.

[300] Martims, Carlos Estevan, "Tecnocrácia e burocrácia", en *Estudos CEBRAP*, 2, octubre de 1972, pp. 119-146.

[301] ———, *Tecnocrácia e capitalismo. A política dos técnicos no Brasil*, Brasiliense/CEBRAP, São Paulo, 1974.

[302] Martins, Luciano, *Politique et développement économique: Brésil 1930-1964. Structure de pouvoir et système de décisions*, París, 1973, manuscrito.

[303] Martinelli, Alberto/Eugenio Somaini, "Nation states and multinational corporations", en *Kapitalistate*, núm. 1, 1973, pp. 69-78.

[304] Meireles, José, "Notes sur le rôle de l'état dans le développement du capitalisme industriel du Brésil", en *Critiques de l'Économie Politique*, núm. 16/17, 1974, pp. 91-140.

[305] Meyer-Franck, Wolfgang/Rainer Frommann, "Der legale Ausnahme-zustand. Recht als Repressionstechnik am Beispiel Spaniens und Chiles", en *Kritische Justiz*, cuad. 1, 1976, pp. 88-102.

[306] *Militär und Politik in Lateinamerika. Auswahlbibliographie*, Dokumentationsleitstelle Lateinamerika, Hamburgo, 1976.

[307] Mires, Fernando, "Kurze Geschichte des Populismus", en *Kritik der Politischen Ökonomie*, núm. 2, 1974, pp. 21-33.

[308] ———, *Die Militärs und die Macht*, Rotbuch, Berlín Occidental, 1975.

[309] Molina Mena, Armando, "Reflexiones de un militar. La apoliticidad de la fuerza armada", en *Estudios Centroamericanos* (San Salvador), núm. 313/314, 1974, pp. 784-793.

[310] Murmis, Miguel, *Estado y agro en la Argentina*, Toronto, 1976, mimeografiado.

[311] ———/Juan Carlos Portantiero, *Estudios sobre los orígenes del peronismo*, Siglo XXI, Buenos Aires, 1971, t. 1.

[312] Needler, Martin C., *Political Development in Latin America: Instability, Violence, and Evolutionary Change*, Random House, Nueva York, 1968.

[313] Nina, Andrés, "La doctrina de seguridad nacional y la integración latinoamericana", en *Nueva Política* (México), núm. 27, noviembre/diciembre de 1976, pp. 33-50.

[314] Niosi, Jorge, *Los empresarios y el estado argentino (1955-1969)*, Siglo XXI, Buenos Aires, 1974.

[315] Nitsche, Manfred, *Brasilien: Sozio-ökonomische und innenpolitische Aspekte des "Brasilianischen Entwicklungsmodells"*, Stiftung Wissenschaft und Politik, Ebenhausen, 1975.

[316] ———, *Legitimationsprobleme in der Dritten Welt-ausgehend vom Brasilianischen Modell*, Ebenhausen, 1975, mimeografiado.

[317] Nun, José, "Lateinamerika: Die Hegemoniekrise und der militärische Staatsreich", en *Aspekte der Entwicklungssoziologie*, Westdeutscher Verlag, Colonia/Opladen, 1969, pp. 328-366.*

[318] O'Brien, Philipp, *The Emperor Has no Clothes: Class and State in Latin America*, Cambridge, 1976, mimeografiado.

[319] O'Donnell, Guillermo, "Modernización y golpes militares-El caso argentino", en *Desarrollo Económico*, núm. 47, diciembre de 1971, pp. 519-566.

[320] ———, *Modernización y autoritarismo*, Paidós, Buenos Aires, 1972.

[321] ———, *Reflexiones sobre las tendencias generales de cambio en el estado burocrático-autoritario*, Documentos CEDES, núm. 1, 1975.

[322] ———, *Acerca del "corporativismo" y la cuestión del estado*, Documentos CEDES, Buenos Aires, núm. 2, 1975.

[323] ———, *Estado y alianzas en la Argentina, 1956-1976*, Documentos CEDES, Buenos Aires, núm. 5, 1976.

[324] Olivier, Jean Pierre, "Afrique. Qui exploite qui?", en *Les Temps Modernes*, cuad. 347, 1975, pp. 1744-1775.

[325] Olle, Werner/Wolfgang Schoeller, "Weltmarkt, nationale Kapitalreproduktion und Rolle des Nationalstaats", en Volkhard Brande *et al.* (comps.), *Handbuch 5: Staat,* Europäische Verlagsanstalt, Frankfurt/Colonia, 1977.

[326] Oszlak, Oscar, *Capitalismo de estado: ¿alternativa o transición?,* Caracas, 1974, mimeografiado.

[327] Paré, Louise, "Caciquisme et structure de pouvoir dans le Mexique rural", en *Revue Canadienne d'Anthropologie et de Sociologie,* 10 (1), 1973 ["Caciquismo y estructura de poder en la sierra norte de Puebla", en Roger Bartra, Eckart Boege, Pilar Calvo *et al., Caciquismo y poder político en el México rural,* Siglo XXI, 1975].

[328] ———, *Formas extraeconómicas de articulación de modos de producción: el caciquismo,* manuscrito presentado ante el Congreso de Americanistas, México, 1974.

[329] Peláez, Carlos M., *The State, the Great Depression and the Industrialization of Brazil,* tesis de doctorado, Universidad de Columbia, Nueva York, 1968.

[330] Peralta Ramos, Mónica, *Etapas de acumulación y alianzas de clases en la Argentina, 1930-1970,* Siglo XXI, Buenos Aires, 1972.

[331] Petras, James F., "Class and politics in the periphery and the transition to socialism", en *The Review of Radical Political Economics,* vol. 8, núm. 2, verano de 1976, pp. 20-35.

[332] ———, "Aspectos de la formación de clases en la periferia: estructuras de poder y estrategias", en *Problemas del Desarrollo* (México), núm. 25, febrero/abril de 1976, pp. 33-60.

[333] ———, "State capitalism and the Third World", en *Development and Change* (La Haya), vol. 8, núm. 1, enero de 1977, pp. 1-18.

[334] Piel, Jean, "Über die Herausbildung äusserer und innerer Herrschaftsstrukturen. Der Fall Peru", en Dieter Senghaas (comp.), *Peripherer Kapitalismus,* Suhrkamp, Frankfurt, 1974, pp. 342-373.

[335] Pike, Frederick/Thomas Stritch (comps.), *The New Corporatism, Social-Political Structures in the Iberian World,* University of Notre-Dame Press, Notre-Dame/Londres, 1974.

[336] Pompermayer, Malori, "The state and dependent development", en *Kapitalistate,* núm. 1, 1973, pp. 25-27 (con comentario de Immanuel Wallerstein).

[337] ———/William C. Smith, "The state in dependent societies: Preliminary notes", en Frank Bonilla/Robert Girling (comps.), *Structures of Dependency,* Stanford, 1973.

[338] Quartim, João, "La naturaleza de clase del estado brasileño", en *Ideología y Sociedad* (Bogotá), núm. 8, 1973, pp. 50-84.

[339] Quijano, Aníbal, "Nationalism and capitalism in Peru. A study in neo-imperialism", en *Monthly Review,* vol. 23, cuad. 3, 1971 (número extraordinario).*

[340] ———, "Imperialismus und Staatskapitalismus. Der Fall Peru", en *Leviathan,** núm. 4, 1973, pp. 455-488.

[341] ———, "Política y desarrollo en América Latina", en *America Latina. Dependencia y subdesarrollo,* Educa, San José, 1973. pp. 265-285.

[342] ———, *Crisis imperialista y clase obrera en América Latina,* ed. del autor, Lima, 1974.

[343] ———, "De la 'conciliación' al enfrentamiento", en *Latin American Perspectives,* núm. 4, primavera de 1975, pp. 123-135.

[344] Rabehl, Bernd/W. Spohn/von Wolter, "Halbheiten in der Überwindung des Leninismus", en *Probleme des Klassenkampfs,* núm. 11/12, 1974, pp. 1-58.

[345] Ramalho, Luiz, *Zur Diskussion über den Staat in den unterentwickelten Ländern-am Beispiel Brasiliens,* tesis FB 11, FU Berlin, Berlín, 1976.

[346] Rankin, Richard C., "The expanding institutional concerns of the Latin American military establishment. A review article", en *Latin American Research Review,* núm. 1, 1974, pp. 81-108.

[347] Reichstuhl, Henri-Philipp/Luciano G. Coutinho, *O setor produtivo estatal e o ciclo,* Campinas S.P., 1974, mimeografiado.

[348] *Review of African Political Economy* (Londres), núm. 5, enero/abril de 1976 (esp. "The State in Africa", incluyendo la bibliografía, pp. 119-141).

[349] Rezende, Fernando *et al., Aspectos de participação do governo na economia,* IPEA/INPES, Río de Janeiro, 1976.

[350] Rivas Sánchez, Fernando/Elisabeth Reimann Weigert, *Las fuerzas armadas de Chile: Un caso de penetración imperialista,* Ediciones 75, México, 1976.

[351] Roxborough, Jan/Philipp O'Brien/Jackie Roddick, *Chile: The State and Revolution,* Macmillan, Londres/Basinstoke, 1977.

[352] Rouquié, Alain, "Le rôle des forces armées en Amérique Latine. Etat des travaux", en *Revue Française de Science Politique,* núm. 4, 1969, pp. 862-885.

[353] Rudolph, Klauss, "Zur Rolle des Staates bei der Schaffung wichtiger Voraussetzungen zur weiteren Entwicklung der kapitalistischen Produktionsweise in Brasilien in der zweiten Hälfte der sechziger Jahre", en *Semesterbericht der Sektion Lateinamerika-Wissenschaften der Universität Rostock,* semestre de otoño, 1971, pp. 5-39.

[354] Sachs, Ignacy, *Patterns of Public Sector in Underdeveloped Economies,* Nueva York, 1964.

[355] Sader, Emir, "Fascismo e ditadura militar na América Latina", en *Brasil Socialista* (París), núm. 3, julio de 1975, pp. 48-64.

[356] Sandoval Rodríguez, Isaac, *Las crisis políticas latinoamericanas y el militarismo,* Siglo XXI, México, 1976.

[357] Saul, John S., "The state in post-colonial societies: Tanzania", en *The Socialist Register,* 1974, pp. 349-372.

[358] Schaffer, Carlos, "El capitalismo monopolista de estado y los sindicatos en México", en *Problemas del Desarrollo,* núm. 20, noviembre de 1974/enero de 1975.

[359] Schmitter, Philippe C., "Intervención militar, competencia política y

política pública en América Latina, 1950-1967", en *Revista Latino-americana de Ciencia Política* (Santiago), núm. 3, 1971, pp. 476-549.

[360] ———, *Interest Conflict and Political Change in Brazil,* Stanford University Press, Stanford, 1971.

[361] ——— (comp.), *Military Rule in Latin America,* Page, Beverly Hills/ Londres, 1973.

[362] ———, "Still the century of corporatism?", en Pike/Stritch (comps.), *The New Corporatism,* University of Notre-Dame Press, Londres/ Notre-Dame, 1974, pp. 85-191.

[363] Schmarling, Paul, *Die Funktion des Staatsapparates in der brasilianischen Ausprägung des peripheren kapitalistischen Gesellschaftssystems. Eine Analyse der Interpretation von F.H. Cardoso,* tesis, Facultad de Sociología, Universidad de Bielefeld, Bielefeld, 1976.

[364] Schoeller, Wolfgang, "Weltarbeitsteilung, Form des Surplusprodukts und gesamtgesellschaftlicher Reproduktionsprozess in unterentwickelten Ländern als Rahmenbedingungen der Rolle des Staatsapparats", en W.D. Narr (comp.), *Politik und Ökonomie-autonome Handlungsmöglichkeiten des politischen Systems,* Westdeutscher Verlag, Opladen, 1975, pp. 109-130.

[365] Schooyans, Michel, *Destin du Brésil. La technocratie militaire et son idéologie,* Duclot, Gembloux, 1973.

[366] Schwartzmann, Simon, *Regional Cleavages and Political Patrimonialism in Brazil,* Río de Janeiro, 1973, 2 tomos, manuscrito.

[367] Schwember, Hermann, "Technologiepolitik im Chile Allendes", en *Technologie und Politik,* núm. 6, Rowohlt, Reinbek bei Hamburg, 1976.

[368] Sigrist, Christian, *Regulierte Anarchie. Untersuchungen zum Fehlen und zum Entstehen politischer Herrschaft in segmentierten Gesellschaften,* Walter, Friburgo, 1967.

[369] Silva Michelena, José A., *Crisis de la democracia,* Universidad Central de Venezuela/CENDES, Caracas, 1972.

[370] Skidmore, Thomas E., *Politics in Brazil 1930-1964. An Experiment in Democracy,* Oxford University Press, Londres/Oxford, 1967.

[371] Sonntag, Heinz Rudolf, "Der Staat des unterentwickelten Kapitalismus", en *Kursbuch,* núm. 31, mayo de 1973, pp. 157-183

[372] ———, "Hacia una teoría política del capitalismo periférico", en Sonntag/Valecillos, *El estado en el capitalismo contemporáneo* cit.; también en *Cuadernos de la Sociedad Venezolana de Planificación,* núms. 113-115, pp. 29ss; y en *Problemas del Desarrollo,* núm. 19, agosto/octubre de 1974, pp. 19-56.

[373] ———, *State Intervention and Reformism in Underdeveloped Capitalism. The Case of Venezuela,* Florencia, 1975, mimeografiado.

[374] Sorj, Bernardo, *The State Peripheral Capitalism. With a Case Study of Peru after 1968,* tesis de doctorado, Universidad de Manchester, 1976.

[375] Sotelo/Esser/Moltmann, *Die bewaffneten Technokraten. Militär und Politik in Lateinamerika,* Fackelträger, Hanóver, 1975.

[376] Souza, Herbert/Carlos A. Alfonso, "The Role of the State in the Capitalist Development in Brazil. The Fiscal Crisis of the Brazilian State, en *Brazilian Studies*, Toronto, núm. 7, 1975.

[377] Stallings, Barbara/Richard Feinberg, "Economic policy and state power. A case study of Chile under Allende", en *Kapitalistate*, núm. 3, primavera de 1975, pp. 85-96.

[378] Stepan, Alfred (comp.), *Authoritarian Brazil. Origins, Policies and Future*, Yale University Press, New Haven/Londres, 1973.

[379] ———, *The State and Society. Peru in Comparative Perspective*, Princeton University Press, Princeton, 1977.

[380] Suzigan, Wilson, "As empresas do governo e o papel do estado na economia brasileira", en Fernando Rezende *et al.*, *Aspectos de participação do governo na economia*, IPEA/INPES, Río de Janeiro, 1976, pp. 77-134.

[381] Tavares de Araujo jr., José/Vera Maria Dick, "Governo, empresas multinacionais e empresas nacionais: o caso da industria petroquímica", en *Pesquisa e Planejamento Econômico*, núm. 3, diciembre de 1974, pp. 629-654.

[382] Tetzlaff, Rainer, "Krisen, Staat und Krisenmanagement in einer Entwicklungsgesellschaft am Beispiel Sambia", en Elsenhans/Jänicke (comps.), *Innere Systemkrisen der Gegenwart*, Rowohlt, Reinbek bei Hamburg, 1975.

[383] ———, "Multinationale Konzerne und politische Systeme in Entwicklungsländern. Die Lateinamerikanisierung der Klassenstrukturen in der Dritten Welt", en Senghass/Menzel, *Multinationale Konzerne und Dritte Welt*, Westdeutscher Verlag, Opladen, 1976, pp. 145-169.

[384] Tibi, Bassam, *Militär und Sozialismus in der Dritten Welt*, Suhrkamp, Frankfurt, 1973.

[385] Töpper, Barbara, *Der Zusammenhang von wirtschaftlicher Entwicklung und der Herausbildung von Staatsfunktionen, dargestellt am Beispiel Kolumbien*, tesis, Facultad de Ciencias, Universidad de Hamburgo, 1976.

[386] Torre, Haya de la, *El antiimperialismo y el APRA*, Amauta, Lima, 1970 (1928), 3a. ed.

[387] Torres Rivas, Edelberto, "La crisis política en América Latina", en *América Latina. Dependencia y desarrollo*, Educa, San José, 1973, pp. 489-509.

[388] ———, "Poder nacional y sociedad dependiente. Las clases y el estado en Centroamérica", en *Estudios Centroamericanos*, núm. 8, 1974, pp. 27-63.

[389] ———, "Notas sobre la crisis de la dominación burguesa en América Latina", en *Revista Alero* (Guatemala), núm. 5, 1974, pp. 53-84.

[390] ———/Vincio González, *Naturaleza y crisis del poder en Centroamérica*, CSUCA, San José, 1972.

[391] Treber, Salvador, *La empresa estatal argentina. Su gestión económico-financiera*, Macchi, Buenos Aires, 1968.

[392] Valenzuela Feijoo, José, "El estado y su burocracia", en *Problemas del Desarrollo*, núm. 18, mayo/julio de 1974, pp. 45-72.

[393] Valleniela Lanz, Laureano, *Cesarismo democrático*. *Estudios sobre las bases sociológicas de la constitución efectiva de Venezuela*, Caracas, 1919.

[394] Veneroni, Horacio, *Estados Unidos y las fuerzas armadas de América Latina*, Ed. Periferia, Buenos Aires, 1971.

[395] Waldmann, Peter, *Der Peronismus*, Hoffmann und Campe, Hamburgo, 1973.

[396] ———, "Vergleichende Analyse autoritärer Staatsideologien in Lateinamerika", en Klaus Lindenberg (comp.), *Politik in Lateinamerika*, Verlag für Literatur und Zeitgeschehen, 1971, pp. 33-44.

[397] Wallerstein, Immanuel, "The state and social transformation. Will and possibility", en *Politics and Society*, vol. I, 1971, pp. 359-364.

[398] Weffort, Francisco, "Estado y masas en el Brasil", en *Revista Latinoamericana de Sociología*, núm. 1, 1965, pp. 60ss.

[399] ———, "Clases populares y desarrollo social (contribución al estudio del 'populismo')", *Revista Paraguaya de Sociología*, año 5, núm. 13, 1968, pp. 62-154.

[400] ———, "Der 'populismo' in der brasilianischen Politik", en Celso Furtado (comp.), *Brasilien heute*, Fischer, Frankfurt, 1971, pp. 37-57 ["El populismo en la política brasileña", en *Brasil: hoy*, Siglo XXI, México, 1968].

[401] Wells, John, *State Expenditure and the Brazilian "Miracle"*, Cambridge, 1976, manuscrito.

[402] Wiarda, Howard, "Toward a framework of the study of political change in the Iberic-Latin tradition of the corporative model", en *World Politics*, núm. 2, enero de 1973, pp. 206-235.

[403] ———, "Corporatism and development in the Iberic-Latin World: persistent strains and new variations", en *The Review of Politics*, núm. 1, 1974; reproducido en Pike/Stritch (comps.), *The new Corporatism*, University of Notre-Dame Press, Notre-Dame, Londres, 1974, pp. 3-33.

[404] Würtele, Werner, *Staat und Automobilkonzerne in Argentinien*, Buenos Aires, 1976, manuscrito.

[405] ———, "Gewerkschaftsmacht und Staat in Argentinien 1973-1975", en *Lateinamerika I*, Olle & Wolter, Berlín Occidental, 1977.

[406] Whitehead, L., *The State in Latin America*, Oxford, 1976, mimeografiado.

[407] Zavaleta, René, *El poder dual en América Latina*, Siglo XXI, México, 1974.

POSTCRIPTUM PARA LA EDICIÓN CASTELLANA

De los muchos trabajos que se han publicado acerca del estado, tanto en Europa como en América Latina, desde que se concluyera esta bibliografía para la edición alemana, sólo mencionaremos algunos que para el lector español y latinoamericano nos parecen de especial interés:

[408] Bartra, Roger, *El poder despótico burgués*, Era, México, 1978.

[409] Carranza, Mario Esteban, *Fuerzas armadas y estado de excepción en América Latina*, Siglo XXI, 1978.

[410] *Clases sociales y crisis política en América Latina* (Seminario de Oaxaca, 1973. Coordinador: Raúl Benítez Zenteno), Siglo XXI, México, 1977.

[411] *El control político en el cono sur* (Seminario de México, 1976, ILDIS-Casa de Chile), Siglo XXI, México, 1978.

[412] "El Estado y la crisis", *Crítica de la Economía Política*, 4, julio/septiembre de 1977, Ed. El Caballito, México, 1977.

[413] *Estado y proceso político en América Latina*, t. I y II, *Revista Mexicana de Sociología*, 1/77 y 2/77, UNAM, México, 1977.

[414] Lechner, Norbert, *La crisis del estado en América Latina*, El Cid Ed., Caracas, 1977.

[415] Kaplan, Marcos, "El *Leviathan* Criollo", en *La guerra y la paz, Nueva Política*, 5/6, abril/septiembre de 1977, pp. 221-252.

[416] O'Donnell, Guillermo, *Apuntes para una teoría del estado*, Documento CEDES/G.E. CLACSO núm. 9, Buenos Aires, 1977.

[417] Sonntag, Heinz Rudolf/Héctor Valecillos, *El estado en el capitalismo contemporáneo*, Siglo XXI, México, 1977.

[418] Vincent, Jean-Marie, *Fetichismo y sociedad*, Era, México, 1977.

ÍNDICE DE NOMBRES

impreso en juan pablos, s.a.
mexicali 39 - col. condesa
del. cuauhtémoc - 06100 méxico, d.f.
un mil ejemplares y sobrantes
25 de mayo de 1989